政治经济学史论

Review of History of Political Economy

胡 明 ◎ 著

经济管理出版社
ECONOMY & MANAGEMENT PUBLISHING HOUSE

图书在版编目（CIP）数据

政治经济学史论/胡明著.—北京：经济管理出版社，2019.6
ISBN 978-7-5096-6603-6

Ⅰ.①政… Ⅱ.①胡… Ⅲ.①经济思想史—西方国家 Ⅳ.①F091

中国版本图书馆 CIP 数据核字（2019）第 089144 号

组稿编辑：郭丽娟
责任编辑：郭丽娟　张玉珠
责任印制：黄章平
责任校对：董杉册

出版发行：经济管理出版社
　　　　　（北京市海淀区北蜂窝 8 号中雅大厦 A 座 11 层　100038）
网　　址：www.E-mp.com.cn
电　　话：（010）51915602
印　　刷：北京玺诚印务有限公司
经　　销：新华书店
开　　本：720mm×1000mm/16
印　　张：17.5
字　　数：296 千字
版　　次：2019 年 8 月第 1 版　2019 年 8 月第 1 次印刷
书　　号：ISBN 978-7-5096-6603-6
定　　价：78.00 元

·版权所有　翻印必究·

凡购本社图书，如有印装错误，由本社读者服务部负责调换。
联系地址：北京阜外月坛北小街 2 号
电话：（010）68022974　邮编：100836

自 序

说实话,十多年前回到高校的目的之一就是要搞清楚政府在经济中的作用。这种想法不仅来自自己在研究生时代对德国历史学派著作的研读,更来自在中国建设银行总行工作和地方政府挂职的体会。在历史学派的著作中,政府在经济领域的角色经常被提及,这不仅与他们研究的对象有关,而且也是他们研究领域的经验事实。问题是,随着历史学派的没落,他们的研究对象和经验事实也一同在主流经济学中消失了,因为在主流的新古典经济学著作中,很少涉及政府在经济中的作用,自然也就没有给予政府多少发挥作用的空间,甚至政府就不在其研究视野中,它是外生的,忽隐忽现的。

这明显让自己在昔日的官办机构和地方政府的工作期间感到困惑。在此我的脑海中就产生了一种信念:了解中国,最好的职业是在政府部门工作,可以知晓地方的方方面面。而理论与现实之间明显的反差让自己认识到,中国政府在经济发展中所起到的不可或缺甚至是至关重要的作用需要得到理论辩护。可政府的作用却被主流经济学完全忽略了。

为此,自己聚焦于德国历史学派著作的研读。除此之外,自己还时不时阅读国际政治经济学、比较政治经济学和经济社会学的最新著作,因为这些著作的基本源头均可追溯到德国历史学派的论述与主张上。让人好奇的是,为什么德国历史学派在经济学中失去了19世纪后期世界经济学领域的主流地位?为什么又被政治学和社会学所承继?为了回答第一个问题,自己首先想到了要研读主流经济学的方法论著作和了解19世纪后期的"方法论之争"。

众所周知,方法论之争的最后胜利者,也就是主流经济学的方法论即起源于19世纪的古典政治经济学,这让自己又转向了研究古典政治经济学方法论。在完成必需的方法论工作研讨之后(胡明,2015,2016),自己开始关注方法论之争的一个附带后果问题——为什么古典政治经济学中的"政治"会被边际主义和奥地利学派抛弃？这个问题更令人好奇，为什么早期政治经济学中的"政治"又被政治学界所继承？这里的"政治"到底是什么？如果这次抛弃政治的运动获得了广泛的赞同，为什么在20世纪60~70年代经济学界又兴起了新政治经济学运动？期间自己又不得不继续跟踪政治学领域的政治经济学，同时又需了解这股经济学运动中的政治经济学。

就这样，十多年来，自己"东一榔头西一棒槌"式的阅读，现在来看，问题一个接着一个，令人兴奋不已。但最后让自己不得不追问接下来的更大的问题是：到底什么才是政治经济学？政治经济学的源头在哪里？为什么自称是政治经济学的古典理论不研究国家？而在非主流经济学中，除奥地利学派以外均强调政府的干预。更令人惊奇的是凯恩斯经济学竟然与历史学派和制度学派存在一定的渊源，至少它们都不反对政府干预。如果考虑到凯恩斯经济学的源头是重商主义经济学，而历史学派又与重商主义经济学存在密切的联系，那么这是否就构成了一个并未中断过的干预主义的学科史呢？

从总体来看，这本书应该算是经济思想史类的一本小书。之所以涉足这门博大的学科，很大程度上就如同罗宾斯所说，"由于当代的思想是过去思想的继续，因而参照历史的框架搞清楚各种观点的渊源并相互加以对照，对于弄清当前使人感到困惑的问题会有极大的帮助。因此，当前的研究工作就离不开对过去已有理论的回顾及对他们在解决当前问题中的可用性所做的估价。"（罗宾斯，1997年，第7-8页）说它是一本小书，是考虑到问题的复杂性和自己的才疏学浅，自己现在无法就上述问题给出完全清晰和全面的回答。因为一旦涉及思想史，就不得不面临两大困难：一是研究者的立场定位可能导致的偏见。熊彼特（1991年，第25页）曾针对经济学科史说道："仅仅偏见或无知就足以解释某种说法，例如说这门科学是亚当·斯密、F. 魁奈、威廉·配第爵士或者其他什么人'创立'的。"二是对待权威人士的态度。杰文斯（1984年，第205-206页）曾说："经济学界的权威的著作家似乎发生了过大的影响。约翰·穆勒也好，亚当·斯密也好，亚里士多德也好，总之，无论推崇哪一个人来妨碍研究，我都反对。经济学太没有活气了，在这种科学上被人推崇的，不是经验与理性，而是意见。"笔者赞成杰文斯的态度是，"'错误是人间的'，最好的著作亦应当任人批评。……在哲学及科学的问题上，权威早已成为真理的敌人。专制的宁静，通常是谬误的胜利。在科学的共和国内，叛变与无政府的现象会有益于最大多数的最大幸福"（杰文斯，1984年，第205页）。

斯密"干得出色，不仅是因为他所做到的事情，而且也因为他未能做的事情"（熊彼特，1991年，第282页）。何况思想史领域的确存在熊彼特所说的"过高地估计自己的研究方式，低估别人爱好的方式"的人类天性（1991年，第39页注释1）。

尽管自己承认，克服上述两点困难实属不易。摆脱偏见非常困难，甚至是不可能的事，但自己也必须力争将这种偏见降低到最小，尽可能使用第一手的资料进行讨论；同时面对各种令人"高山仰止"的先哲和历史上的学科权威人士，尽可能在参考各种批评意见的基础上进行评价，毕竟"盖文章，经国之大业，不朽之盛事"。（曹丕，《典论·论文》）

尽管准备这一论题已十余年，俗话说"十年磨一剑"，可自己依然"不敢试锋芒"。然而，考虑到当前美国特朗普的经济政策，以及中国政府干预经济的理论基础问题的重要性、现实性和紧迫性，自己觉得有必要将其整理出版。为此，自己只能从中选择一个大体上能说清楚的问题，进行初步的梳理与讨论，希望"它已经不是无用的"（杰文斯，1984年，第206页）。

当然自己的专业并非经济思想史，斗胆涉及该领域，不免心中底气不足。加之国内相关研究的不足，特别是自己并未找到亚里士多德的经济学著作，以及孟克列钦和斯图亚特的原版著作，只能依赖于二手文献。这种情况下勉为其难上阵，存在错误当属正常，还望求教于学术界。本书不过是这种梳理的一种早期尝试，希望学术界同仁更多关注问题本身及本书的讨论逻辑和依据，看淡结论，抛砖引玉！

目录

导　言 ………………………………………………………………… 001

第一章　学科流变中的浮与沉 ………………………………… 005
第一节　重商主义者最早提出政治经济学 …………………… 005
第二节　古典学者为什么继承政治经济学 …………………… 007
　　一、古典学者使用了政治经济学 …………………………… 009
　　二、接受政治经济学的原因 ………………………………… 010
第三节　新古典学者抛弃政治经济学的原因 ………………… 013
　　一、取消政治经济学的背景分析 …………………………… 016
　　二、更深层次的原因在于经济学的科学化 ………………… 018

第二章　政治经济学新定位的合理性 ………………………… 025
第一节　新古典经济学的合理性论证 ………………………… 025
　　一、学术与政策区分的合理性 ……………………………… 026
　　二、社会与政治分开的合理性 ……………………………… 030
第二节　科学化的结果是新古典经济科学 …………………… 036
结　论 …………………………………………………………… 038

第三章　后政治经济学的问题与缺失 ………………………… 039
第一节　古典经济政策的伦理学分析 ………………………… 040
　　一、福利经济学的单一化 …………………………………… 041
　　二、古典学者的多元价值观 ………………………………… 047

三、福利经济学价值多元化的必要性与合理性 ········· 049
　第二节　理论体系的逻辑困境 ························· 052
　　一、理论困境 ······································· 053
　　二、困境分析及其后果 ······························· 056
　第三节　古典政策体系分析：应用问题 ················· 060
　　一、关于古典学者的一般政策原则的争议与问题 ······· 060
　　二、古典学者的具体政策主张 ······················· 063
　　三、古典学者的政策辩护策略是否有效 ··············· 067

第四章　新政治经济学的归属之争 ······················· 071
　第一节　新政治经济学：政治学还是经济学？ ··········· 071
　第二节　新政治经济学：实证的还是规范的？ ··········· 073
　第三节　新政治经济学：理论的还是应用的？ ··········· 075
　结　论 ··· 078

第五章　厘清政治经济学的原意 ························· 079
　第一节　政治经济学概念的词源探究 ··················· 079
　第二节　政治经济学的语义分析 ······················· 082
　第三节　政治经济学的语境分析 ······················· 084
　第四节　政治经济学的逻辑与政策主张 ················· 086
　第五节　政治经济学的特点 ··························· 092
　第六节　对孟克列钦政治经济学的评价 ················· 093

第六章　18世纪政治经济学的发展：前古典与古典的争议 ··· 100
　第一节　重商主义的发展与古典自由主义的诞生 ········· 100
　　一、斯图亚特追随孟克列钦的重商主义 ··············· 101
　　二、斯密的自由主义经济思想的诞生 ················· 102
　第二节　斯图亚特和斯密的对比 ······················· 106
　　一、政治经济学的范围之争：国家还是社会经济 ······· 106
　　二、政治经济学的理论体系之争：宏观还是微观问题 ··· 116
　　三、政治经济学的规范判断与政策之争：干预还是放任 ·· 132

四、两者使用的方法论相近 ·· 138
　第三节　整体评价 ·· 140
　　一、对斯图亚特和斯密的评价 ·· 140
　　二、对重商主义和古典体系的评价 ···································· 145
　　三、对两种政治经济学的评价 ·· 155
　结　论 ·· 160

第七章　19 世纪政治经济学的传承：国家经济学及其争议 ········ 162
　第一节　政治经济学的学术传承：历史学派的国家经济学 ······· 162
　　一、关于历史学派 ·· 163
　　二、历史学派与德国官房学派 ·· 164
　　三、历史学派与重商主义 ·· 168
　第二节　国家经济学的理论体系的争议 ································· 171
　　一、历史学派对政治经济学的再辨析 ································ 172
　　二、关于奥地利学派对国家经济学研究批判的讨论 ············· 188
　第三节　关于方法论的争论 ·· 207
　　一、关于归纳法与演绎法之争 ·· 207
　　二、关于整体论和个体论的讨论 ······································· 210
　　三、关于实在论和唯名论的争论 ······································· 216
　第四节　关于政治经济学的再讨论 ······································· 220

第八章　国家干预的经验证据与理论争议 ······························ 227
　第一节　国家干预是近代经济革命的决定性变量 ···················· 229
　　一、18 世纪英国的崛起：国家干预不是例外 ····················· 230
　　二、19 世纪工业革命：欧洲国家在经济发展中的作用 ········ 233
　　三、20 世纪东亚的崛起：发展型国家的理论与实践 ··········· 239
　第二节　关于国家干预的争议 ··· 240
　　一、自由主义的反干预观点及争议 ···································· 241
　　二、国家主义的干预主张 ·· 243
　　三、总结性评论 ·· 246

第九章 复兴政治经济学：回归前古典 ……………………………………… 249
　第一节　回归前古典的必要性 ……………………………………………… 251
　　一、可以克服经济学的价值观单一性问题 ……………………………… 251
　　二、可以解决前述理论困境，填补理论缺口 …………………………… 254
　　三、可以解释主流经济学无法解释的事实 ……………………………… 254
　第二节　结论与待研究的问题 ……………………………………………… 254
　　一、国家经济学与社会经济学是否是宏微观二分法前奏 ……………… 256
　　二、如何应用演绎律则模型找回国家 …………………………………… 257
　　三、如何发展马克思的政治经济学 ……………………………………… 258

参考文献 …………………………………………………………………………… 259

致　谢 ……………………………………………………………………………… 270

导　言

政治经济学既是现代经济学的源头，又是新时代中国经济学科的核心部分。然而对于政治经济学，尽管早在 70 年前，熊彼特（1991 年，第 41 页）就已经指出了不同的作者对其具有不同的理解，可是截至目前，问题依然如故，不仅存在不同含义，而且该领域使用术语也多种多样。远在法国大革命及以后，这一术语一直在同一领域或学科、同由其衍生的术语，如 Social, Public, National, Civil 等相竞争（Théré, 1998: 2-3）。由于使用的术语不同和定义不同，使学术界（无论东西方）对于"政治经济学"一词的使用上充满了争议或混乱。具体来说就是：

混乱 1：学科内和学科间使用的混乱，学科归属不清。

就经济学界而言，最早使用政治经济学术语的是重商主义者。自法国人孟克列钦提出这一概念后，似乎经济学唯一关心的就是国家的经济或经济性的公共政策。其意思等同于德文中的国家科学（熊彼特，1991 年，第 42 页。）随后古典经济学者也使用这一词，尽管他们的研究更多地局限于社会层面的市场现象及问题的分析。自边际革命以来经济学的科学化，这一术语逐渐淡出了主流的经济学术界。20 世纪 60 年代，该术语又再度复兴，但含义已与传统用法"大不相同了"（格罗奈维根，1996 年，第 968 页）。不仅马克思主义的经济学者使用，而且主流经济学也在使用（Murshed, 2002: 1-3）。再如，在当前政治学界，不仅存在不同流派的国际政治经济学，而且还存在不同流派的比较政治经济学（相关文献见后续部分的讨论）。另外，政治经济学和这些学科之间的关系也不明确，特别是学科间的知识边界。在这种跨学科视角中，该如何对政治经济学进行学科定位仍有待进一步讨论。

混乱 2：经济学与政治经济学均缺乏明确的定义。

就政治经济学与经济学的关系看，在 19 世纪的大部分时间内这一学科通常使用的是"政治经济学",而随着马歇尔在其 1890 年的著作中使用经济学术语开始,经济学才逐步成为流行的用语。尽管如此,马歇尔在其正文中经常将政治经济学与经济学互用。在 Groenewegen(1985)看来,那时的作者们认为这两个术语本质上是同义的①。但到了 21 世纪的今天,"政治经济学"和"经济学"这两个名词都还存在,但含义已经不一样了(阿特金森,2006 年,第 1005-1006 页)。其中 Crystal(1990:958)将政治经济学看成是经济学的一个分支(阿特金森,2006 年,第 1006 页)。然而,政治学领域的政治经济学者阿尔特和阿利西纳(2006)及社会学者奥菲(2006),以及 Dreze 和 Sen(1995:14-15)却都认为,新政治经济学应该超越经济学,而不是作为经济学的一个分支(参见阿特金森,2006 年,第 1011 页)。格罗奈维根(1991年,第 968 页)就认为,"政治经济学"和它的现代名称"经济学"这两个词"都缺乏精确的涵义"。不过,在笔者看来,这里的问题不在于两种名称的交替或混用,而是在于两者的边界从来没有被真正地厘清过,以至于现在仍然存在术语的争议与混用。

混乱 3:学科的起源和创立者的争议。

自从萨伊(2014 年,第 1 页)将政治经济学创始人归功于斯密之后,这种认知就已成为经济学的主流观点,甚至主流政治学学者也将斯密视为第一位政治经济学家。然而这种观点遭到了许多经济思想史专家的否定。例如大森郁夫(Omori,2003:104)认为,斯图亚特是最早的政治经济学者,斯密紧随其后。Hutchison(1988:372)也认为,"事实上,斯密不是政治经济学的建立者,而是英国古典政治经济学的创立者——有些古典学者认为是一回事……然而,政治经济学不是由一个人在一个国家创立的,而是由西欧几国的许多学者创立的。"Aspromourgos(2009:9)也认为,"当代的陈腐观念,斯密是政治经济学的创始人,当然是错的。政治经济学的术语和概念都非起源于他。"②在笔者看来,萨伊认为斯密首先将政治经济学同政治学分开,这既忽略了亚里士多德将经济同政治分开的观点,也轻视了孟克列钦将政治与经济结合的观点。按门格尔(2007 年,第 19 页)的观点"在孟克列钦之前所发表的著述,

---

① 阿特金森(2006 年,第 1006 页)认为,马歇尔夫妇在 The Economics of Industry(1879)就已经认为,"政治"一词已经开始具有不同的含义。

② Aspromourgos(2009:9)又认为,"然而,至少在一种特定的意义上,他肯定可以被认为是这门学科的创立者。"

一般都使用亚里士多德的术语，他们在研究政治学或经济学，但却从来没有研究过政治经济学。"

另外还有人将经济学的起源归功于古希腊的先哲。除了因为发明经济术语而被铭记的色诺芬以外，不少学者将亚里士多德视为经济学的创始人。例如 Roll（1961）也暗示了亚里士多德在某种程度上是经济学的缔造者（"第一个分析性的经济学家"）。阿尼金（2007 年，第 4 页）认为，亚里士多德最早分析了当时社会的主要经济现象和规律性，因而他实际上是经济科学历史上的第一位经济学家。Lowry（1987）认为，在一定程度上，古希腊学者们发明了经济分析（参见 Aspromourgos，2009 年，第 20 页尾注 12）。然而，萨伊（2014 年，第 12-13 页）不仅低评了色诺芬、柏拉图和亚里士多德，而且还认为，"他们的立法、条约，以及他们对被征服省份的管理，都显示出他们完全不懂财富的本质及起源、财富的分配方式以及财富消费的影响。他们所知道的，在财产权为法律所认可的任何地方的人也都知道，即节俭增加财富，奢侈减少财富。"

针对上述争议，熊彼特认为，"……说到经济学，仅仅偏见或无知就足以解释某种说法，例如说这门科学是亚当·斯密、F. 魁奈、威廉·配第爵士，或者其他什么人'创立'的；或者说历史学家的研究报告应当从他们当中的一个人开始。"他将这种错误的说法归功于偏见或无知（熊彼特，1991 年，第 25 页）。Hutchison（1988：3）也认为，声称亚里士多德、配第或斯密中的任何一位是政治经济学的"缔造者"可能是具有高度的争议性，因为任何一个个人可以单独地建立这门学科的观点很难令人接受。问题在于，"有些作家对于完全不同的事物使用同一个词，很容易引起混淆，而他们自己有时就没有把事情弄清"（熊彼特，1991 年，第 23 页注释 3）。

总之，上述混乱不仅对政治学，而且也对经济学造成了长远的伤害。不仅扰乱了经济学和政治学的学科边界，而且也影响学科的未来发展。问题的重要性在于，自 2008 年以来的金融危机，经济学受到了广泛的冲击，特别是国家干预力量再次兴起，因此如何看待政治与国家干预就是当前经济学界面临的非常现实的问题。另外，对于中国的经济学者来讲，搞清楚政治经济学的原意就显得更为重要。不仅要发展马克思主义政治经济学，而且要解读政府或国家权力当局在中国经济中的作用。鉴于此，笔者认为，非常有必要对政治经济学进行厘清，以便为我们判定当前"滥用""政治经济学"一词提供标准。

笔者认为，问题的核心是学科史。为什么重商主义时代提出的概念，却被其反对者的古典学派所接受？相反，作为古典经济学的继任者，新古典经济学者却又在继承了古典方法论的基础上抛弃了政治经济学中的"政治"？这里的吊诡之处在于不同理念的重商主义者和古典学者接受了相同的学科名称，但是同古典学者具有相同理念的新古典学者为何又不愿意使用相同的学科名称。这里有三个问题需要厘清：第一，原始的政治经济学到底是什么？第二，古典学者是否滥用了政治经济学术语？第三，新古典学者抛弃政治经济学是否合理？

基于此，本书将循学科流变线条，以方法论为判断其发展变化的标准进行分析和论证。具体的框架安排是：第一部分（第一章）从学科史的源头考察，搞清楚这一概念的原始所指，并讨论为什么这一概念能被古典学者所接受以及为什么这一概念又被新古典学者所抛弃；第二部分（第二至四章）讨论后政治经济学时代的得与失，既评估这种抛弃的合理性，也探讨抛弃"政治"二字后所产生的问题；如果说新古典的抛弃是正确的话，那么问题是，到底古典经济学还是前古典经济学才是真正的经济学呢？为此，第三部分（第五至八章）又回到起点，考察重商主义政治经济学的原意，评估古典学者使用政治经济学术语的适宜性，以及历史学派与奥地利学派的相关争议，并从解决当前经济学所面临的问题的角度，最终厘清政治经济学的含义和理论内核。最后本书的结论是，古典经济学是社会经济学，而真正的政治经济学是前古典的重商主义经济学。

第一章 学科流变中的浮与沉

第一节 重商主义者最早提出政治经济学

从概念上,学术界对"政治经济学"一词的起源有不同的看法,例如Screpanti 和 Zamagni(2005)断言,"早在公元前一世纪,政治经济学术语就已经被一些伊壁鸠鲁派的哲学家使用了。"然而,这是在没有引用任何特别的权威性或原始资料来源的情况下所断言的(Aspromourgos,2009:275)。因此,这一说法并不可信。学界普遍认为,法国剧作家孟克列钦(Montchrêtien)是最早使用这一概念的人,他在 1615 年撰写了《论政治经济学》(Traicté de l'économie politique)。根据门格尔(2007 年,第 19 页)考证,这本书的封面上使用了该词,但版权页上并没有,版权页的书名被写为"Traicté économique du profit",正文中也找不到这个词的踪影。因而,门格尔猜测,这个词很可能是孟克列钦"一时的灵感;也许它是在本书已经排版后从同时代另一本著作那里借鉴来的。"据 King J. E.(1948)考证,第一次法语中使用"政治经济学"一词的是 Louis de Mayerne Turquet,他在其著作(*La Monarcbie aristodémocratiqued*)中首先使用该词,该书写于 1590 年左右,但出版于 1611 年,并被孟克列钦在 1615 年的著作所采用,自此这一术语就开始在法语中流行开来是非常可能的(Aspromourgos,2009:19)。另外,门格尔还认为,"政治经济学"这个词可能在伪造的亚里士多德的经济学中就已经提到了,不过在那里只是用来指一个城邦的经济。而且,门格尔认为,"在早期的学者著述中,我没有发现谁将这两个词合起来使用,甚至在教会神父那里也没有。在 Montchrêtien 之前所发表的著述，一般都使用亚里士多德的术语，他们在研究政治学或经济学，但却从来没有研究过政治经济学"（门格尔，2007年，第19页）。①

在笔者看来，无论Turquet的著作是否使用了"政治经济学"一词（应该是在正文中出现的），但其书名没有"政治经济学"一词，这说明将孟克列钦认定为最早在书名中使用"政治经济学"一词，没什么错误，就如同将杰文斯认定为最早使用"经济学"一词的学者也没什么问题。"由于第一次强调了政治和经济之间的密切关系"，孟克列钦"便把这种原始论点的主体命名为'政治经济学'"（布里德尔，1996年，第586页）。当然，熊彼特并不认为孟克列钦做过什么贡献，甚至对他进行了挖苦。在这种情况下，就需要对当时为什么要使用该词进行一番探讨。

孟克列钦是个文学家、剧作家，他通过批评性地考察亚里士多德等古希腊人物来提炼这一名称的。"政治经济学"一词是在古希腊色诺芬的"Econom"（"Eco"的意思是"家务"，"nom"的意思是"规则"）和亚里士多德的城邦polis的基础上合成而来。在继承了博丹关于家庭是国家之基础的观点之上，孟克列钦提醒君主们注意，家庭管理对国家管理来说是一个好的模式。他的目的是要说服君主变成一个经济学家，使他认识到好的政府的核心内容是对经济做出好的管理，而好的经济管理正是国家力量和国家荣誉的基础（基奥恩，2012年，第281页）。

通常学界公认的是色诺芬是第一个使用"经济"一词的。他的"Oikonomikos"意指家政管理（也可引申为地产或农业财产管理），主要对象是家庭或城邦，关注的核心是组织的效率。就其管理方式而言，在其内部，重要的不是市场和贸易，而是集中的垂直管理（色诺芬，1961年，第15-20页）。柏拉图在其《理想国》也提出了类似的哲人政治家的治国纲要（参见1986年，第31页；第60-61页）。然而，亚里士多德在其《政治学》中批判了柏拉图和色诺芬的"城邦中的政治家和君王、家长或奴隶主是一样的"（亚里士多德，2011年，第1页）以及"管理奴隶是一门学问，而且家务、政务以及主人治理奴隶、与政治家和君主对人民所进行的统治完全相同"的观点（亚里士多德，2011年，第6页）。在亚里士多德的眼中，城邦是一种社会团体，除了赞美城邦外，他认为城邦同家庭明显不同，即政治团体需要契约，而家庭无需契约；主人的权威与政

---

① 在门格尔著作的英译者看来，政治代表着城邦秩序，一个城邦的政府治理是城邦的艺术。

治家的权威是不同的，政治家治理的是自由人；而主人管辖的是奴隶。

当然无论色诺芬、柏拉图和亚里士多德之间存在多大的不同，但他们都强调对组织的管理和对市场机制的轻视。也就是说，古希腊三贤都不强调市场，而是国家的治理（详细讨论可参见巴克豪斯，2007年，第9-17页）。在Magnusson（1994）看来，孟克列钦探讨了亚里士多德的经济概念（家庭管理，Householding）如何同（现代的）政治学概念相结合，并同时确保政治经济学学科的独立。他努力将这门学科普遍化，试图提出他认为新的明智原理，由之可以掌控国家经济。他的目的是用有关为增强国家荣耀而应如何统治的知识启蒙国王。

作为一位重商主义者，孟克列钦的政治经济学术语，不仅为英国的重商主义者所接受，也被后来的意大利学者所接受。例如意大利的Verri（1763：9-10）就是用这种方式表示政治经济学的科学性（格罗奈维根，1996年，第968-969页）。在英语世界，配第的经济学著作中两次使用过政治经济学术语，或至少是与之相接近的术语（Petty，1691：181；Petty，1683：483）。配第在法国待过，和霍布斯熟知（后者使用过经济学的术语）。他认为人口是政治经济学的基础。国家政策的两重目标是和平与富裕。尽管配第可能谈到了政治经济学的概念，但配第的政治或公共经济学的术语没有对后来英国的经济学语言产生影响（Aspromourgos，2009：24-25）。最早以政治经济学作书名或标题的英国经济学家是斯图亚特（Steuart，1767），其副标题中明显地将之描述为"国家政策的科学"。尽管德国和荷兰等欧陆国家一开始没有使用"政治经济学"一词，他们更多使用的是家庭管理或国家管理，即官房学，但两者意思较为接近。具体分析和比较见后续部分。

总之，在早期经济学者看来，政治经济学是一门研究国家财富的学问，其行为主体是政治意义上的国家，所谓的重商主义的标签不过是认为，国家应该重视商业，重商主义的政策不过是代表着国家要重视国际间的商业活动。

第二节　古典学者为什么继承政治经济学

奇怪的是，上述经济学的先行者，特别是孟克列钦和斯图亚特在很大程度上是重商主义者。作为重商主义的反对者，古典经济学者，例如亚当·斯密、李嘉图、萨伊以及约翰·穆勒等,也相继使用了政治经济学术语。为了更严谨地探讨,本书在此首先界定古典经济学的概念和范围。

关于古典经济学,通常被认为是由马克思最早定义(Dasgupta,1985:12,转引自卡波拉索,2009年,第43页)。从目前的情况来看,关于古典经济学有以下几种主要的看法:

首先,马克思的古典概念是从重商主义的配第开始,到其最重要的代表人物李嘉图结束(Marx,1976)。也就是说,马克思将1830年作为古典政治经济学的结束和庸俗经济学的开始,后者包括麦克库洛赫(McCulloch)、西尼尔(Senior)、巴师夏(Bastiat)和萨伊的追随者(Dobb,1940:133-134,转引自Milonakis and Fine,2009:309)。然而这种观点哈奇森并不接受。"我们也不接受马克思关于'古典'政治经济学的概念,即它起源于配第,经过洛克、休谟、斯图亚特、魁奈、斯密、詹姆斯·穆勒和李嘉图,最后到1830年左右,也就是,马克思自己开始从事这门学科之前。"(Hutchison,1988:3)

其次,凯恩斯(Keynes,1973)自称,可能冒着犯语法错误的罪过,将古典学派泛指为李嘉图的追随者,即采用和优化李嘉图经济学体系的人,包括约翰·穆勒、马歇尔、埃奇沃思和庇古教授。他将古典政治经济学等同为接受萨伊定律,以服务于他的分析目的(转引自Milonakis and Fine,2009:309)。当然这种划分由于未考虑到凡勃伦所提出的新古典概念,不适合本书的分析目的,所以本书在此不采用这种分类法。

最后,罗宾斯的古典经济学是指两个伟大的苏格兰哲学家,大卫·休谟、亚当·斯密及其追随者,这些追随者大多数是伦敦政治经济学俱乐部前两代的成员——显然包括李嘉图、马尔萨斯、托伦斯、西尼尔、麦克库洛赫和两个穆勒。罗宾斯也纳入了边沁(因为他作为一个经济学家比通常认为的更加重要)和凯尔恩斯(Cairnes)[①],但罗宾斯有意识地将非英国籍的经济学家排除在外(Robbins,1978:2)。罗宾斯的古典定义包括了休谟和边沁,而凯恩斯和后面提到的哈奇森都不包括边沁。

尽管"古典"一词充满了争议,但本书在此接受今天被广泛采纳的主流观点,即英国古典政治经济学的优势地位大约从1776年开始到1871年(Hutchison,1988:3),重点讨论的是交易和财富。Milonakis和Fine(2009:13)的

---

① 在罗宾斯看来,凯尔恩斯虽然稍晚,但在一些重要领域,被认为是古典立场的主要解释者之一。

古典学派就包括了斯密到约翰·穆勒的作家，包括边沁、李嘉图、西尼尔、马尔萨斯、穆勒和凯尔恩斯。这种观点也同熊彼特的古典定义（Schumpeter，1994［1954］：379-380）接近，即经济学的古典时期跨越了1798~1871年的时期，包括了Malthus和Jevons等不同的人物。

一、古典学者使用了政治经济学

尽管斯密在其《国民财富的性质和原因的研究》（简称《国富论》）中没有将其书名命名为政治经济学，但其实质就是政治经济学①。斯密在《国富论》第四篇引言中说到，"被看做政治家或立法家的科学的一个分支的政治经济学，提出两个不同目标：第一个目标是为人民提供充分的收入或生计，更恰当地说，是使其能为自己提供这样的收入或生计；第二个目标是，为国家或社会提供足以提供公共服务的收入。政治经济学的目标是使人民和君主都富裕起来。"斯密提到了"两种不同的关于富民的政治经济学体系：一种可称为重商主义；另一种可称为重农主义。"（斯密，2005年，第307页）

萨伊认为，自斯密起，才将研究社会秩序所根据原则的政治学与阐明财富是如何生产、分配及消费的政治经济学这两个相去甚远的研究区分开来（萨伊，2014年，第1页）。至少在斯密之前的很长一段时间内，人们经常将两者混淆。萨伊追溯了希腊语的"经济"，认为希腊语的"家庭"一词包含了家庭所拥有的一切动产，"而源自希腊语城邦的'政治'一词的应用，则延至一般社会或国家。政治经济学是我们用来称呼本书所探讨的科学的最好词语"（萨伊，2014年，第1-2页注释）。随后英国的古典学者均继承了萨伊的衣钵。例如，穆勒（2012年，第106页）认为，萨伊将这一学科命名为政治经济学，他"最确切地指出和充分地描述了它的性质和局限性"，他"选择将这一学科命名为政治经济学"。另外经济思想史学界的主流观点也认为，马克思是以与古典相似的意义上使用"政治经济学"一词的（Milonakis and Fine，2009：13；Hutchison，1988：381）。

---

① 至于斯密没有将国富论命名为政治经济学，一是因为和斯密同时代的重商主义者斯图亚特已经在其著作名称中使用了该词，二是该书的编辑不建议使用。具体分析见后续部分。

二、接受政治经济学的原因

然而,斯密为什么使用重商主义者的政治经济学的称谓呢?最主要的原因在于以下几点:

(一)重商主义和重农主义都接受政治经济学

斯密在《国富论》第四篇的政治经济学理论体系中提到的重商主义和重农主义都接受政治经济学,且斯密和重商主义及重农主义思想都有渊源。

关于重商主义,斯密在《国富论》对重商主义者将财富等同于贵金属(或货币)提出了指控,但斯密没有使用过"Mercantilism"一词,他使用的是 Mercantile System,这个词被德国人翻译成 Merkantilismus 后,又在 19 世纪后期翻译成英语。这是 Winch(2002:51)的观点,也得到了 Viner(1955:3)的支持,后者还认为,斯密将重商主义的特征归结为"商业"或"重商"体系来自重农学派。另外,牛津英语词典的重商主义词条试探性地猜测,这个词可能源自 19 世纪早期出现于法语中的 Mercantilisme(参见 Aspromourgos,2009,第 38 页尾注 41)。就重商主义概念的产生过程看,商业体系首先出现在 Marquis de Mirabeau 的 1763 年的《乡村哲学》,他参考了魁奈的"Exitable Follower"中的一段话①。在笔者看来,斯密在《国富论》中确实引用过米拉波的乡村哲学一文,也能客观地看待柯尔贝尔体制,并认为重农学派对柯尔贝尔体制有点矫枉过正。不过,斯密一方面严词驳斥甚至误导了对重商主义的理解,但又承认重商主义对城市产业(商业和制造业)的功绩。对重商主义的解读,参见本书后续部分。

在《国富论》第四篇中,斯密对重农主义却褒奖不少,但对"重商主义体系"作了著名的指控。正是从这种被指控的重商主义体系的灰烬中,产生出了斯密自己的政治体系(熊彼特,1991 年,第 283 页)。从思想源流上看,斯密也吸收了部分重商主义者和顾问行政官的思想方法。特别是,同孟克列钦一样,斯密也从博丹和博特罗(博丹的追随者)的政治科学著作(有关公共政策和行政管理的经济学)汲取营养,特别是在财政思想方面(参见熊彼特,

---

① 罗宾斯(2008 年,第 66 页)认为,米拉波在同魁奈合写(*Philosophie Rurale*)(译作《农业哲学》)中偶然地提到了重商主义制度。

1996年，第250-251页），而且在一大长串因犯有"重商主义错误"而为他轻视的作家中，如蔡尔德、达文南特、波勒克斯芬，使他学到了许多东西（熊彼特，1991年，第279-280页）。在罗宾斯看来，孟德维尔对斯密的影响"是正面的，但是斯密羞于谈论他从其特殊的术语中抽出的道德。斯图亚特的影响是负面的，因为亚当·斯密离开他的方式而论及由斯图亚特提出的各种论点，但斯密还是受到了斯图亚特的影响……对其一般思维的影响"（罗宾斯，2008年，第147页）。关于其他古典学者对重商主义的批判，参见萨伊（2014年，第8、22页）和穆勒（1991年，第14-19页；第35-36页）的相关论述。

作为前述重商主义反对者的法国重农主义，也继承了诞生于法国的政治经济学术语（卢梭，2013年，第138-142页，魁奈，1979年）。斯密（2005年，第482页）认为，尽管重农学派有许多缺陷，"但在以政治经济学为主题所发表的许多学说中，这个学说也许最接近真理。因此这个学说非常值得所有愿细心研究这个极重要的科学原理的人去留意。尽管这个学说认为投入土地的劳动是惟一的生产性劳动未免偏颇，但这个学说认为，国家财富不是由不可消费的货币财富构成的，而是由社会劳动每年所再生产的可消费的货物构成的，并认为完全自由是使这种每年再生产尽可能最大增长的惟一有效方法。这种论点无论从哪个方面来说似乎都是公正的。……他们在过去的数年间形成了一个重要学派，在法国学术界以'经济学家'著称。他们的著作……某种程度上还影响国家机关扶植农业，这对其国家确有贡献。由于他们的论断，法国农业摆脱了以前所受的许多种压迫。……这个学派发表了许多著作，不仅探讨真正的政治经济学，即探讨国民财富的性质和原因，而且探讨政府所有其他部门的事情"。就其影响来看，重农学派的自然法思想明显地影响了斯密的自然法观点。"在斯密那里更有影响的因素是实质上与重农学派的思想相一致的一种倾向"（凡勃伦，2012年，第86页）。只不过，"与同时代的法国经济学家相比，亚当·斯密的自然法明显较少地带有专横的色彩"（凡勃伦，2012年，第98页）。

（二）斯密的研究对象也是物质财富问题

在斯密（2005年，第482页）看来，"真正的政治经济学，既探讨国民财富的性质和原因，而且探讨政府所有其他部门的事情。"而这正是斯密在《国富论》中所希望讲述的。最后一位重商主义者斯图亚特"对财富的定义非常接近斯密，他对个人恶习和公共利益问题的结论也接近于斯密。政治家不得不接受私人利益的存在。他的任务是去引导人们'在特定的框架下相互协助，最终谋划他们自己的适当的利益'"（Skinner，1962：439，quoted in Magnusson，1994：5）。

在萨伊（2014年，第1-2页注释）看来，"政治经济学不研究天然财富，而只研究社会财富。"萨伊将政治经济学限定在"只用于论及财富的科学"（萨伊，2014年，第1-2页）。在穆勒看来，政治经济学"只是研究社会形态中财富的生产和消费"（2012年，第103页）。

（三）研究目的都是为政策谏言

在熊彼特看来，15世纪以来研究政治经济学的小册子作者普遍关注的是，应该如何管理政府和经济，也就是探讨的是经济管理和政策问题。他们作为顾问行政官，无论是重商主义者还是重农主义者，其写作的出发点无疑是明显的国家名义或理由。顾问行政官和小册子作者"都讨论与经济政策有直接关系的实际问题，而这些问题又是新兴民族国家所面临的问题"（1991年，第220页）。在这种情况下就不难理解为什么斯密要使用政治经济学了，因为斯密也是个顾问行政官。

首先，斯密将政治经济学视为政治学或立法科学的一部分。斯密的法理学是统治的理论，应该指引文明的政府。它是一门规范的科学。在斯密的概念中，立法科学作为一个整体和法理学同义，可以被视为一门全方位的政治科学（Aspromourgos，2009：219）。按照熊彼特（1991年，第283页）的解读，斯密将政治经济学的目的定位于富国富民，"正是这一定义表达了斯密认为最重要的东西……该定义使经济学成了供'政治家'使用的处方本。""总体来讲，绝大多数古典经济学家都因袭了对政治经济学的这种理解"（罗宾斯，1997年，第5页），例如约翰·穆勒的政治经济学也是政治学的一个分支（穆勒，2012年，第106页）。

其次，斯密在《国富论》中也有管理国家经济之意。斯密关于Economy及其变体有多重理解。这个术语可以被当作节俭Frugality的同义词使用，而在一个相关但范围更广的意义上，经济有可能被用来指称一个阶级支出（收入）模式，甚至可以指称一种经济组织的公司（法人，Corporate）模式，这种意思和政治经济学作为政策框架的观念有亲缘关系，即将经济理解为为实现某个目的而有效地组织和管理的意思（Aspromourgos，2009：11-12）。

综上所述，上述政治经济学术语都研究物质财富，都基于物质财富增长的目的提出政策建议。这可能是古典经济学继续使用政治经济学的核心理由。

这里有一个值得提及的问题是，斯密熟知重农学派，他为何没有追随法国重农学派的"经济学"术语？魁奈曾引用色诺芬的"农业是其他技艺的母亲和保姆……"的言辞作为他的主要著作《经济表》的题词（色诺芬，1961年，译序，第2页），魁奈由于使用"经济表"，他和他的追随者被称为"经济学家"。斯密甚至在《国富论》中提到了这一点（斯密，2005年，第482页），而他为什么不使用"经济学"术语作为他的著作名称呢？而杰文斯正是依据法国的这一习惯，而将其著作以经济学命名。具体分析见第三章。

第三节 新古典学者抛弃政治经济学的原因

进入新古典经济学时代，其代表人物，如杰文斯（1984年，第6页）、瓦尔拉斯（1989年，第30-32页）、门格尔（2007年，第201页）等相继提出了用经济学取代政治经济学，因为它（政治经济学）已经使人们产生了误解。

本书所指的新古典是指凡勃伦在1900年提出的自边际革命以来的以马歇尔为代表的主流经济学，包括克拉克、坎南和奥地利学派等边际学派。当然，凡勃伦提出这一概念不仅为了和他所主张的进化或演化经济学（当时的达尔文主义者的经济学观点）进行比较，也和以约翰·穆勒和凯尔恩斯为代表的古典经济学相区隔。在凡勃伦看来，新古典经济学家的假定"与穆勒和凯尔恩斯有很大的差别"。但凡勃伦的新古典经济学保持了"古典经济学发展史中那一条完整的、连续的线索……一个与古典源泉尤为密切的谱系里，这个谱系同时又明显地适应于后来的思想习惯和知识方法"（凡勃伦，2012年，第147-148页）。[①]

关于边际主义革命，无论如何理解，学界公认的是，其所依赖的两个支柱传承古典作家，即抽象演绎法和边沁的功利主义。

首先，就演绎法而言，不仅英国的杰文斯和马歇尔，而且法国的瓦尔拉斯和奥地利的门格尔都赞成演绎法。相关论述参见杰文斯（1984年，第7-8页；

---

① 需要注意的是，在凡勃伦的新古典经济学中，没有提到瓦尔拉斯的著作，这是否与瓦尔拉斯的论著较晚引入英语世界有关呢？

第 38-40 页）；瓦尔拉斯（1989 年，第 33 章）；门格尔（2007 年，第 208 页）；罗宾斯（2008 年，第 343-345 页）。

其次，就功利主义而言。在凡勃伦（2012 年，第 199-201 页）看来，边际效用学派实质上与 19 世纪的英国古典经济学是一致的，是其一个分支或者派生支系，它们共同的出发点是 19 世纪早期传统的快乐主义心理学。凡勃伦的理由在于，新古典经济学仍是"根据感觉上的效应来分析行为"（凡勃伦，2012 年，第 153-154 页）。这种论断对于杰文斯来说，没有疑问。"我毫不犹豫地接受功利主义的道德学说，以行为对于人类幸福所发生的影响定为是非的标准"（杰文斯，1984 年，第 42 页）。他引用边沁的话说，"自然把人类安放在两个主权者——痛苦与快乐——的支配下。为它们，单是为它们，我们要指出我们应做什么，并决定我们将做什么。……我们的一切行为、一切言说、一切思想，皆受它们支配"（杰文斯，1984 年，第 43 页）。但对门格尔和瓦尔拉斯来说，则并非如此。奥地利学派没有从功利主义的角度来论证其学说。"不幸的是，过去由于经济学家自己措辞不当，常给这些非难以口实。众所周知，现代主观价值理论的某些创立者确实宣称，其主张的最终基础是心理学的快乐主义学说。奥地利学派并不是这样"（罗宾斯，2000 年，第 71 页）。"杰文斯及其追随者的著作虽说带有快乐主义的装饰物，但这种装饰物仅仅是附着在理论的主要结构之上，这种理论正如在维也纳与其平行发展起来的理论所表明的那样，完全可以不用快乐主义的术语加以表述和辩护"（罗宾斯，2000 年，第 72 页）。通常认为门格尔坚持的是亚里士多德的方法论。而瓦尔拉斯则使用的是自然法（Hutchison，1988：378）[①]，与杰文斯不同的是，瓦尔拉斯不是一个效用主义者，他的著作中边沁的名称一次都没有出现过（Milonakis and Fine，2009：100）。"瓦尔拉斯当然并不非常了解正如在英国发展起来的古典政治经济学，而他确实认为他的理论具有古典政治经济学的一切成分"（罗宾斯，2008 年，第 343 页）。

尽管存在上述的联系，但边际革命毕竟存有与古典学派的不同之处[②]。就边际主义和古典主义的不同来说，首先边际学派从古典的唯物主义转向了主观

[①] 关于自然法和功利主义的比较，参见本书第四章。
[②] Blaug（1973：11）认为，试图解释 19 世纪 70 年代的边际效用革命的起源被认为是失败的：它不是一个边际效用革命；它不是一个突然的变化，而仅是一个渐进的转变，在这个转变的过程中旧的观点从未被明确地拒绝；在 19 世纪 70 年代它并没有发生。参见 Milonakis 和 Fine（2009：314）。

主义（参见 Robbins，1935：15-16，转引自 Aspromourgos，2009：26 尾注 19）。Aspromourgos（2009：26）认为，斯密及其之前政治经济学拥有着一个根本性的共同特征，明显不同于 19 世纪 70 年代以后的所产生的经济学概念：即他们在涉及系统性的质变的增长，也就是说，经济发展语境中，根据人类生存和消费的生产和再生产，都聚焦于人类社会经济生活的客观属性。Schumpeter（1967）认为，"边际效用概念是新的发酵剂，已经将现代理论的内部结构变成了非常不同于古典经济学家的东西。"经济科学的研究主题已经从财富的原因及其分配的研究转向了对个体经济行为的考察，特别是按照效用最大化的方式。客观的价值理论（劳动或生产成本价值理论）让位于建立在个人效用最大化基础上的主观理论（Milonakis and Fine，2009：97）。对于 Schumpeter（1967：190）来说，"边际效用理论将使用价值作为个人心理的一个事实接受的"。然而，重要的是要认识到，作为价值基础的"主观性"的使用，就像熊彼特的更具广泛基础的"个人心理学（状态）"，它本身就为转换解释和内容敞开了大门，绝非限定在当今新古典的熟悉的给定的效用函数上。事实上，将主观性和效用还原到如此狭隘的关注的过程是形成主流经济学流行形式的一部分（Milonakis and Fine，2009：98）。

最后，边际主义和古典学派（奥地利学派除外）的一个明显不同是对待数学的不同态度。通常认为，古典学派并不重视数学，但新古典非常强调这一点。具体参见杰文斯（1984 年，第 10-11 页）和瓦尔拉斯（1989 年，第 56 页）以及 Milonakis 和 Fine（2009：95）。对于门格尔拒绝数学方法，参见怀特（2007 年，第 303-304 页）。马歇尔对于数学的温和态度，参见马歇尔（1964 年，原著第一版序言，第 15-16 页）。

当然，两者间的区别并非仅止于此。例如在 Milonakis 和 Fine（2009：98）看来，边际主义在方法论上同古典学派的另外一个不同涉及经济加总（如阶级和国家经济）让位于门格尔所称的"原子主义或原子论"，后来演变成众所周知的方法论个人主义。因为这一问题很重要，本书将在后续部分详细讨论。当然也有人认为，古典政治经济学和新古典经济学的不同在于一个有社会和历史的内容，而另一个没有，并且在应用方面是普遍适用的（Milonakis and Fine，2009：46），本书也将在后续部分讨论。

然而基于本书的定位，在此，笔者更关注的是，为什么边际主义者要抛弃政治经济学？

一、取消政治经济学的背景分析

从表面上看,取消政治经济学而使用经济学似乎是为了统一学科名称。当时关于经济学科有多种名称。例如 Hearn 提出的 Plutology(早期曾被译为财富学或努力满足人类需要的学说)[①];Whately 在 1831 年提出 Catallactics(早期译为交易学);由亚里士多德提出的 Chrematistics[和持家相对,早期译为理财学或银学,参见方维规(2008)];以及 Macleod(1875)提议改称为"经济学",并将其定义为"探讨支配可交换物品数量关系的规律的科学"。

之所以选择经济学,而不是其他名称,可能的原因在于当时的英法德等国均使用经济学作为主干词的名称。杰文斯认为,"Political Economy 这一个双名是麻烦的,应尽早放弃","我觉得最好的名称是 Economics。这个名称,既与旧名称比较更近似,又在形式上与 Mathematics、Ethics、Aesthetics 及其他各种科学的名称可以类比,且从亚里士多德以来就已通用。据我所知,这个名称是麦克劳德君重新提起的。但剑桥的马歇尔君亦曾经用它。我们希望,近百年来为法国经济学者称为 La science économique 的科学,将一律采用 Economics 这个名称。不过,我虽在本文改用新的名称,但书名仍以不改为是"(杰文斯,1984 年,第 6 页)[②]。

前文中谈到,在重农时代,魁奈由于其著作被称为"经济表",他和他的追随者就被称为"经济学家"(Aspromourgos,2009:12)。而斯密也知晓这一点,但为什么是杰文斯而不是斯密首先命名了经济学,的确是个有意思的问题。实际上,斯图亚特在 1767 年就使用了经济学,主要涉及个人或家庭的管理,他特别还比较了经济学和政治经济学的不同。如果考虑到斯图亚特最早在英语世界使用了经济学而未能普及的话,并且他又是最早从法语中引进政治经济学到英语世界,那么就更加意味深长了。这又说明经济学的概念仍然是由法国人最先提出。

当然到底是杰文斯还是马歇尔最早使用"经济学"一词,还有争议,例

---

① 或译为富强学,参见方维规(2008)或译为理论经济学,参见维克塞尔(2017 年,第 19 页)。
② 杰文斯在最后一次出版他的著作时(1905),把书名改为《经济学原理》(格洛奈维根,1996 年,第 969 页)。

如 Cannan（1929）声称是马歇尔（1890）使人们接受经济学这个新名称①，但格罗奈维根认为，"经济学"一词只是在马歇尔著作的后几个版本中才出现，且直到 20 世纪 20 年代初才全部改用"经济学"一词。即便那时，马歇尔也还是把两个名称当作同义词来使用的（1996 年，第 970 页）。因此，现代美国经济思想史家塞利格曼认为，杰文斯"成功地使政治经济学摆脱了'政治'一词，并把经济学变成了研究单个人的行为而不是整个社会行为的一门科学"（阿尼金，2007 年，第 16 页）。实际上，J. N. 凯恩斯也曾谈到杰文斯主张用经济学。

奥地利学派的门格尔也赞成用经济学取代政治经济学。他认为，用"经济学"来描述当时"通常所指的政治经济学一词下的整门理论—实用科学"似乎比较好，但当时"不少德国经济学家和大多数外国经济学家仍然倾向于使用'政治经济学'这个既不准确也不确切的词"，所以门格尔就没有坚持。对于为什么经济学家倾向于使用"政治经济学"，在门格尔看来，"显然是因为，这个词是国际通行的。也就是说，他们之所以用这个词，是因为他们怀疑术语具有什么重要性，当然更不相信它具有决定性意义。不过，他们选择使用这种叫法，部分地可能恰恰是看上了其不够确切的性质，这样可以很方便地掩饰它所指称的概念的模糊性"（门格尔，2007 年，第 201 页）。由此，笔者认为，门格尔也是较早提出"经济学"概念的学者。

对于选择经济学而不是其他名称，熊彼特（1991 年，第 87 页）认为，"古希腊的所谓经济，仅指管理家庭的实际智慧；亚里士多德派的所谓 Chrematistics 与经济学这个标签最为接近，主要是指商业活动的金钱方面。"至于惠特利主教建议用交换（Catallactics）一词没有被接受，据猜测，原因可能在于，这样将会导致"政治经济学这门有关人类经济命运的科学，竟被贬低为一种可怜的买卖理论"（熊彼特，1992 年，第 243 页注释 3）。

基于此，就有人认为，"政治经济学"从一开始对于一个学科就是一个不适宜的名字，因为它难以区分知识的集合与这种知识所研究的现象的范围（奥菲，2006 年，第 981 页尾注 2）。

---

① 熊彼特（1996 年，第 41 页）也认为是马歇尔最早使用"经济学"一词的。Milonakis 和 Fine（2009：98）也认为，政治经济学就转向了经济学标志性的事件是马歇尔的经济学原理的标题改动。

二、更深层次的原因在于经济学的科学化

尽管穆勒在其著作（1991，2012）中也使用了政治经济学术语作为书名（这恐怕也与政治经济学已被普遍使用有关），但他也可能是最早对"政治经济学"一词提出异议的学者之一，因为相关反思在穆勒的著作中就已经显现端倪，而且后续的新古典学者都是基于穆勒经济学传统所提供的科学基础加以扩展的（胡明，2015）。在穆勒看来，"将政治经济学看作科学的一个分支是最近的事。""政治经济学家们声称是讲授或研究财富的性质及其生产和分配规律的，包括直接或间接地研究使人类或人类社会顺利地或不顺利地追求人类欲望的这一普遍对象的一切因素所起的作用"（穆勒，1991年，第13页）。

穆勒对于经济学科学化的重要性在于，1830~1870年被视为"一个长期的混合均衡"的时代（Vroey，1975：431），这期间对李嘉图体系的攻击同边际革命的逐渐孕育过程相共存，穆勒在其中发挥了不小的作用（Milonakis and Fine，2009：29）。Blaug（1997：172）认为，"穆勒的政治经济学原理的极端持续性很大程度上是因为它融合了古典和反古典的成分"（转引自 Milonakis and Fine，2009：27）。穆勒的突出贡献首先体现在：①他在充分评价萨伊的政治经济学性质和局限性的基础上，对"政治经济学"一词进行了反思。他认为，萨伊"选择将这一学科命名为政治经济学。并且，这一名称含义的外延确实得到它的词源的支持。但是'政治经济学'一词早已不再具有如此广泛的含义。……萨伊先生做到了如无充分理由就不可能做到的事，他改变了适用于特定目标的名称的含义（因此，必须提供该词的替代品），以使这一名称成为更易发现特点的名称"（穆勒，2012年，第106页）。②穆勒对人类的经济活动和其他活动的研究进行了限定和隔离。"与财富有关的研究不会同人类所关心的任何其他研究工作混为一谈……这些事情虽说密切相关，可又有本质上的区别。人们对此从来没有异议"（穆勒，1991年，第13-14页）。而正是这种隔离为经济学的科学化提供了方法论基础，并方便了后人加以扩展（胡明，2016）。

具体来说，对政治经济学的异议主要基于以下两点：①斯密在《国富论》中将政治经济学视为政治学或立法科学的一部分，是为制定政策服务的，因此他将实证与规范研究混在了一起。②斯密把家庭或社会的研究同政府或国家的

研究混在了一起。

（一）斯密混淆了实证与规范方法

从斯密自己的观点看，政治经济学是一门政策科学，在更深层的意义上，"政策"可以被解读为——最终是一种事实上的法律建构。它是一种改善人类社会的工具。它被赋予了规范的和实践的目标（Stewart，1811：271 quoted in Aspromourgos，2009：63）。熊彼特（1991年，第280页）也援引斯图亚特的话说，斯密本人确曾认为自己最先提出了自然自由原则。这一原则，"一方面是政策原则，即废除法律约束外的所有限制，另一方面也是分析命题，即个人之间的相互自由作用，不仅不会带来混乱局面，反而会带来由逻辑所决定的井井有条的秩序。斯密从来没有把这两者十分清楚地区别开来。"因此，斯密肯定不认同政策不是或不应该是正确理论的直接应用的观点，只不过斯密讨厌智识和政治上的狂热行为（Aspromourgos，2009：241）。然而作为休谟的好朋友，斯密犯了违背"休谟铡刀"①式的错误似乎不太应该。

这方面萨伊表现得更好。政治经济学"仅限于简单说明所发生的有关财富的一切，不再试图向当局提供意见。但假如当局想确定他们要实施的计划会产生什么好结果或坏结果，他们就可以参考这门科学，正如他们在建造水泵或水闸时要参考水力学一样"（萨伊，2014年，第36-37页）。尽管如此，他的政治经济学的目的就在于希望权力当局制定明智的经济政策（第34页注释），"最正确的原理不是在任何时候都适用，重要的是，我们要知道这些原理，并在可运用或想运用时能加以运用"（第35页）。另外，萨伊还批评重农学派混淆了权利和事实问题（第18页注释2），但他又认为，"经济学派的著作一贯拥护最严格的道德……仅这些看法，就使其作者应该获得普遍的感激和尊重"（萨伊，2014年，第18-19页）。

而在穆勒看来，斯密在《国富论》中将政治经济学视为一门教授或声称教授一国如何变得富裕的科学的说法（2005年，第307页），"混淆了科学和技术的概念。两者虽然有密切联系，但两个概念完全不同，就像理解力不同于意志力一样，或者像英语语法中的陈述语气不同于祈使语气。科学讨论事实，而技术讨论规则。科学是事实的集合；技术则是大量的规则，或者是行动的指引。科学的语言是'这是'或'这不是'，'这件事发生'或'这件事没有发

---

① 学术界一般将事实与价值二分称为"休谟铡刀"。

生'。技术的语言是'做这件事'和'避免那件事'。科学认识到某种现象，并努力发现其中的规律；技术对自身设定目标，并不择手段地实现这一目标"（2012年，第95页）。"除非建立起认识内容性质的科学知识，否则技术将不再是技术……规则虽然可以使一国财富增加，但它不是科学，而是科学的结果。政治经济学本身不会指导如何使国家富裕，但是任何有资格评判使一国富裕的方式的人，首先必须是政治经济学家"（2012年，第96页）。在穆勒看来，"道德本身并非科学，而是技术；并非事实，而是规则。规则得以建立的事实（就像在所有技术中那样）来自各种科学；但科学的原理，以及这些具体技术的特有原理，则属于精神科学的分支"（2012年，第104页）。也就是说穆勒坚持将经济学同与国家政策有关的问题分开①。

在瓦尔拉斯（1989）看来，斯密的政治经济学定义不是纯经济学的科学定义，而是应用经济学的技术。富国富民的定义太过实用，因为"经济学家的首要任务并不是如何为人民提供丰富的收入或为政府提供适当的岁入，而是在于追求和掌握纯粹的科学真理。"科学的一个主要特征是，"在全然不计及成果好坏的情况下不断追求纯粹的真理"。因此，"斯密的定义是不完整的，因为他没有把严格地作为一门科学的政治经济学的目的说出来"（1989年，第31-32页）。瓦尔拉斯认为，必须要对政治经济学的科学、技术和伦理学之间进行区别（1989年，第42页）。技术涉及的是"建议、戒律和引导"，而科学涉及的是"观察、描述和解释"。考虑到萨伊在这方面和斯密的不同，那么瓦尔拉斯批判了萨伊的定义（1989年，第34-38页）就值得有兴趣的读者进一步研究。

对于斯密的政治经济学，马歇尔认为，斯密"所开辟的领域太大"，"他并没有完全摆脱当时十分流行的那种把经济学法则和应该从自然的伦理戒律混为一谈的情况。对于他，'自然的'有时是指现有的各种力量实际生产的，或会产生的东西，有时是指他的本性使他希望它们产生的那种东西。同样地，他有时把阐明一种科学看作是经济学家的本分，而有时又把提出一部分政治管理措施当作他的本分。"但马歇尔又认为，尽管斯密用语不够谨严，可仔细推敲后就知道，"他自己完全懂得他所从事的是什么。当他探寻因果规律，亦即现

---

① 政府如何做可以让国家富裕，这是个事实问题，也是科学研究的对象，但穆勒先生将它全部划归艺术领域是否妥当呢？本书将在后续部分分析。

代所谓的自然规律时,他使用的是科学方法;而当他谈论实际戒律时,他一般知道他只是表示他自己认为所应当做的事而已,即使他似乎认为这些戒律有自然根据"(马歇尔,1965年,第403页及注释2)。

罗宾斯也认为,斯密的"政治经济学不仅要描述经济系统实际上是如何运行或怎么运行的,而且根据作者的意见,还要研究应该让经济系统怎么运行或者应该允许它怎么运行。"罗宾斯认为,"总的来讲,绝大多数古典经济学家都因袭了对政治经济学的这种(斯密)理解,即它包括对经济行为的描述,又包括对经济政策的规定。"他特别强调,穆勒的认识更加成熟。"对于人们开始习惯于把'政治'一字去掉,用'经济学'这个词单指对经济现象的分析和描述,而把有关什么政策才符合需要的讨论,归于另外的、尽管与前者有关但又与其明确区分开来的特殊的研究范畴。"这样做有两点好处:"其一,它同时分清了个人和集体在实现目的时会这样或那样受到资源稀缺的制约的行为的活动范围;其二,同时它也抛弃了,或者说意识到应该抛弃任何如下的假设,即对这些行为的概括中本身具有任何规范化的前提"(参见罗宾斯,1997年,第5-6页及注释)。

笔者认为,罗宾斯区分实证和规范的研究是对的,但他的问题在于,一是斯密将政策和财政活动视为既定的事实,而罗宾斯则视为是规范判断,就有问题。因为斯密只是从应该如何的角度更好地规范它,而不是否定它。相反,罗宾斯虽然指出了斯密犯了直接从"是什么"推导出"应该是什么"的错误,但罗宾斯的问题在于,他将所有的财政或政策事务全部视为是"规范的"而不是"实证的"。不仅斯密,而且穆勒都将该部分纳入实证经济学考察。二是缺乏对政府行动的实证研究,如何能够得到政府应该如何行动的规范判断?很明显,我们既不能从实证的个人行动中推出实证的政府行动,也不能从实证的政府行动中推导出规范的政府行动。因此,真正有价值的实证研究,不仅包括个人行动的可能性及其结果,也包括政府行动的可能性及其结果。而只要能价值中立地研究国家选择及其可能的后果(不鼓吹国家应该如何的政策建议),那么罗宾斯就不应该反对这种客观中立的科学研究[①]。对此,本书将在后续部分重点分析。

[①] 罗宾斯(2007年,第83页)认为,他的经济学定义也涵盖了有关战争的政治经济学。"如果我们想发动战争,并且想克敌制胜,就必须把稀缺的商品和服务从其他方面抽调出来。"

(二)斯密混淆了社会与政治的概念和界限

斯密(2005年,第307页)确定的政治经济学的"使人民和君主都富裕起来"的目标既包括部分属社会学的内容,也包括部分属政治学的内容(Aspromourgos, 2009: 220)。萨伊也把社会和政治相混淆。一方面他研究的是社会财富,"基本上与政治组织无关",所以他研究的是社会财富,但另一方面他却又将学科名称命名为政治经济学。更为麻烦的是,萨伊虽然认为政治经济学只研究社会财富,但他又使用了"国家财富或私人财富"的称谓①(2014年,第1页)。

约翰·穆勒认同萨伊的政治经济学"含义的外延确实得到它的词源的支持",但不同于萨伊的是,穆勒批判斯密将社会层面上的个人与家庭同政治层面上的国家混在一起。根据"政治经济学告诉我们确定财富的生产、分配和消费的规律"的定义,穆勒认为,"政治经济学是相对于国家而言的,而家庭经济学是相对于家庭而言的"。这种定义避免了斯密定义的错误,且"定义本身是不会招致反对的",也能确保"政治经济学将成为科学"(2012年,第96页)。他还认为(2012年,第97页),"政治经济学最好的实际应用,无疑是让有利的结果成为一国可实现的目标,就像最完美的家庭经济学让单个家庭实现这一目标一样。"②在穆勒的眼中,"政治经济学不是研究所有人类形态中的财富生产和分配,只是研究社会形态中财富的生产和消费"(2012年,第103页)。尽管穆勒认同萨伊的政治经济学"名称的含义的外延确实得到它的词源的支持",但他又认为,"'政治经济学'一词早已不再具有如此广泛的含义……萨伊先生做到了如无充分理由就不可能做到的事,他改变了适用于特定目标的名称的含义(因此,必须提供该词的替代品),以使这一名称成为更易发现特点的名称"(2012年,第106页)。穆勒的意思是要将经济学的范围缩小③,他建议,

---

① 这或许与萨伊对希腊语城邦的"政治"一词的理解有关,因为他所理解希腊语的"政治"可被应用于一般社会或国家(2014年,第1-2页注释)。
② 但是令人不解的是,穆勒(2012年,第96-97页)又认为,"对于家庭经济学来说,即使能够将它归纳成某些原理,它还是技术。"在穆勒的眼中,"家庭经济学包括各种规则或节俭准则,在任何给定的收入水平上,以此保持家庭日常供给,满足需求,在最大限度上保证家庭成员的身体舒适和愉悦。"这种观点不仅遭到了门格尔的反对,而且他并没有回答,为什么家庭经济学只能是技术或规则,而国家的经济学却可以分为科学和技术?
③ 然而令人奇怪的是,穆勒一方面沿用了政治经济学的术语,但他又否定了建立政府学的可能性(2012年,第106页注释)。这一点后续部分再谈。

"应将这门科学称为社会经济学或许更为贴切",它"是以关于个体思维的本质的整个学科为前提的"(2012年,第106页)。另外,在1848年出版的著作中,穆勒又进一步认为,"国富论在许多方面过时了,而且整体来看也不完美。政治经济学,如果所谓的称呼正确的话,几乎从斯密时代的婴儿期成长而来。而对于社会哲学,这位杰出的思想家从未将其从他的更加独特的研究主题中分离出来,尽管仍处于进步的早期,但也进步了很多,超过了他所停留的位置"(Hutchison,1988:374)。

同样瓦尔拉斯也认为,斯密的"为人民提供收入和为政府提供充足的岁入是属于同等重要、同样费力的两种活动,但在性质上彼此相差很大……为人民提供丰富收入时,目的在于如何求其切实可行;而为政府提供充裕岁入时,目的在于如何求其公平合理。切实可行和公平合理,或者说,物质福利和公平待遇,是属于截然不同的两个思想范畴"(1989年,第33—34页)。因此,瓦尔拉斯从社会层面上构建经济科学,即纯粹经济理论就是交换及交换价值理论,也就是就其本身来考虑的社会财富理论(1989年,第55页)。

门格尔时代大多数人的基本想法是,"社会的概念被看成是与国家相对立的",因而门格尔在区别社会经济学和国家经济科学的基础上,从社会层面捍卫理论经济学(门格尔,2007年,第200页)。

马歇尔提出的经济学理论体系也是在社会层面上建构的。在他看来,政治经济学或经济学是一门研究人类一般生活事务的学问;它研究个人和社会活动中与获取和使用物质福利必需品最密切相关的那一部分(1964年,第23页)。

维克塞尔从社会层面捍卫理论经济学。关于国民经济学,维克塞尔认为,"从字面上看,这个名称表示的是国家的'家务'或国家'家务'理论。然而,至少在目前一个国家无论如何也没有共同的'家务',而是每个人料理自己的'家务'。国家本身就形成了对一些公共事务的管理。地方管理机构也是这样;这些机构的'家务'是用公共财政的科学来管理的,尽管它被认为是国民经济学的一部分(一个重要组成部分),却绝不是国民经济学的全部。而且,到了近代,把公共财政作为一门单独的学科已经成为习惯"(2017年,第18页)。在笔者看来,维克塞尔这里并没有详细说明公共财政的科学到底是什么,但它和除它之外的国民经济学的剩余部分是什么关系,他并没有说清楚。参见后续分析。

罗宾斯也从社会层面捍卫理论经济学。他认为,古典经济学"把整个社会作为一个整体来看的有关经济问题的系统","一个内部相互联系的整体"(1997年,第8页)。

基于以上两点,这些主要的代表人物希望从社会层面建立科学的经济学,政府或国家不在经济学的研究视野中。在这种情况下,罗宾斯认为,"经济学作为一门实证科学,其性质自然不同于伦理要求或政治措施。在我的词典里,政治经济学不是科学的经济学,也就是说它并不是阐述经济系统本身运行而与价值观念无关的一般规律,它讨论经济领域中公共政策的原理。"它一方面要用到经济科学本身的研究发现,另一方面也要涉及一些带有某种规范特点的前提与假设;而这些前提和假设就其性质而言并不属于实证科学的范畴。尽管政治经济学的内容涉及措施规定而不是对客观的描述,但是出于与实践的密切关系,它所提出的建议都要经过实际效果的科学检验,并不是不顾后果的一厢情愿的思辨。"按此构想的政治经济学,实质上是为解决政策问题而进行的一种探索"(罗宾斯,1997年,第6-7页)。这种观点也得到了熊彼特的认同,即政治经济学仅是规范研究。熊彼特认为,所谓的"政治经济学体系,我是指一整套经济政策的阐述,而这些政策是作者根据某种统一的(规范的)原则,例如经济自由主义原则、社会主义原则等等,而极力主张的"(1991年,第65-66页)。

至此,政治经济学逐步在主流的经济学论述中消失。为矫正他们所认为的古典政治经济学,特别是李嘉图经济学整体上的缺陷,边际主义和历史学派改革了政治经济学,最终导致了政治经济学的解体(Milonakis and Fine, 2009: 91-92)。"从前古典政治经济学转向英国古典经济学的过程中政治因素被忽略,没有给政治因素留下多少空间"(Hutchison, 1988: 381)。

第二章 政治经济学新定位的合理性

针对上述抛弃政治以及将政治经济学定位在规范经济学的做法所带来的后果，即后政治经济学的得与失[①]，需要认真研究。当然这里的得与失是站在当代的视角而言，评价边际学派所带来的得与失，因此，无论讨论的结果如何，这里并不是指责或褒扬边际学派，而是"事后诸葛亮"的"马后炮"，反思这一行动的客观后果。

这种抛弃政治经济学的做法是否合理呢？下面从方法论角度进行考察。

第一节 新古典经济学的合理性论证

前面说到，从穆勒开始，就对政治经济学的称谓表示了不妥之意，他认为，需要为理论经济学划界，以便为科学的经济学辩护。在他看来，"人类活动的每一个领域，实践都长期领先于科学"（穆勒，1991年，第13页）。这一点也好理解。任何一门科学的诞生总是先从实用的角度开始，为有用的政策找依据，待逐步完善后，才会科学化。一开始人们从应用的角度将经济学称为政治经济学，但要科学化经济学，就不能从应用的角度定义我们这门学科，而应从经济科学的角度进行定义。基于此，罗宾斯（2000年，第9页）也认为，"正如穆勒所说，一门科学的定义总是产生于这门科学创立之后，而不是之前。'正像修建城墙那样，通常不是把它当作一个容器，用来容纳以后可能建造的大厦，而是用它把已经盖好的全部建筑物围起来。'的确，正是一门科学

[①] 这种说法，是方敏教授的提议，在此表示感谢。

的性质,决定了这门科学只有在达到一定发展阶段时,才有可能界定其范围。"① 在罗宾斯看来,只有明确了目标,才能做进一步的详尽阐述。毫无疑问,近代经济学家面临的最大危险之一,就是把心思用在与经济学无关的事情上,有许许多多活动对于解决与经济学密切相关的问题几乎没有或根本没有关系(2000年,第10页)。那么如何为这种科学辩护呢?下面根据上文中提到的新古典学者对斯密政治经济学的两点攻击进行考察。

一、学术与政策区分的合理性

首先将事实与价值分开或理论与应用的区分既是经济学实证化和科学化的第一步,也是韦伯倡导的"价值中立"原则的关键一步,更是体现了康德意义上科学的形式和客观性(Robbins,1978:172)。按照新古典经济学价值中立的原则要求,需要将事实问题与价值问题分开处理。

实际上,穆勒较早就主张将实证的理论经济学与应用的规范经济学分开,尽管他当时心中可能还没有我们现在所称的独立的规范经济学的概念,而真正的规范经济学到内维尔·凯恩斯才逐步清晰化(胡明,2015,2016)。杰文斯和瓦尔拉斯也都坚持规范议题是一项独立的任务,完全不同于处理实证问题的纯科学的追求(Milonakis and Fine,2009:101)。

在瓦尔拉斯(1989)看来,必须要对政治经济学的科学、技术和伦理学之间进行区别。人类意志的作用所构成的,首先是所谓的纯粹的精神科学,其次是技术或伦理学。在人类现象的范围内,人与物的关系所构成的现象的总和叫做工业;人与人之间的各种关系的现象的总和叫做制度。工业的理论叫做应用科学或技术,制度的理论叫做精神科学或伦理学。这就是科学、技术和伦理学的特征。它们各自的标准是真、效用(指的是物质福利)和善(指的是公道)(瓦尔拉斯,1989年,第42-46页)。

首先,在瓦尔拉斯(1989)看来,纯粹经济理论就是交换及交换价值理论即社会财富理论。"假定有纯粹经济学理论,那就必须先有它,而后有应用

---

① 在此,罗宾斯引用了韦伯的观点,来为经济学的统一性辩护。"一门学科的统一性,仅仅表现在该门学科所能解决的问题的统一性上,而且只有在各项解释原则的相互关系确立起来以后,才能发现这种统一性"(罗宾斯,2000年,第9页)。

经济学。纯粹经济理论就是交换及交换价值理论，也就是就其本身来考虑的社会财富理论。"纯粹经济学理论"应当从经验中取得某些类型概念，如交换、供给、需求、市场、资本、收入、生产服务、产品等。然后就应当从这些现实类型的概念中抽出理想类型的概念，为之下定义，并举以进行推论。直到科学的推论完成以后，才应当回到现实，但那时也只是为了实际上的应用"（1989年，第55-56页）。对此，Milonakis 和 Fine（2009）就认为，瓦尔拉斯将纯科学等同于自然科学，如果经济学要想成为一门纯科学，就必须像它是一门自然科学一样来被建构。因此他在他的书名中加上了形容词"纯粹的"。通过将注意力从增长和分配转移到交换和价格决定，经济学就能变成一门纯科学——另一项基础性的转换是由边际革命产生的。"纯经济学本质上是在假定的完全自由竞争的体制下的价格决定理论。"Walras（1954）认为，对于边际主义来说，交换理论不仅变成了关注的焦点，而且成为整个经济科学的适当的模板。既然所有的物品由于稀缺而获得他们的价值，交换价值就带有自然现象的属性（Milonakis and Fine, 2009: 95）。

其次，在瓦尔拉斯看来，工业的经济生产或技术生产是一回事，社会财富的经济生产理论，也就是在分工制度下的工业组织理论，是一门应用学科（1989年，第60页）。

最后，瓦尔拉斯将经济学同伦理学分开。在他看来，社会人群中对社会财富的分配是伦理现象，而不是工业现象（1989年，第62页）。"任一门科学，……如果是以公道作为其指导原则的，那就可以肯定，它必然是关于社会财富分配的科学；我们把这门科学叫做社会经济学。"瓦尔拉斯的社会经济学是精神科学，所要确定的是伦理上的条件，需要在公道的前提下进行推断，而工业理论是应用科学，要确定的是经济上的条件，可以在物质福利的前提下进行推断（1989年，第64-66页）。追随瓦尔拉斯①，瑞典学派的维克塞尔也将国民经济学分为"理论"和"实践"国民经济学——"侠义经济学和国家经济政策学"，其中后者又可分为两部分，这样维克塞尔的国民经济学就包括："理论部分""实践部分"和"社会部分（社会经济学或经济政策）"（2017年，第22页）。在维克塞尔（2017）看来，"第三个主要分支（或社会经济

---

① "这种课题划分基本与瓦尔拉斯在他的《纯粹政治经济学要义》中所使用的一致，虽然它并非都是基于同样的原因"（维克塞尔，2017年，第25页）。

学）将包括公共财政并将此作为其最后一个部分，时下通常将其作为一个独立的学科，研究特殊的金融（笔者认为应为财政）立法，尽管其在本质上无疑是国民经济学的一部分，且每天都在其中变得更重要和更广泛"（2017年，第25页）①。

这种分科的做法，也获得了杰文斯的赞同。在杰文斯看来，"经济学现今是在混沌状态中，因为它所包括的范围太广的知识必须分科来研究"（1984年，第40页）②。如果从研究方法分科，那么经济学可以分为理论的、经验的、历史的或实用的不同类型（1984年，第7页）。

门格尔（2007）不仅是较早提出"经济学"概念的学者，而且也是比较早地提出将经济学分为理论经济学、实用经济学的学者。门格尔认为，科学的定义要包括三要素，即指出学科的准确称呼；指出其研究对象；用以考察该对象的规范角度。因此，对理论经济学的准确定义，在门格尔看来，"不仅要说明其名称和它的研究对象——国民经济，还得确定研究国民经济之上述学科（与探讨同一对象的其他学科——比如国民经济、经济政策的历史学、统计学等——有所不同）用于探究经济现实的规范角度"（2007年，第190页）。

对于马歇尔来说，他也在某种程度上将经济学划分为理论和应用两部分。"在大自然的表现中，那些最常发生的，而且是如此井井有条以致能被仔细观察和精密研究的表现，是其他大多数科学研究的基础，也是经济研究的基础，同时，那些时作时辍的、罕见的和难以观察的表现，则常留到以后阶段再进行特殊的研究"（1964年，原著第八版序言，第18页）。

这种将理论经济学与应用经济学分开，在某种程度上预示着马克斯·韦伯提出的将经济学与政治或政策问题分开。从这个意义上说，摆脱政治经济学的目的之一就是要将经济学科学化，使经济学摆脱Winch（1973：60，quoted in Milonakis and Fine, 2009：94）所说的"前科学的遗迹和残留"，成为一门价值中立的科学，追求纯粹的真理，并摆脱关于应该做什么的规范问题（Milonakis and Fine, 2009：94）。例如瓦尔拉斯的一般均衡"是一种普遍抽象理论的原

---

① 在笔者看来，维克塞尔将理论与应用区分还是有意义的，即他的理论是抽象的，在简化的假设下有效，摒弃了相对不重要的因素（维克塞尔，2017年，第26-27页）。但维克塞尔划分学科也存在着一定的偏见与混乱，即偏见是反对国家，混乱是社会与国民或国家的混用。具体见后续部分的分析。

② 杰文斯（1984年，第41页）认为，"只有分科，承认经济社会学这一部门，与统计科学、法理科学或社会科学的二三其他部门相并而存，经济学的混乱状态才可以救治。"

型",先从市场交换的一般均衡研究开始,然后逐渐扩展至包含生产、资本积累和货币的一般均衡。这种一般均衡体系被描述为一系列的相互联系的市场和用数学的形式表述为一系列的同时均衡。均衡中的两个主要条件必须满足:其一,所有的经济主体最大化其效用;其二,每一个市场中加总的需求数量等于加总的供给数量。这一体系是一个静态的体系,通常被认为是"制度无关的 Institutionally Empty 或制度中性的 Institutionally Neutral"(Milonakis and Fine,2009:100)。"说它制度无关是因为制度要么不存在(货币没有理论性的作用,企业是技术性决定的生产集合体),要么是被动的和外生给定的背景因素……说它是制度中性的,其原因在于预计的产出独立于产权安排……和所有权的方式"(Kaufman,2007:10,quoted in Milonakis and Fine,2009:100-101)。在瓦尔拉斯的无摩擦的完美竞争的世界里,制度和历史都不重要(Milonakis and Fine,2009:101)。

在熊彼特看来,这种纯经济学与欧洲中世纪的经院哲学有关。他们不仅自己创造出来自己的"纯"经济学,并同应用经济学分开,且将这种纯经济学传给了其世俗后继者——18世纪甚至19世纪的"自由主义者"。正是在该时期经院学者的道德神学和道德法规体系内,经济学才获得了即使不是独立的也是确定无疑的存在,正是他们比任何其他人都更接近于"创立"科学经济学。不仅如此,他们为确立一整套配合得很好的、有用的分析工具和命题而奠定的基础,似乎要比后来人们力图为此而奠定的基础牢固得多①。另外,在经院学者的所谓应用经济学中,核心概念仍然是支配其经济社会学的"公共利益"。这种"公共利益"是在独特的功利主义气氛中构想出来的,指的是个人经济欲望的满足,这种经济欲望是观察者的理性或理性的指导所能觉察出来的……这种公共利益与现代福利经济学例如庇古教授的福利经济学中的福利概念是完全相同的东西(1991年,第151-152页)②。

在罗宾斯看来,对经济自由体系进行研究依据的是总体的一致性分析而不

---

① 熊彼特认为,"后来十九世纪的很大一部分经济学,本来可以从这些基础上更快、更容易地发展起来,因而可以这么说,后来的一些分析工作实际上走了弯路,白白浪费了时间和精力"(1991年,第152页)。

② 在熊彼特看来,"现代福利经济学与经院福利经济学之间最重要的连接环节,是十八世纪意大利经济学家的福利经济学。在评价经济政策和商业活动时,经院学者总是把他们所谓的'不公平'这一观念与他们所谓的在该意义上公共福利受到损害这一观念联系在一起,虽然从来没有把这两者等同起来"(1991年,第152页)。

是特殊情况的分析。他提出的解释原则可应用于各种不同的环境（Robbins,1978：172）。当然，对于科学研究中是否真的能做到价值中立，马克思主义者或历史学派就指责"古典理论的科学基础仅仅是一个假象（或外表）"，他们同其他学者一样也"涉及了某种实践性的目标"，这种的"客观的知识体系本质上是一种欺骗和操纵"。更详细的讨论及批评意见参见 Robbins（1978：23-29；172-174）。这和瓦尔拉斯、门格尔、维克塞尔等一致。

二、社会与政治分开的合理性

这种知识体系蕴含了两种方法论原则：

（一）经济与政治分离

将经济学定位在社会层面的关键原因在于，站在新古典的立场，社会系统是独立于国家的，同时社会财富不同于国家财富，仅与市场交易有关（Hutchison, 1988：3）。这种定位与新古典经济学方法所认知的因果机制一脉相承，即不同于重商主义者没有经过理论分析就强调国家干预的政治经济学，古典学者认为，一个没有强加的计划或命令的"去中心化"生产和市场交易的社会经济（Social Economy），需要构造一个真正理论分析的对象，以便分析这一体系的结构、行为和产出的"运作方式和成因"。通过它所产生的对经济系统的了解，以及将现象简化到理论或科学，可以提供一套服务国家经济管理的治国理政方略。它将制定政策的基础，从依据通用的命令原则转向了依赖于一套具有因果机制的理论体系（Aspromourgos, 2009：19）。因此，从古典学派的因果机制来看，社会层面上物质商品的生产、交换、分配等经济活动，均与经济主体的行为有关。在一个具有平等的社会地位的市场体系中，经济现象是经济主体（追求效用或利润）行动的结果，国家或政府不创造财富。"古典学者将社会视为一个带有自主神灵的自行存在的实体"，这样就把政治、社会和历史等因素排除在经济之外。这是他们反对政治经济学的一个理由（Milonakis and Fine, 2009：14，98）。

在罗宾斯看来，"18 和 19 世纪自由经济政策理论源于两个不同的哲学。一个是自然法和自然权利的传统。按照这种传统，政策标准根本上是遵守一个能够非常容易定义且不随时间和空间而变化的先验的自然秩序，……另一个是明显受休谟和边沁影响的功利主义传统，按照这种传统，所有的法律和权利本质上被认为是人造的,可以依据他们对普遍幸福的长期和短期影响加以评估。"前者以重农学派为代表,而后者则以英国的古典经济学为代表(Robbins,1978:47-48)。罗宾斯还认为,古典经济学,特别是边沁眼中的经济系统是一种法律规制下的人造和谐系统,不是一种自然系统(Robbins,1978:192)。

对此,也有不同的看法。例如凡勃伦就认为,"重农学派的经济学是遵循经济学意义上的自然法的一种理论"(2012 年,第 76 页),同样古典经济学家的"知识体系中的根本词汇是'自然法'"(2012 年,第 54 页)。凡勃伦(2012 年,第 86 页)还认为,斯密更受重农学派的自然法影响,只不过"与同时代的法国经济学家相比,亚当·斯密的自然法明显较少地带有专横的色彩"(2012 年,第 98 页);再如熊彼特也认为,斯密的分析骨架师承于自然法哲学家,包括格劳修斯、普芬多夫和斯密的老师哈奇森(1991 年,第 278 页);另外 Raphael 和 Macfie(1976b:7-8, quoted in Aspromourgos,2009:53)认为,斯多葛派哲学的"自然作为一个和谐的体系"可能启发了斯密的商业社会是一个自然自由体系的观点。

在这种情况下,《国富论》将社会制度视为人类个体行为的结果而非人类意图或设计的实现(格雷,2005 年,第 37 页),Hutchison(1988:355)认为,《国富论》关注的是人类和社会进步的"恰当的、非意愿的和相当程度上是非计划的结果","政治经济学和经济学的专业化和集中化很大程度上依赖于一个不是严重或非常规地干预经济进程的非常稳定的社会和政治环境的假设,这种进程因此也就可以或多或少地被孤立地研究。"因此,在斯密的视野里,经济可以脱离国家而独立运作。

尽管如此,仍有许多学者将斯密归类于功利主义者或强调他和功利主义者的一致性,例如凡勃伦(2012 年,第 114 页)及 Robbins(1978:178)。功利主义产生于经院学者的公共利益或社会便利。在熊彼特看来,功利主义中的所有个人幸福是相等的,这些幸福又可加总为一社会总和,而且"这种社会总和被代之以或被等同于共同利益或社会福利"(1991 年,第 202 页)。这和边沁的社会利益就是组成它的个别成员的利益加和的观点(Milonakis and Fine,2009:20)相同。

许多学者认为,功利主义和自然法哲学是一致的,或者是其变种。"运用理性从非常稳定的、高度简化的人性中推出有关社会中的人的'法则',不仅是自然法哲学家或经院学的行动纲领,而且也是功利主义者的行动纲领"(熊彼特,1991年,第203-204页)。功利主义理论中"经济生活的实质性目的是个人获益;……个人所得的总和就是社会所得,个人在取得物品方面追求自己的利益,他也就为社会的集体利益服务了"(凡勃伦,2012年,第122页)①。但对此,罗宾斯似乎并不认可。在罗宾斯看来,自然权利体系、自然法和神学体系涉及某些特殊组织的神圣不可侵犯。而在功利主义者看来,没有任何组织,任何权力体系是神圣不可侵犯的(Robbins,1978:178)②。

关于新古典的自然法的诉求,在 Hutchison(1988:377)看来,19世纪70年代兴起的反古典的涉及效用、价值和价格的"革命"事实上就是在呼吁回归由自然法学者提出的效用、稀缺和价值的分析类型。而瓦尔拉斯就是其中的代表③。对于新古典的功利主义哲学,前文已论述,不再赘述。

正是上述自然法哲学或功利主义哲学,将社会与政治分开,或将市场与国家分开,从而导致了几乎所有的这一时期的代表人物将这门学科称为社会经济学。实际上,从斯密时代,经济学就开启了这一进程,只不过到李嘉图时代,这一进程更加明显。李嘉图从工人、土地所有者和资本家三个阶层的互动关系中分析了阶级冲突,而英国的谷物法使工人和资本家利益受损,让土地所有者得利。他希望政策和法律的调整能消除这种市场运行的障碍,而非制造更大的阻力。这种分析与政治不相干的特点不仅令人信服,而且是个人主义的(李嘉图是理性经济人假设的最早提出者),因为个人的自利追求会服务于整个社会利益。作为李嘉图经济学的信徒,穆勒认为,人性规律或普遍事实构成了一门科学的主题,他将这门科学命名为"社会经济学",并认为,将它命名为"投机(笔者认为应译为理论)政治学或政治科学就有些不那么恰当了。这门学科和社会的关系,如同解剖学和生理学与人体的关系一样。"穆勒指出,该

---

① 一个人"从交易中获利,并没有让与他交易的人受损,因为他们都是在认为值得的情况下才会进行交易。一个人获益并不需要另一个人受损;在这种情况下社会就会有一个净所得"(凡勃伦,2012年,第123页)。

② 考虑到边沁反对自然法的事实,他主张良善的社会和市场是人工制品,那么,功利主义的个体主义就是一种没有自然法的自然法理论(见百度"功利主义"搜索词条)。这也就能够回答熊彼特和罗宾斯在功利主义的哲学归属方面的不同。

③ 由于斯密的研究工作"将重点转向价值和价格的劳动和生产成本分析,而相对较少地强调使用价值或效用,这种转换的重大责任,尽管不是全部,应该落在国富论及其作者的头上,和他在引入使用价值的概念是'呆板的''笨拙的'和'令人不快的'转变"(Hutchison,1988:377)。

学科通过研究的具体问题进行细化。这门学科的分支（如社会经济学）"是以关于个体思维的本质的整个学科为前提的；……就其对社会中人的行为或状态产生影响而言，社会经济学包括人性的各个方面；因此，它可以称为投机政治学，成为实用政治学的科学基础，或称为政府技术，成为立法技术的一部分"（2012年，第105-106页）①。

当然，这不仅是新古典学者普遍将之称为社会经济学的主要原因，也是被德国历史学派（参见门格尔，2007年，第200页）和马克斯·韦伯（1998年，第15-16页）称之为社会经济学的依据，因为"在我们这个时代，现实中仍是以个体所有制（完全私有）占主导地位"（维克塞尔，2017年，第19页）。

当然也有从社会政策的角度，定位社会经济学的。例如瓦尔拉斯的社会经济学关注的是"社会财富分配的科学"，是一门精神科学，"所要确定的是伦理上的条件，需要在公道的前提下进行推断"（1989年，第64-66页）。这种社会经济学被瑞典学派维克塞尔所继承，"只要我们小心不要在经济领域引入国家个体这个现实中不存在的概念"（2017年，第19、22页）。

按照门格尔的说法，德语世界大多数人也将政治经济学视为一门科学，因为"社会的概念被看成是与国家相对立的，因而政治经济学就可以被称为社会经济学"（2007年，第200页）②。按照熊彼特（1991年，第41页；1992年，第243页）的观点，马歇尔在1890年首先采用的经济学就是韦伯所提倡的社会经济学。韦伯的社会经济学的狭隘定义局限于纯经济目的的行为或制度（1998年，第15页）。尽管熊彼特提到了社会经济学没有在英语世界中流行开来，但这种定位在当前依然存在，例如缪尔达尔就将古典和新古典经济学称为Social Housekeeping（Caldas and Neves，2012：50）。实际上，当前福利经济学中的整体函数就被称为社会福利函数，其理论也可以被称为社会选择理论，也是基于社会层面而言的。

---

① 穆勒在此特意强调，"如果不是政府经常轻率地指手画脚……那么，政府学（Science of Government）会成为一种客观表述"（2012年，第106页注释）。

② 不过，门格尔对此持反对态度，因为在他看来，社会经济学不包括经济政策和财政科学，而"经济政策和财政科学是名副其实的政治科学"。对于老一代德国学者在提到政治经济学时喜欢用"有关国家经济的科学"（Science of State Economy）说法，门格尔认为这种说法搞不清楚"该用什么来指称'理论经济学'。"（门格尔，2007年，第200页）在笔者看来，如果门格尔将上述的"社会经济学"指称为现在的微观经济学，而把"国家经济学"指称为宏观经济学，或许就能很容易解决困扰。见后续分析。

上述两种社会经济学，一个从理论的角度，另一个从规范和应用的角度。尽管如此，两者都是从社会层面看待经济学的。

(二) 贯彻了个人主义方法论

按照科学分析的原则，必须要从研究对象的内部开始，找到不可还原的解释要素进行理论建构。社会层面的经济现象无疑是经济行为主体——个人行动的结果。经济现象的解释需要从经济行为主体的动机（穆勒）或实现目标的手段选择的角度（罗宾斯）着手构建理论，从而限定经济学的研究对象和研究范围，即经济学研究的是经济行为所导致的后果或稀缺条件下的资源配置和价格决定问题。从方法论角度看，在古典的社会经济体制中，通过李嘉图最早提出的理性经济人假设进行推理，从而建构起一套具有逻辑一致性的理论框架。"使用李嘉图的技术使得经济学理论能够独立于其他社会科学来发展"（Deane，1978：84 quoted in Milonakis and Fine，2009：94）。李嘉图所发起的这项进程达到成熟阶段的标志是边际革命的出现。Hutchison（1978：26）认为，李嘉图的著作方法论贡献的新颖和对这门学科的后续的重要性体现在，政治经济学的核心在于其决定原理和极端抽象的方法（Milonakis and Fine，2009：22）。这既是科学的分析原则所要求，又是学科长期发展的结果。例如门格尔认为，经济学的作用就是以有目的的个人来解释国家或者制度现象，"国民经济"是国家中无数个人经济努力的结果（2007年，第78页）。详见本书后续部分。

这种理论体系的方法论核心就在于个人主义，不仅古典学派如此，新古典学派也同样如此。斯密是一个方法论个体主义者，这清晰地体现在他的自然法哲学中（中世纪的自然法哲学贯彻的是个人主义的分析理念）①。斯密眼中的理性经济人并不是现代新古典经济学中单向思维和自我效用最大化者，而是受社会背景因素影响的（Milonakis and Fine，2009：17）。对穆勒来说，"人只是个体，不必预先假设其他个体（或许除了只作为工具或手段的人）的存在是必要条件，这样的人表现出的人性规律或属性是纯粹精神科学的一部分主题。这些规律或属性包括所有纯粹的智力规律和纯粹的利己欲望。"穆勒认为，这种人性规律"很少是社会状态下特有的规律"，它适用于更广泛的领域。这种简单的人性规律"产生的结果具备足够的通用性，甚至（相比于它们作为明

---

① 更多关于自然法和个人主义关系的讨论还可参见 Aspromourgos（2009：54-55）。

确原因的更复杂现象而言）具备足够的简洁性，可是在某种宽松的意义上，还是可以称之为社会规律或社会状态中的人性规律"（2012年，第104-105页）。斯密和穆勒将社会因素注入到个体行为之中的做法导致了许多评论家将穆勒部分的个体主义方法描述为"制度个体主义"①。

杰文斯、瓦尔拉斯和门格尔等边际主义者也是坚定的方法论个人主义者②，尽管他们对功利主义持有不同的态度（见前述部分）。需要指出的是，如前述分析所言，古典经济学分析的是一个客观的价值理论，建立在生产的物质成本之上。而新古典分析的是主观的价值理论（反驳唯物主义），建立在边际效用决定成本的心理学假设之上。因此新古典方法论个人主义也就被认为是采取了心理个人主义的形式，即个人被视为一个理性的经济主体，受某种心理（效用）动机的驱使，最大化其收益（Zouboulakis, 2002: 30 quoted in Milonakis and Fine, 2009: 98）。这明显不同于斯密和穆勒的制度个人主义（即个人会受到社会或文化因素的影响）。

当然无论何种个人主义，个人主义都有其悠久的历史，与源于中世纪的"原子论"哲学及其相关的自然法哲学（Aspromourgos, 2009: 60）和功利主义原则有关。考虑到前文已讨论了自然法哲学和功利主义原则，下面简单地讨论一下门格尔的原子论意义上的个人主义。在门格尔看来，历史学派的经济学家将国民经济视为一个有别于人的经济之单个现象的特殊整体③，并"试图将考察个人经济的某种模式，与考察国民经济的某种模式混合，甚至试图将人的经济之国民经济现象还原为单个现象的抱负，就被称为是'原子论'"（门格尔，2007年，第76-77页）。这种原子主义后来被熊彼特称为"方法论个人主义"，即根据其个体部分（成员）的属性来解释整体。只有无数个体拥有利益。不涉及其组成的个体成员，集体的实体，如国家经济，不能按照其自身进行解释。更详细讨论见本书后续分析。

---

① 尽管李嘉图和马克思在方法论上采取了某种整体主义的立场，对于李嘉图和马克思来说，其研究对象是经济制度的整体，但阶级是其分析的基本单位，且独立于其个体的成员（Milonakis and Fine, 2009: 14），但仍含有某种的个人主义的倾向。

② 毕竟"效用是一个完全个人的问题"（罗宾斯，2008年，第337页）。

③ 他们认为，"国家的特性将是理论性的国民经济学进行科学研究的唯一对象，人的经济的单个现象，应当被排除在这一研究之外。……对于国民经济现象的研究，乃是理论经济学的唯一任务。而对于人的经济之单个现象的一般性质和一般性关系的研究，将被排除在我们的学科领域之外"（门格尔，2007年，第76页）。

第二节 科学化的结果是新古典经济科学

对于上述变化，Hutchison（1988：373）认为，斯密之后的英国古典学者在方法和内容上进行了限缩，这种限缩是由西尼尔和凯尔恩斯沿着最初由坎梯隆（Cantillon）提出的实证经济学（Positive Economics）方向进行的。正是穆勒、李嘉图和西尼尔在更多演绎基础上将经济学缩减，"从而排斥了国富论中丰富性"。Hutchison是个经验主义者，本来就和古典学者的方法论观点相反，所以笔者并不认同他的这种负面评价。在笔者看来，正是这种限缩，将经济学同伦理学分开，才为后来韦伯的价值中立诉求提供了起点。在新古典学者的眼中，经济科学并不仅是为政策辩护而存在的。同时将经济学同其他人文社会科学（特别是历史学、社会学和政治学等）分开，为经济学的"隔离"方法开辟了道路。这一旅程，在某种程度上已经被西尼尔、穆勒和凯尔恩斯发起，并进一步被1890年的凯恩斯的著作和1932年罗宾斯的著作所强化（胡明，2016年）。对此，Milonakis和Fine（2009：96）认为，这一过程伴随的经济学从宏观动态研究转向了微观静态研究，并采取了一种负面的看法。对此，笔者持有不同的看法。其一，没有经济学的"独立"，何来经济学的发展？正因为穆勒传统的方法论为经济学的理论体系建设打下了基础，才真正推动了理论经济学的进步，反倒是各种所谓的非主流学派在这方面表现不佳。例如对于自由贸易理论，杰文斯（Jevons，1957：19 quoted in Milonakis and Fine, 2009：96）就认为，尽管该理论不能被后验地通过经验数据证明，但这并不剥夺该理论的有效性，因为它们被信奉是因为从具有真实前提进行的演绎推理让人对其结果有信心。另外Walras（1954：71）也认为，没有求助于经验来证明理论的必要。所有真实的物理性的数理科学，包括经济学，先定义抽象的理想类型概念，然后在此定义的基础上先验地建构其整体定理和证据框架，接着再进行回归经验检验。当然这种检验并不是为了证实，而是为应用他们的结论（quoted in Milonakis and Fine, 2009：96）。在笔者看来，这种研究范式完全是穆勒传统的方法论再现。

而运用这种研究程式所取得的经济学的进步，完全证明了杰文斯在1876

年的关于"政治经济学的未来"的演讲所说,"经济学作为人性的表达,不仅是普遍的,而且它是建立在人性的动物本性基础上的"(Schabas,1995:198 quoted in Milonakis and Fine,2009:97)。由此建构的社会经济学就将自己局限在市场经济的过程的分析上。对此 Milonakis 和 Fine(2009:110)进行的负面评价并不妥当。他认为,"在经济学摆脱社会因素的过程中两个重要特征至关重要。第一,通过效用最大化(企业或企业家的利润最大化作为推论)或一种特殊的和限定类型的方法论个体主义,分析的焦点不仅转向了个人而且最优化行为的特别形式。第二,经济学变得与市场相等同,更广泛的社会和政治关系退居于外生给定的背景中,只能由其他社会科学研究。换句话说,作为市场关系的经济学构成了独特的研究对象,成为经济科学需要承担的任务。"如他们所引 Hicks(1976)所说,存在一种注意力从"财富学"或财富的生产与分配,转向"交易学"或资源配置,它最终被简化为一套个体选择的逻辑(Zafirovski,2001 quoted in Milonakis and Fine,2009:110)。

不仅如此,这种研究程式的确立还"将经济研究的问题限定在可以通过运用逻辑—数学的推理过程加以解决的问题上,使经济学对数学分析更加敏感"(Milonakis and Fine,2009:109)。在笔者看来,运用数学分析和推理并没有什么不妥。数学作为一门科学语言和分析工具,能用则用,不能用,则用逻辑语言即可。

其二,Milonakis 和 Fine 似乎并没有意识到理论经济学与应用经济学的区别。严格意义上的经济学的"独立"只能是理论上的,只有对独立的经济学进行专业化的研究,才能推动经济学的进步。只有在应用经济学阶段,才需要将经济问题同其他社会科学相结合,甚至进行跨学科的动态研究。

其三,至于早期的所谓"宏观"问题,特别是加总分析,需要涉及宏观的定义和对不同学者的具体分析,这部分的评价将在后续部分进行。

另外,Milonakis 和 Fine(2009:109)还讽刺性地评价说,"这种转变反映了包含三重还原论的边际主义的胜利。首先是个体主义的还原论,通过它,集体性的经济主体被作为分析的基本单位的个体所取代,而且经济被视为它的个体成员的简单加总。其次是一个非社会的(Asocial)还原论,在这里,通过完全排除分析中所有的社会(而不是市场)关系,经济就可以脱离它的广泛的社会背景而被处理。最后是一个反历史的还原论,通过它,经济科学完全脱离了历史(Screpanti and Zamagni,1993:149)。"在此,笔者认为,这种总结很到位，只不过，笔者反倒持一种正面看法，因为没有这种转变，当今主流的微观经济学就不可能发展。对于 Milonakis 和 Fine（2009：109）认为，"从政治经济学转向经济学预示着后者脱离了其他社会科学，集体主义/整体主义的因素也被抛弃"，例如阶级分析等，笔者也表示认可。相关分析参见后续部分。

总体来看，在古典基础上新古典去政治化有其合理性。如果将古典视为研究社会层面上市场问题的话，只有去政策（政治）化，才能建构解释因果机制的经济科学。因为政治经济学并不是阐述经济系统本身运行而与价值观念无关的一般规律（罗宾斯，1997 年，第 6 页）[①]，所以规范的政策分析被排斥在经济科学之外。更多关于新古典经济学的科学性讨论参见胡明（2015，2016）和胡明、方敏（2009，2011）。

结 论

如果将古典视为研究社会层面上的市场问题的话（微观经济学）[②]，那么其科学性或摆脱政治就不言自明了。只有去政策（国家）化，才能建构经济科学（市场经济学）。去国家化是新古典经济学科学化的一步，经济学是个人主义视角研究社会财富，强调社会层面上的市场机制，因此政府是外在的，而经济学的实证化，导致规范政策分析被排斥在科学之外。如果这种观点成立的话，那么斯图亚特的"国内政策科学"和斯密"政治科学或立法科学"的政治经济学定位（两者都侧重应用）就符合罗宾斯的政治经济学定义。"更为重要的是应该记住，《国富论》中并不缺少分析观点，不管斯密怎么认为，我们都可以把分析与处方区别开来而毫不损害斯密的原意"（熊彼特，1991 年，第 283 页）。因此，站在新古典的立场上，取消"政治"一词对经济学来说是合理的。

[①] 这种观点也得到了熊彼特的认同（1991 年，第 65—66 页），另外还可参见熊彼特（1992 年，第 242-243 页注释）对斯图亚特和亚当·斯密提出价值判断和建议政策的评论。

[②] 在此，笔者提出一个值得探讨的小问题，为什么许多学者提出的"社会经济学"没有在主流学术界流行？本书将在后续部分回答。

第三章　后政治经济学的问题与缺失

站在新古典构建科学的经济学的立场上看，取消"政治"一词对经济学来说是合理的。自此，人们开始习惯于把"政治"一字去掉，用"经济学"这个词单指对经济现象的分析和描述。但罗宾斯仍赞成保留政治经济学，他"把有关什么政策才符合需要的讨论"归于"另外的"、与经济学有关"但又与其明确区分开来的特殊的研究范畴"，即他眼中的"讨论经济领域中公共政策的原理"。这种政治经济学"实质上是为解决政策问题而进行的一种探索"，"在我的词典里，政治经济学不是科学的经济学，也就是说它并不是阐述经济系统本身运行而与价值观念无关的一般规律"（1997年，第5-7页）[①]。按照这种定位，政治经济学只能是应用经济学和规范经济学。例如有些学者（Mishan，1982：13）认为，罗宾斯的政治经济学就和规范经济学一样，"由一个或几个经济学家就广泛的政策问题或特别的建议，向政府和主体公众提出明确的意见"（转引自格罗奈维根，1996年，第970页）。在1933年出版的《通向繁荣的手段》的小册子中，凯恩斯认为政治经济学的方法就是"经济理论与政府统治艺术的混合"（斯基德尔斯基，2006年，第547页）。由此可以看出凯恩斯和罗宾斯对政治经济学的看法是相同的。

如果将经济政策问题视为政治经济学的唯一研究对象，那么这种定位是否合理呢？为此，我们首先按照罗宾斯讨论制定经济政策的方法论原则进行分析。

按照罗宾斯的观点，制定经济政策"一方面要用到经济科学本身的研究发现，另一方面也要涉及一些带有某种规范特点的前提与假设；而这些前提和假设就其性质而言并不属于实证科学的范畴。尽管政治经济学的内容涉及措施

[①] 这种公共政策原理和门格尔（2007年，第204-205页注释2）的财政科学或维克塞尔的独立的公共财政学科（2017年，第18页）不完全是一回事。

规定而不是对客观的描述，但是出于与实践的密切关系，它所提出的建议都要经过实际效果的科学检验，并不是不顾后果的一厢情愿的思辨"（1997年，第6页）。按照这种说辞，制定经济政策至少需要解答以下三个方面：首先是制定政策必须要有理论基础；其次是价值判断或合意的伦理观（政策目标的选择）；最后是经验检验，以证实相关理论可行性，并比较不同选项的"成本收益"，基于不同的后果选择政策方案。按照这种要求，政策问题研究就是要包括价值观、理论基础和应用问题三个方面分别进行考察。

在罗宾斯的眼中，古典之前的政治经济学的"论述大多都带有就事论事的特点，不是对特定的政策趋势进行检验就是对特殊的道德或政治行为问题进行评价。"他特别提到了重商主义的文献和希腊哲学、经院学者等关于经济问题的论述"谈的也都是一些孤立的问题；即使其中有些一般性的理论基础，那也仅仅是基于公共和私人道德方面的考虑，并不存在把整个社会作为一个整体来看的有关经济问题的系统观点"（1997年，第8页）。罗宾斯认为，直到重农主义①和苏格兰思想家及其追随者的著作中，"才开始出现把经济现象作为一个内部相互联系的整体进行分析研究的内容——现代称之为经济学的研究工作；同时，也可在其中找到有关经济政策的规范和规定——即我们理解的政治经济学的内容，并到那时才开始形成一个理论体系。"但重农主义"在法国和大陆其他宫廷只是昙花一现"，而苏格兰学者的经济思想"的的确确仍在影响着我们今天的思想"（1997年，第8页）。

很明显，罗宾斯此处的政治经济学视古典或新古典经济学为唯一的理论基础，其价值选择和应用性的辩护策略也建立在古典或新古典的理论基础之上，那么本书接下来的讨论主要针对古典或新古典的政策框架，即规范经济学问题、政策的理论基础和具体（应用）政策的辩护问题。

第一节 古典经济政策的伦理学分析

在熊彼特（1991年，第65-66页）看来，所谓的政治经济学体系是经济

---

① 重农学派是第一次的改革运动，它将其政策处方建立在明显求助于综合的经济分析体系的基础上（Robbins, 1978：176）。

学者根据某种统一的（规范的）原则，例如经济自由主义原则、社会主义原则等极力主张的一整套经济政策的阐述。"你不能将政策主张建立在一个纯粹的基于主动获取的事实的知识的基础上，不论它多么系统多么全面。""除非已经过检验能够区分好坏，理想的结果和不理想的结果，否则的话，就将忽略政策理论的核心组成部分。就像装备有航海图、罗盘和全部的推进与驾驶工具的大船的船长一样，却没有指定的目的地。一套经济政策理论，就其意义而言，是一套行动规范，必须要从经济学的外部获取它的最终评价准则"（Robbins，1978：176-177）。

从目前的研究格局来看，尽管当前对经济政策的规范性讨论范围较广，既有政治学领域的政治经济学，特别是比较政治经济学中的国家主义政治经济学，如国家主义、自由主义和马克思主义等；也有专门的规范的政治经济学著作，但能够为古典政策提供系统性辩护的经济政策理论主要是福利经济学。在此本书将重点讨论福利经济学，政治学中的政治经济学在后续部分讨论。

容卡格利亚（2009年，第17页）认为，17世纪政治经济学诞生时普遍采取的是"道义论"伦理学方法，即道德判断的基础是绝对标准，而不考虑环境。而对于遵从功利主义伦理学的古典学者来说，其判断标准是看在特定时间和地点环境中所研究行为的实际效果——即"结果论伦理学"的基础。按照这种思路，在此先从道义论的角度讨论古典和新古典学派的功利主义观点，然后在应用部分从结果论的角度讨论其政策主张。

一、福利经济学的单一化

就福利经济学的标准而言，英国古典经济学者的伦理标准是功利主义效用原则（Robbins，1978：177）。按照边沁（Bentham，1970：11-12）的观点，社会利益就是组成它的个别成员的利益的加和（Milonakis and Fine，2009：20），即没有脱离个人利益的公共利益，这种功利主义是个体主义的功利主义。古典学者将个人主义作为目的，个人主义者追求的幸福不是外部强加的，而是相关的个体自我判断的幸福（Robbins，1978：182）。另外，这种"最大幸福不是一时的幸福，而是持续的最大幸福"（Robbins，1978：178-179）[①]。

[①] 当然罗宾斯此处的目的并不在于论证这种原则的合法性，而是试图搞清楚古典学者说了什么，在他们的态度之下假设前提是什么——是解释，不是评估。

功利主义的假设对"福利经济学"具有根本性的重要意义（熊彼特，1991年，第206-207页）。古典经济学家是在私有产权和市场基础之上的自由选择体系中依赖于一个适当的法律框架才能和谐地运作，而且他们相信，这一体系将会比其他可行的体系运作得更好。其评判标准依据的是功利主义和个人主义（Robbins，1978：187）。"这个原则要求，政策的检验标准是它对人类幸福的影响。所有的行为、所有的法律与组织应该根据这种检验加以判断。"①个人主义不仅是古典学者的价值观，而且还是工具（Robbins，1978：187）。

然而，主流经济学的价值观唯一地指向个人主义的功利主义，这就存在至少两个问题。

首先，福利经济学核心价值的单一化。对此，阿马蒂亚·森（2000）做了精彩论述。此处补充的是熊彼特的观点。功利主义者"把整个人类价值世界都归结为功利主义图式，不顾理性的反对，把一切在人看来真正重要的事情都排除在外。……他们创作出了一种人生哲学，这种哲学在所有可以想象出来的人生哲学中是最最浅薄的，而且处于与其他人生哲学不可调和的对立地位"（1991年，第204页）。因此，在笔者看来，主流经济学将经济学的核心价值单一化地聚焦于功利主义，无疑弱化了规范经济学的影响力，不仅忽略了其他核心价值，而且也弱化了政策影响力（只顾自由放任和普选权）②。

其次，功利主义作为一种分析方法可能具有的局限性。对此，熊彼特认为，可以对作为人生哲学和政治纲领的功利主义采取轻视态度（1991年，第205-206页），而把精力聚焦于功利主义的基本原理在经济学中的作用。熊彼特认为，第一，"功利主义的假设对于解释经济史，对于解释经济的推动力毫无价值。"第二，"功利主义的假设对于解释所有涉及实际动机的问题，例如对于解释遗产的经济影响问题，要比没有价值更糟糕。"第三，"功利主义的假设实际上只对经济理论的一部分即通常所谓的'福利经济学'具有根本性的重要意义，……我们采用功利主义的假设，通常是在讨论'财富'从富人那里转移到穷人那里会产生什么经济影响等问题的时候。正是由于这一原因，

---

① 当然此处表述的功利主义，熊彼特和罗宾斯有不同的看法。熊彼特讨论的是边沁的功利主义，而在罗宾斯看来，功利主义诉诸效用原则作为社会制度安排的判断标准，并非源于边沁，而是休谟。"正是在休谟而不是边沁意义上，我们可以给整个古典学派贴上功利主义原则的标签"（Robbins，1978：177-178）。

② 当然，像阿罗等对福利经济学的发展做出过巨大贡献的知名学者并非如此。

福利经济学的命题从未使那些不相信功利主义的人信服。因为虽然功利主义方法适用于这类问题的某一方面（假如我们认为从方法论上说它是可以采用的话），但这个方面显然不是唯一的方面。即使我们能够证明富人的钱转移给穷人可以增加功利意义上的福利，我们也没有证明多少东西。"第四，"在最狭义的经济理论领域内，功利主义的假设不仅是多余的，而且是有害的。举例来说，不引入功利主义的假设，我们也能陈述和讨论经济均衡的各种性质。引入它们，并不影响和损害所得到的结果。这就使我们有可能拯救许许多多乍看起来被功利主义偏见弄得不可救药的经济分析"（1991年，第206-207页）。在笔者看来，熊彼特对功利主义的这种轻视态度，一方面说明即使在主流经济学内部功利主义是有局限性的，甚至造成了理论建构的缺陷；另一方面则可说明另一种价值观引入的必要性。下面笔者尝试从理论假设、理论体系、政策主张和价值判断等方面进行简要的讨论。

就理论假设而言，功利主义的自利假设排除了利他行为，从而不能客观地研究政府行为及公益性活动。就连功利主义的代表人物穆勒也认为，边沁的伦理学只能应用于人类生活的商业方面（李志平，2006年，第26页）。穆勒同边沁的思想分歧是明显的。他反对功利学说只注重现实的物质利益，漠视人的精神的和情感的需求（李志平，2006年，第92页）。对此，马歇尔就认为，"经济动机不全是利己的。对金钱的欲望并不排斥金钱以外的影响。这种欲望本身也许出于高尚的动机。经济衡量的范围可以逐步扩大到包括许多利人的活动在内"。因此他认为经济学强调了一种卑鄙的利己政策的观点是错误的（1964年，第42-43页）。马歇尔的眼中，获得别人的赞美和尊敬，家庭活动也应该进行研究。经济学仍在幼稚时代，其中一个原因在于"经济学与人类的较大福利的关系被忽视了"（1964年，第26页）。"以往的英国经济学家也许过于注重个人活动的动机"，主要将个人当作社会组织中的一分子，但社会的生活不光是它的各个成员的生活的总和（马歇尔，1964年，第45页）。"正如德国学者所极力主张的那样，经济学对于有关财产共同所有，与共同追求重要目的的动机，加以重大的和日见增长的注意，也是确实的。……合作运动的推广和其他各种自愿组织的团体，正在金钱利益影响以外的各种动机的影响之下发展起来：它们常为经济学家不断地开辟衡量种种动机的新机会，而这些动机的作用似乎不能被归纳为任何规律的"（马歇尔，1964年，第45-46页）。

就理论体系而言，"人们在科学工作中并不比在实际生活中更多地使用自己信奉的基本原理"（熊彼特，1991年，第206页）。前述部分我们曾提到过罗宾斯（2000年，第71-72页）的观点，即奥地利学派并没有主张快乐主义心理学，而杰文斯的理论"完全可以不用快乐主义的术语加以表述和辩护"。考虑到罗宾斯并没有否定杰文斯和奥地利学派的经济学观点，这是否恰恰证明了功利主义的局限性呢？其实瓦尔拉斯的理论体系也没有强调功利主义哲学。

更重要的是，功利主义体系仍有许多有待探讨的模糊之处。在自由主义者看来，"社会与国家是所有人民为达成其自身目的而选择的基本手段"（米塞斯，2013年，第164页）。"功利主义提出了'合理的利己主义''个人幸福必须与社会幸福结合起来'等观点，强调一种普遍效应的快乐主义，认为任何一种行为只要其增多社会幸福的趋向大于其任何减少社会幸福的趋向，我们便说这个行为是符合功利原则的。"但这种行为到底是指个人行为，还是指包括了政府在内的整体的组织行为？有些伦理学者认为，"假如这里的当事者是泛指整个社会，那么幸福便是社会的幸福"（周辅成，1996年，第227页，转引自李志平，2006年，第100页）。如果是这样，那么，为什么主流经济学者们并不愿意使用利他动机来建构政府的行为理论？实际上，边沁认为个人利益才是真正现实的，社会利益的意义常常是把握不定的。因为在他看来，社会不过是"一种虚构的团体，由被其认作其成员的个体所组成"，社会利益是"组成社会的所有单个成员的利益之和"（李志平，2006年，第100页）。

如果再考虑到理论假设中不考虑利他行为的话，那么功利主义体系就在对待权力当局的态度、经济政策体系和价值判断优先等方面存在进一步探讨的问题。

（1）在对国家权力的看法上，穆勒希望政府具有凌驾于个体或部分利益之上的权力以保证绝大多数人的最大幸福。政府的目的是"谋求一切福利而免除一切邪恶，这就是政府的存在所直接或间接地具有的使命。"然而，当他对国家的特殊功能时，穆勒却又"更关心的是如何保障个人的事业和首创性能够不受国家的侵蚀"（李志平，2006年，第61-62页）。他甚至说，"如果不是政府经常轻率地指手画脚……那么，政府学会成为一种客观表述"（穆勒，2012年，第106页注释）。

罗宾斯也认为古典的自由选择经济体系是由法律设计的，"可以依据功利主义和个体主义的标准对它进行评判。""为了使个体主义的生产组织能够良好地运作，也必须假定存在一套复杂的政府必要功能体系。……英国古典经济学者从来不认为经济自由体系是在真空中产生的法律和制度体系的功效是如此的简单……仅限定在守夜人的功能上"（Robbins，1978：187-188）。然而这与古典学者对父爱主义的态度相冲突。父爱主义者认为，国家应在国防、路灯、卫生系统、照顾儿童和弱势群体等领域发挥作用。尽管古典文献中普遍认识到了这种需求的重要性，但也只承认一时的必要性，而更多地强调摆脱父爱主义的合意性，甚至怀疑政府的智慧（Robbins，1978：183-185）。

（2）在政策法律体系方面，功利主义也存在内在缺陷。"边沁主义者不仅相信每个人没有太大的差别，而且相信每个人几乎没有或根本没有天生的性格，因而是难以分类的可锻材料。平均主义要素和幸福要素与这种信念相结合，就产生了边沁主义的基本政治纲领：使人们接受教育，让他们自由选举，所有其他问题就会自行解决。"但现实是学者们在分析上可能是功利主义，但伦理判断上却可能是保守主义者（熊彼特，1991年，第205页）。当然罗宾斯并不认同这种解读①。在罗宾斯看来，边沁将政治经济学视为总体立法科学的一个独立分支，并未放弃权力当局的职责。激进哲学的传记作家Halévy认为，在古典体系中存在内部矛盾，即在立法领域立法者的作用是创造一个人造的利益和谐，而在经济领域这种和谐是自发产生的。对此，罗宾斯就认为，"没有证据表明古典经济学者曾经做出了他归功于他们的这种区分。如果他们认定了一种和谐，那么这种和谐绝不是产生于真空中的和谐，而总是完全限定于法律框架下的和谐。"对于Halévy提出的"是否能够在立法领域和经济关系之间进行区分的问题"，罗宾斯认为，边沁本人的答案是完全否定的，他拒绝了在法律产生的人工和谐和经济行为产生的自发和谐之间进行区分的任何论调（Robbins，1978：191-192）。

李志平（2006年，第55-56页）认为，李嘉图理论直接导致的政治后果是边沁思想中的权威主义因素是无效的，因为功利主义并不必然地预示着一种自由主义的理论。在边沁的眼中，"政府机构能够在法律、秩序、教育和管理领域做更多的事"，"即确立一种旨在奖善惩恶的法律机制和官僚体制"。而在经济理论中，"个人的相互抵触的自私状态将会创造出自己的规则，对这个市场的研究揭示着那些服务于社会最终利益（无论人们是否意识到了这一点）的法则的普遍性。"当然李嘉图和边沁都认为政府在经济领域中的影响是很有

---

① 这种观点也强化了应该将实证与规范分析分开处理的必要性，也正好说明价值中立的意义。

限的。

穆勒的《政治经济学原理》不同于人们从边沁的社会公益原则中引申出来的干预主义。他的自由的个人主义观念主要归因于李嘉图的政治经济学（Milonakis and Fine, 2009：29）而不是边沁的伦理学和法学①，他更偏爱的是不干预原则（李志平，2006年，第58-59页）。"总之，一般应实行自由放任原则，除非某种巨大利益要求违背这一原则，否则，违背这一原则必然会带来弊害"（穆勒，1991年，第539页）。即使干预也应该是非命令式的。穆勒认为，个人在追求自身利益无法覆盖到全部的社会利益，也就是说，两者存在部分差别，因而他主张干预经济（李志平，2006年，第71页）。

（3）在价值判断方面，主流经济学将经济学的核心价值单一化地聚焦于功利主义，这就必然隐含着一些价值判断上的困难。例如，当个人利益和他人（社会）利益发生冲突时，是个人先于他人？还是他人先于个人？在边沁的体系中，个人功利始终处于突出的地位。人们之所以做出利他举动，不过是处于利己的动机。显而易见，利他不过是利己的理性博弈的结果。边沁认为个人利益才是真正现实的，社会利益的意义常常是把握不定的。因为在他看来，社会不过是"一种虚构的团体，由被其认作其成员的个体所组成"，社会利益是"组成社会的所有单个成员的利益之和"。所以，边沁极力反对个人应当为他人利益或社会幸福牺牲个人利益（李志平，2006年，第99-100页）。而穆勒的利他主义则明确得多，他认为，"行为上是非标准的幸福并不是行为者一己之幸福，乃是一切与这一行为有关的人的幸福"，最大多数人的最大幸福不能以个人的利益为基础，或以暂时的意愿为出发点，而应从全体社会成员的长久利益来考虑，追求社会全体成员的最大量幸福。穆勒强调，必须养成一种道德修养的习惯，并试图以此来解决边沁在他的伦理学中未能解决的个人和社会的利益协调问题（李志平，2006年，第101-103页）②。对此，Riley（1994：xvi）就认为，"（穆勒）在政治经济学中的目标是通过运用李嘉图的先进的科学原

---

① 凡勃伦（2012年，第139-140页）也认为，穆勒转向了一种制度个人主义，而不单纯是功利主义的个人主义。当然这里还伴随的是经验主义的东西，即理性经济人不再从自然法的角度进行辩护，而是通过经验论加以阐述。

② 当然穆勒并不抹杀个人利益的重要性，认为最大量幸福原理只顾及他人利益的观点只是一种误解。在一般情况下，谋求个人利益的行为都是好行为，个人应当留意自己的利益，关心多数人的利益或幸福（李志平，2006年，第103-104页）。

理来修订斯密的实践研究,即通过适度'扩大'功利主义的哲学,来超越边沁较为狭隘的功利主义,从而为更为复杂的心理学(承认更高类型的快乐和属性的可能性)和改进社会合作和平等正义的观点提供空间。"这样在他的"功利主义"的著作中,他强调他对"伦理的功利主义"的偏爱和对边沁的"享乐的功利主义"的反对(Milonakis and Fine, 2009: 28; 186)。再如,这种最大多数人的最大幸福原则保护的是眼前的利益还是长远的未来利益仍有待厘清。如果说是长远的利益,但在现实中,事实上的政策目标常常并非如此。

当然,功利主义尽管存在上述问题,但古典理论涉及的个体主义规范发挥的理论体系却是经济学的基础。阿马蒂亚·森(2006)批判主流经济学的理性自我利益最大化假设,并不是认为它是错误的,因为它不仅有利于个人解放,打破宗教禁欲的枷锁,但也导致了利己主义。但是这种假设对于经济学来说,过于单一,也不是道德的唯一价值,至少应该考虑平等、尊严和荣誉等。对于福利经济学,罗宾斯也认为,"政治经济学公开使用的一些判断与程序在福利经济学的研究讨论中常常并未明确论证而只隐含其义,有的甚至走得更远。"在他的眼中,"福利经济学就像是没有扎实地基、只盖了半截的房子"(罗宾斯,1997年,第7页注释)。还可参见胡明、方敏(2011)。

鉴于此,如果再考虑到权力当局存在的复杂性或公共需求存在多种必要性,无疑说明多种价值观引入的必要性,特别是对于权力当局而言,为什么道义论的伦理观只能是个人主义的功利主义呢?

二、古典学者的多元价值观

其实,许多著名的古典学者并不是价值观的单一论者。如同阿马蒂亚·森(2000)所谈到的,斯密的著作中存在多元价值。斯密在《国富论》中使用的是个人主义和整体(集体)主义二元推理模式,特别是第一卷表现得非常明显(Urquhart, 1993 quoted in Milonakis and Fine, 2009: 17)。就个体视角看,斯密是矛盾的。按照阿尼金的话说"他是个善良的人,不喜欢邪恶、残忍和专横,但又完全容忍这些行为。他坚信理性和文明终将获胜,但又很怕在这个粗暴和落后的世界上为理性和文明的命运所进行的斗争。他憎恨和鄙视官吏,可他自己后来也成了其中的一员"(阿尼金,2007年,第

174-175 页)①。然而,在《道德情操论》中除了自利之外,斯密"也把公共精神视为他的研究的一个关键论旨,而对于政治经济学而言,这具有划时代的性质"(门格尔,2007 年,第 71 页)。② 就公共视角看,斯密也有着民族主义倾向。斯密的思想充满着对民族理念的欣赏,民族主义赋予他灵感,以《国富论》一书开始,如果离开了英格兰民族意识的框架,就无法正确地理解他的任何论述(格林菲尔德,2004 年,第 40 页)。"没有多少证据表明,古典学者经常偏离国家优势的政策检验标准,更别说他们拥有瓦解国家团结的意图。如果你们考察他们建议自由贸易的理由,就会发现它经常是基于更充分利用国家资源的目的:我认为,亚当·斯密的'国防比富裕更加重要'的判断并没有被他们中的任何人质疑过。……就问题的程度而言,政治思想家有义务超越民族国家的观念和判断标准是一项非常困难的事情。""如果我们认定,英国古典经济学家因为有利于更广大的世界将会主张一种有损于他们自己国家利益的措施,我们就错了。正是民族经济中的消费才是他们认为的经济活动的目的"(Robbins,1978:10-11)。还可参见马格努松(2001 年,第 108 页)。

就穆勒而言,也同样存在多元价值观。约翰·穆勒不仅是个人主义者,而且还是社会主义者。例如穆勒在其 1836 年的政治经济学的著作中就认为,社会现象是个体行动的结果,因此个体的科学(人性的科学)必定先于社会的科学(社会科学)(Redman,1997 quoted in Milonakis and Fine,2009:28)。按照穆勒自己的说法,他在《政治经济学原理》的著作的第三版中,对社会主义给予了明确的肯定(穆勒,2007 年 a,第 173 页)③。从规范的角度看,穆勒处在赞成或反对中央集权之间(穆勒,2007 年 a,第 142-143 页)④。更多讨论还可参

---

① 斯密赞赏过柯尔贝尔,看不起商人,他认为,自由伴随安全防护(Aspromourgos,2009,214-218)。

② 在门格尔看来,虽然还有其他人也认识到,"自利当然并不是影响人类生活现象的唯一因素。而在这些人中,只有亚当·斯密撰写了一本有关公共精神的理论!"与历史学派不同的是,斯密"从来不认为,从人的自利之心在不受其他因素影响下自由发挥的角度进行理论探究,就等于承认人性自利的教条乃是人类活动的唯一真正的动力"(2007 年,第 72-73 页)。

③ "关于穆勒是一个社会主义者还是一个个人主义者的问题"的争论,罗宾斯认为,穆勒本人则模棱两可(罗宾斯,2008 年,第 255-256 页)。

④ 对此,拉斯基认为,穆勒"是一位个人主义者,但他却比任何人都更仇视过度的自由放任"。"穆勒绝不是政治上的虚无主义者,他赞成义务教育、合法限制劳动时间、国家资助科学研究、政府控制公共事务及救助穷困人群。他从实际经验中得出教训,个人之间无限制的利益之争不可缔造一个良好有序的联邦"(穆勒,2007 年,前言,第 6-7 页)。

见 Robbins（1978：186）和熊彼特（1992 年，第 236-239 页）。

再如杰文斯和瓦尔拉斯两人都是将自由放任与现代立法改革相结合的支持者，杰文斯关注的是童工和工厂的健康、安全条件议题，而瓦尔拉斯关注的是土地税和自然垄断行业的国有化问题。瓦尔拉斯甚至自称是一个社会主义者，但本质上他的政治立场是一种"传统自由主义与国家干预教条的混合物"，参见 Screpanti 和 Zamagni（1993：170）、Oser 和 Blanchfield（1975：233-234 quoted in Milonakis and Fine，2009：101）。

马歇尔既是个人主义者，又是社会主义者。他对社会主义的赞扬"在这种秩序中，公益战胜了个人的反复无常，其程度甚至超过个人主义开始以前的那些时代。但那时大公无私将是有意识的产物；虽然借助于本能，那时个人自由将在集体自由中发展自己。这是和旧的生活秩序成为一个可喜的对照，在旧的生活秩序中，个人受习惯的奴役造成了集体的奴役和停滞，而这些只有用专制主义的任性或革命的任性才能打破"（1965 年，第 396-398 页）。

三、福利经济学价值多元化的必要性与合理性

当然这种多元价值观也好解释。首先，古典理论在承认个人主义的规范发挥基础性作用的同时并不否认满足公共需求手段的必要性，也不否认政府在照顾儿童和弱势群体方面父爱主义的作用。其次，个人主义的功利主义是自然法哲学的必然结果（熊彼特，1991 年，第 203-206 页），而坚持自然法哲学的经院学者关心的主要不是与民族国家有关的问题，也不是与民族国家的强权政治有关的问题。这正是他们与 18 世纪甚至 19 世纪的"自由主义者"最重要的联系之一（熊彼特，1991 年，第 151 页）。古典学者没有研究国家本身，而只是在讨论政策问题时，才鼓吹经济民族主义。

（一）多元价值观与经济学单一价值原则的冲突

如同前述的功利主义内部存在着潜在的问题一样，这种价值多元化的解释与单一化的价值观也存在张力。第一，古典学者将父爱主义视为"不太可能的偶然"，强调摆脱父爱主义的合意性，看低政府的智慧，认为政府事实上是特殊利益的输送工具（Robbins，1978：183-185），这当然无助于解释父爱主义存在的真正意义。但是，罗宾斯不仅没有论证父爱主义的干预逻辑，更没有给出充分的经验证据。例如，父爱主义与功利主义和个人主义是什么关系？实

际上,最大多数人的最大幸福如果需要政府干预,那么这既是父爱主义,又意味着权力当局必须理性地行动,这如何同个人主义方法论相协调呢?另外,这也无法解释和说明古典学者的民族主义倾向(民族主义一定是个体选择吗?)。

第二,就规范问题的个人选择而言,存在着民主投票不可能得到全社会的福利函数的悖论,即阿罗不可能定理。更重要的是,如果法律的目的是保证个人的功利性选择(Robbins,1978:190),那么规范分析就应针对个人应该如何选择的问题,但罗宾斯的规范经济学却不讨论这一点,而只讨论政治(政府)层面的政策应该如何选择。在这方面内维尔·凯恩斯的规范经济学似乎更好,他并没有给出个人主义的功利主义解释。

第三,Robbins(1978:190)一方面认可国家要制定一系列法律法规来限定和引导个人的积极性,但另一方面他又认为,"在任何逻辑框架中,我们必须视提供这种(法律)框架优先于经济自由的主张",这其中不仅存在逻辑不一致性,同时又隐含了公共利益或国家利益的存在。

实际上,在个人主义与父爱主义之间,许多古典学者均保持了平衡。在Hutchison(1988:361-362)看来,尽管斯密认为个人主义和集体主义可以同时得到而无须牺牲一方以获取更多地另一方,然而,如果他被迫面对二选一,他的态度难以预料(这也是为什么斯密对财富和收入的分配或贫困等政策问题没有表现出多少兴趣的原因),但斯密总体上是将自由放在第一位,因为它是自由公民的基本要素。从规范的角度看,穆勒(2007年a,第142-143页)处在赞成或反对中央集权之间。同样,马歇尔对个人牺牲在不同境况下表达了不同的态度(马歇尔,1965年,第397页注释1)。瓦尔拉斯(1989年,第33-34页)认为,"为人民提供丰富收入时,目的在于如何求其切实可行;而为政府提供充裕岁入时,目的在于如何求其公平合理。切实可行和公平合理,或者说,物质福利和公平待遇,是属于截然不同的两个思想范畴。"如果在两者之间必须进行选择时,古典学者又该如何选择呢?这种选择完全离不开价值判断问题。如果选择价值观的标准是道义论,那么不同价值的选择和判断,就是真正的困难所在。因为估价对于不同的人有不同的意义,罗宾斯(2000年,第72页)也认为"相对估价尺度不属于经济学讨论的范围"。另外又如何看待熊彼特(1991年,第205页)所说的,"分析上可能是功利主义,但伦理判断上却可能是保守主义者",如休谟和意大利的大多数功利主义者就是保守主义者,也可能是社会主义者。

(二) 单一价值观导致福利经济学的贫困化

正是上述的不一致，才最终导致了福利经济学停滞，不仅体现在前述阿马蒂亚·森所说的福利经济学的贫困化，更体现在基于个人选择之上无法找到具有整体性的社会福利函数。没有这种函数，权力当局如何行动呢？罗宾斯（1997年，第7页注释）对福利经济学的抱怨在一定程度上反映出了当前福利经济学的部分困境。

其实不仅个人价值具有多样性，同时由个人组成的整体的目标也具有多元性。另外，不仅有些宏观经济政策目标与单个的某个具体个人的目标没有直接联系，而且它们之间还存在相互冲突。尽管穆勒的功利主义思想已经明确地指出了这一点，例如牺牲个人利益以服务于公共利益，但严格意义上的国家经济利益并未出现在当前的福利经济学中，更别说国家安全、平等、富裕和公正等方面的追求。

实际上，多元价值观的福利经济学有其合理性，且与价值中立原则不冲突。就本书的主题而言，一个合理的研究选项是，为什么古典学者忽视了政治问题？之所以许多古典学者被称为经济民族主义者，因为他们并没有偏离维护国家经济利益的标准（罗宾斯，2008年，第270-271页；Robbins，1978：9-11）。按照这种观点，政策选择也就遵循了经济民族主义原则。虽然自然法哲学最早在亚里士多德的著作中体现，但亚里士多德不仅主张国家优先于个人，而且反对个人主义。实际上，自16~17世纪以来，威斯特伐利亚体系所确定的国家主权是持续的历史事实。既然古典学者的政策均是为了维护本国利益，那么是否存在国家的效用函数呢？长期以来，美国一直奉行国家利益大于党派利益的原则，即"党争止于大洋岸边上"的内政传统。古典学者为什么要忽略集体主义的伦理观呢？实际上古希腊先贤以及所谓的"重商主义"等均有着集体主义的伦理观。在这种情况下，福利经济学是否应该扩展其价值选择的范围和实质呢？实际上价值中立并不排斥多元价值观。西方的价值是 Value，价值观念则是 Values，可见价值观念不可能只有一种价值，而且这种价值是主观的。这充分说明引入多元价值观的必要性。

总之，从规范经济学的角度看，罗宾斯的政治经济学定位与古典的功利主义的并不一致，其结果首先是单一化了经济学的价值判断或价值观，最终导致了福利经济学的贫困化（尽管在其论证逻辑的体系内是可以得到其方法论辩护的（阿马蒂亚·森，2000；胡明、方敏，2011），虽然他坚持了价值中立原则。因为价值中立并非否定价值选择，而是不对具体的价值做出肯定或否定的明示。换言之，研究必然涉及不同的价值观。如果这一点是可接受的，那么罗宾斯就不应该认定经济学的价值观就不仅仅只是功利主义的个人主义价值观。当然，多元价值观要涉及的方法论问题，将在本书后续部分进行讨论。

第二节　理论体系的逻辑困境

如果按照罗宾斯的政治经济学定位，政治经济学不能成为实证科学。但按照实证经济学的标准，讨论政治经济学（或政策问题）的部分内容研究属于事实问题。实际上，国家从未在经济领域中缺席。远至古希腊，无论色诺芬、柏拉图和亚里士多德之间存在多大的分歧，他们都强调城邦的垂直管理和对市场机制的轻视，更别说国家发挥重大作用的重商主义时代。即使到了古典时代，国家依然发挥着重要作用。这不仅是规范问题，而且也是历史事实。经济学关于事实问题的研究既包括理论经济学也包括应用经济学（胡明，2015、2016）。如果说理论经济学是公共政策制定的理论基础，那么在此先讨论理论体系问题，下一节讨论以此为基础的应用性政策问题。

罗宾斯（1978年，第172页）认为，"古典理论与其他理论的差异不是在提出政策建议之前关注其政策后果，而是它关注建立在对整体的经济体系进行或多或少的综合分析之上的后果。……正是在这种知识类型上，至少部分是，英国古典经济学者声称建立他们的政策理论"。下面分析古典政策的理论问题。总体上，古典或新古典经济学是基于《国富论》关于人类和社会进步的"恰当的、非意愿的和相当程度上是非计划的结果"的研究而建构的，或者说，依赖于一个非常稳定的而非政府干预的社会和政治环境的假设，由此经济系统可以或多或少地被孤立地研究（Hutchison，1988：355）[①]。在这一基于自然法或功利主义的自由的人性假设框架中，构建的经济理论具有内在的和谐性。政府是外在的，其功能主要在于提供市场运行的秩序，并消除阻碍这一自

[①] 这个稳定的社会框架的假设促进了古典、新古典和凯恩斯主义经济学在英国的发展（Hutchison，1988：355-356）。

然系统的和谐发展的不利因素。所有差别化或限制性的制度完全废除后，基本的自然自由制度就会自然而然地建立起来。"任何人，只要他不违反正义的法律，都有充分的自由，以自己的方式追求自己的利益，并以其劳动和资本与任何其他人或其他阶层去竞争。君主也能完全摆脱监督，引导私有产业并使其最符合社会利益的责任。"根据这种自然自由制度，斯密提出，君主只应履行三项职责，"第一，保护社会不受其他独立社会的侵犯；第二，尽可能保护社会任何成员不受其他任何成员的侵犯或压迫，即设立完全公正的司法机构；第三，建立和维护个人或小团体所不感兴趣投入的某些公共设施和公共机构，因为这些设施和机构产生的利润绝不可能补偿个人或小团体的投入，尽管对于社会整体来说常常是不仅能收回投入而且还能得到大得多的利益"（斯密，2005年，第487-488页）。这实际上就是当前人们经常谈到的最小政府的依据。

一、理论困境

从理论上说，理论是一种同义反复的推理体系，基于自然法或功利主义的人性假设，必然推出自由放任的和谐体系。基于经济系统不能自我提供维持要素，引入权力当局辅助提供这些要素，或作为经济系统的运行条件，无可厚非。这也是这套系统，如前文分析所说，应该被称为是社会经济学的原因。然而问题在于，斯密将这一学科称为政治经济学就预示着这一理论体系的两大困境。

首先，古典理论体系与其规范的研究目标之间存在逻辑困境。前文分析了古典理论体系忽略了政治要素的投入问题，然而其目标却是政策性的。例如斯密在《国富论》中多处提到了超越其三项国家职能的干预事项（详见下一节应用部分的讨论）；穆勒在提出社会经济学并否定了政府科学（2012年，第106页注释）的同时，又提出了范围广泛的国家必要职能和选择性职能。这些事项远远超出了无为政府的要求。

其次，在承认政府必要性的同时，古典学者却又贬低并忽视了国家，没有提出他们的国家（政治）理论。例如在罗宾斯看来，"国家不同于其他的社会合作的有机体组织，在于以下事实：即使在纯逻辑建构意义上，国家必须被赋予一个不可还原的最小的具有强制力的权力当局。无论我们赋予其他社会机构的个体主义属性什么样的意义，如果我们不冒着瓦解所有剩余的社会体系的风险的话，我们就不可能剥夺掉国家自身的某些终极的强制性权力。因此，关于这种权力当局的建立的假设必然是任何试图涉及一般范围内的任何政策理论的隐含的特征"（Robbins，1978：194）。古典学派承认国家制定一系列法律框架用来限定和引导个人的积极性。"事实上，在任何逻辑框架中，我们必须视提供这种框架优先于经济自由的主张"（Robbins，1978：190）。在这种理论中，政府被视为是最大化社会福利的慈善国家（Benevolent State）。然而"作为一个群体，古典经济学家看低政府的智慧，强烈怀疑，政府事实上是特殊利益的输送工具。甚至当他们正式承认一个有益的父爱主义的可能性时，他们也总是倾向于将其视为是一个有点不太可能的偶然"（Robbins，1978：184-185）。这种情况下的政府又常被视为由各种寻租和党派利益组成的。

很明显，这里的问题是，古典学者在事关经济政策理论，即边沁所称的关于经济活动的国家议程或非议程或"政府行动或不行动原则的总体原则"（Robbins，1978：2）方面表现出的矛盾心态。下面我们从几位有代表性的人物的具体事例进行讨论。

就斯密而言，他的政治经济学目的是让人民富裕或最大多数人的物质福利，其手段是通过劳动分工提高劳动生产率，最终导致整体的富裕，是一种非意愿的结果，即个人欲望在"看不见的手"的机制下，通过积累和生产者的创新（Aspromourgos，2009：206-209）。这里的问题是：首先，如果国家在经济发展中的作用是限定的或非常有限的，那么《国富论》中大量的关于政策法律和命令的执行和实施的讨论就是个问题。如果国家干预经济问题应该成为政治经济学的研究对象，那么斯密基于演绎逻辑而提出的自由放任的经济政策原则就很难令人信服；其次，斯密的学生兼同事 John Millar 认为，斯密《国富论》的政治体制原理不是建立在公正原则之上，而是建立在增加国家财富、权力和繁荣算计的利己原则之上，这种政治制度涉及商业、财政、教会和军事的机构（Aspromourgos，2009：14）。尽管这种解读和斯密对政治经济学的双重定位（为人民和君主增加收入）相一致，也和《国富论》中暗含的多重的经济定义不冲突，但在 Aspromourgos（2009：14）看来，如此总结《国富论》的内容明显与《国富论》狡猾的政客论述矛盾；再者，"对个人财富有益的消费方法也对国民财富比较有益"（斯密，2005年，第250页）和"在私人家庭的经营中是最精明的事情，在一个大国的管理中就不可能是愚蠢的行为"（斯密，2005年，第326页）的观点，不仅受到了熊彼特、约翰·穆勒和凯恩斯的严厉批判（本书第八章将详细分析),而且显示了斯密对宏观经济现象缺乏真正的认知。

穆勒也是如此。首先,穆勒在《论关于政治经济学的未定问题》中否定了政府的作用,而在《政治经济学原理》中,"他否认私有财产的神圣地位,对经济放任主义产生怀疑,提出无限制的自由竞争不可能产生真正的福利国家;他主张通过国家立法限制劳动时间,救济贫民;以合作方式改组工业,研究工人管理工厂的可能性,提倡组织公社进行小规模的社会实验"(李志平,2006年,前言,第2页)。对此,罗宾斯认为,穆勒的《政治经济学原理》侧重的是应用问题研究,该书封面上的"及其在社会哲学上的应用"就说明了这一点。穆勒的意图很明显,他不但要讨论狭义的经济学,而且还要讨论其应用,因而两者并非不协调(2008年,第252页)。从方法论的角度看,罗宾斯的辩护没有问题,《论关于政治经济学的未定问题》探讨的是严格意义上的经济学(经济科学)和其《政治经济学原理》的应用问题研究没有冲突。但是《论关于政治经济学的未定问题》所限定的经济科学是否能为《政治经济学原理》的应用研究提供理论基础却是有疑问的。其次,穆勒在《论关于政治经济学的未定问题》捍卫的萨伊定律(2012年,第54页)与其"个人占有物的财富和国家占有物的财富'在含义上'有重大区别"的论述(1991年,第19-20页),以及"个体适用的行为并不适合于国家"(2012年,第38页)的观点并非一致(具体详见后续部分)。这意味着穆勒在宏、微观经济分析方面面临的困境。再者,穆勒(2012年,第96-97页)关于"对于家庭经济学来说,即使能够将它归纳成某些原理,它还是技术"的观点,就遭到门格尔的批判[1]。在门格尔看来,穆勒将私人经济的实践科学与实用性经济学对立起来的看法是完全错误的[2]。

门格尔(2007年,第204-205页注释2)认为,理论经济学是公共政策制定的理论基础,但他没有从精确取向的角度从理论上研究关于政府行为的"是什么"(尽管他承认这种可能性,但又否定了它的现实性),而仅从历史的整体的实用角度"描述过"政府的作用(即他的财政科学),又如何能够得出

---

[1] "穆勒根本不承认私人经济也是科学研究的主题,而认为其仅仅是艺术的主题。因为,显而易见的是,理论和实践知识也是私人经济的基础"(门格尔,2007年,第204-205页注释2)。

[2] 很明显,门格尔对穆勒的批判有一定的道理,但必须说明其对象是家庭还是个人。就笔者的阅读所及,穆勒的确将"应该是什么"的问题归类为艺术的范畴,但他是否也将个人的经济行为视为"艺术的主题"并不确定。至少在他讨论的应用经济学范畴中,个人是否应该如何行动似乎没有涉及。

政府的"应该是什么"或为公共政策提供理论基础呢?

Hutchison（2000）认为，不仅门格尔、瓦尔拉斯和杰文斯未能成功地将他们的著作从微观转向宏观研究，马歇尔也是如此（Milonakis and Fine, 2009：126-130）。同样的情况也存在于罗宾斯的著作中。罗宾斯的经济学定义的主要缺陷在于他与凯恩斯的著作和与失业均衡可能性的证明存在不一致性，因而与罗宾斯要求资源必须是稀缺的论述相矛盾（格罗奈维根，1996年，第970页）。

二、困境分析及其后果

从理论建构的角度，斯密的自然法哲学观念导致其经济学只能从微观个人视角建构具有因果关系的理论体系。其他古典学者，特别是穆勒也从个人选择假设开始或以此作为讨论的起点，从而奠定了理性经济人的分析框架。这样，古典经济学构建的理论体系忽略了政治要素的投入问题（Hutchison, 1988：381）。在Hutchison看来，这种忽略可能损失严重，导致古典和新古典经济学不会给政策研究留下多少空间。

实际上，这种分析框架非常适合于讨论微观层面的市场机制及其相伴随的问题，而一旦涉及整个国民经济，就很难说，这种分析框架就是唯一合适的。就因果机制而言，整个国民经济的运行、发展，很难说仅是由微观个体选择造成的，其中政府也是参与者，政府的行为也是其波动的原因。国民经济变化是有多重原因导致的。按照穆勒的原因合成律（现象是由多重因素合成的结果），不可能穷尽所有的因素来建构无所不包的分析理论，而应该根据所要解释现象的主要原因构造理论体系。例如讨论市场价格问题，其影响因素主要是供需双方行为，在这种情况下，从个人主义视角构建微观经济学就是合适的。不过，个人主义视角仅是一种分析工具。

斯密的政治经济学的最终规范的目的是普遍的富裕（General Opulence），不仅包括个人收入的增长，也包括国家收入的增长。按照上述思路，对于个人收入的增长，从道理上讲，应该与个人追求财富的动机有关，也就自然可以从理性的经济个体假设出发进行分析。而对于国家收入的增加，也就自然与国家（权力当局）追求经济增长的动机有关，也就可将其作为构建政治经济学的理论假设。基于此，Aspromourgos（2009：252）认为，斯密的政治经济学"作为一门政策科学，它也将良好的管制（Good Government）作为既定的经济目的。这门科学描述性的理论内容自然是由那些全方位的目的所掌控：抓住达到繁荣的手段，理解和解释分配、产出增加和消费的原因。"

然而，古典学者对政府持有一种矛盾的心态。一方面，承认政府的不可或缺（Robbins, 1978：194-205）。当需要政府行动时就假定政府乐善好施，能理智地行动。例如斯密就认为，令人尊敬的立法者应该谨慎行事，特别要考虑不同国家不同政策考虑的历史和环境，《道德情操论》中就存在关于"伟大的政治家和伟大的立法者"的"非常慎重"的论述（Aspromourgos, 2009：241）①。而另一方面，当不需要政府时，就贬低其没有利益关系而常常导致行为失当（斯密，2005 年，第 660-661 页的论述）。

下面以罗宾斯对政府的矛盾为例来进一步说明。在《经济科学的性质和意义》中提到由于汇率下跌而发生通货膨胀的断言时，罗宾斯就认为，"我们知道政府常常很愚蠢，也很胆小，知道有关货币职能的错误见解流传得很广"（2000 年，第 104-105 页）。这说明罗宾斯没有将政府的经济政策行为纳入经济学的因果机制的分析当中。可政府参与经济是现实中经常发生的现象。再如对于政府的某些干预行为，罗宾斯认为，"存在一种模糊的心理概率，出于纯粹的实际理由，常常应该考虑到这种概率。"但他又认为，"这些事实的因果关系处于严格的经济科学范围之外。""对这类问题的洞察力，常常是必须具备的最基本的能力，可奇怪的是，竟有那么多的人缺少这种洞察力。无疑，此处涉及的或然性大多具有实际的必然性，凡头脑清醒的人都不会怀疑它们，都会把它们当作指导政治实践的准则。然而，并非参加这种讨论的所有人都头脑清醒"（2000 年，第 106 页）。当然，罗宾斯不仅多次谈到了权力当局的行为（如其中谈到了保护性关税行为、提供补贴的合理性、货币政策及两种制度的选择），而且在谈论经济模型的内生与外生变量在不同模型中的不确定时，他也承认，"经济体系是开放的"（2000 年，第 106 页）。"我们也许可以用某些生产者集团的'利益'解释某些政治变化；……若要作表面上讲得通的更宏大的解释，则依赖于这样一个假设，即我们同样可以客观地界定大集团的利益。可这种假设是不真实的。经济分析非但没有证明这种经济解释是有道理的，反而表明它是绝对错误的。所有这类解释中包含的利益概念都不是客观的，而是主观的。利益概念依赖于人们的见解和

---

① 这和亚里士多德关于统治者的美德的论述没有多少差异。

感情。经济学无法预测精神方面的这种变化。我们可以预测发生了这种变化之后所产生的影响，可以想象假如发生了这种变化所产生的影响。但是，关于我们预言变化过程（这种变化过程显然取决于偶然性、劝说和盲目力量等各种不同质的因素）的实际能力，我们若谦逊一点，或许不会过于自负"（2000年，第109-110页）。

从方法论的角度看，利益集团和权力当局都是整体论意义上的概念，对于罗宾斯（1997年，第47页）这样的个人主义者通常是不会接受这种行为主体假设的。考虑到罗宾斯嘲笑斯密对公司经营模式上的预言失败（与其利己的假设相冲突），而他又明言企业组织能自由选择，便可发现罗宾斯的相关观点在方法论上存在问题。相关分析见本书第七章。

在罗宾斯看来，古典的市场不仅需要一个强有力的法律框架和秩序，而且他还将良善的社会和市场也视为人工制品①。按理说，功利主义的追求最大多数人的最大幸福目标需要将国家或法律纳入经济学研究，并基于事实经验来分析国家干预或法律规制的方式和效果②，但是坚持功利主义伦理观的古典经济学理论排除了国家，只是作为一种规范的政治经济学的研究内容。这必然会造成国家作为政策行为主体被经济学忽略，而这种忽略自然无法解释现实中政府的多重作用，也无法为构建国家干预政策提供坚实的理论基础。

其结果首先是导致理论体系缺乏完整性。"主流经济学关注市场，忽略了政府问题"，它被视为一个"外生变量""代理机构"或"外生的黑盒"，大多数情况下，政治被视为无关紧要的东西，可以对其不屑一顾（巴苏，2014年，导论，第5页）。其次是把古希腊、重商主义、卢梭等所研究的事实问题排除在科学经济学的研究领域之外。对此沃勒斯坦（1998年，第一卷，中文版序言，第1-2页）就认为，"遍及全球的反国家心态就是（资本主义）危机的一个主要症状……只要有众多的国家存在，资本主义就需要强化国家结构，不是像虚夸不实之词所说的那样，要削弱它。"最终，忽略国家的经济学，不仅无法从逻辑上区分Hutchison（1988：361）所说的古典和重农在政策上的差异，更无法解释罗宾斯（1997年，第13页）所说的斯密与凯恩斯在政策问题

---

① 这种人工制品说，否定了古典经济学的自然法哲学的基础，即罗宾斯所指出的重农学派和古典学派之间的差别，或自然法和功利主义之间的差别。

② 当然罗宾斯对古典的政府体系与独裁的政府体系进行了过去简单的区分（Robbins，1978：193-194），并不能真正说明复杂现实中政府干预的事实和逻辑。

上的相同。根本的问题在于，经济学将研究视角局限在社会层面的市场问题，即前述的将社会与政治分离！没有国家，如何讨论政策？

缺乏政治视角导致国家的总体利益或整体分析被忽略，必然会产生一个非常明显的问题，即为什么现代宏观经济学不是由古典或新古典经济学创立？对于宏观经济分析，由于斯密的关于利益和货币的宏观经济的自我调节的分析（Hutchison，1988：375-376），完全否定了配第等关于统计重要性和失业理论（迪恩，1996年，第966页），加之穆勒（2012年，第54-56页）对宏观问题的忽视，"马歇尔本人在宏观分析方面没有起任何带头作用"（熊彼特，1994年，第360页），最终导致其继承者罗宾斯（2000年，第57-58页及注释2）、奥地利学派米塞斯（2007年，序言、第14-15页）和芝加哥学派如Lucas（1987：107-108）否定总量分析或宏观经济学。

当然，在笔者看来，宏观经济学被忽视可能是因为国家被排除，因为一旦从国家层面讨论问题，失业、货币等宏观问题自然而然就会出现。而如果经济学只关注社会层面的市场问题，那么这种社会经济学也就会自然地变成微观经济学。而社会经济学的必然结果是，门格尔和维克塞尔只能将公共政策视作是应用学科。政府的功能仅局限于服务社会的功能，而非经济功能。否定财政政策的经济调节功能，导致宏观经济缺乏基础政策的一个支柱。由于古典经济学在分析上存在缺陷，而且它关于立法和公共行政作用的假设并非持续有效（熊彼特，1992年，第264-265页），其所导致的另一个后果是否定货币的作用。休谟的货币数量论、维克塞尔的货币中性论均是基于古典框架，虽然两者都不认为货币是完全中性的。

这就是造成当前政治经济学理论体系困境的原因。如何解释现实中政府的财政政策和货币政策，甚至产业政策、人口政策呢？实际上，客观的政府作用的研究只在于其效率的高低和来源，而不是价值判断。无论现实中政府的作用如何，只要存在政府干预，就应该从理论上揭示这种干预的内在逻辑。而不是将其污名化或意识形态化。Robbins（1978：193-194）故意将政府干预分为古典的视角和独裁体系，就有这方面的嫌疑。实际上，除了某些斯大林体制的信奉者外，从来没有一个严肃的经济学主张过取消个人自由，而完全由中央政府完全控制经济。另外，主张政府干预的经济学者并没有几个一定要求制定经济数量计划的。

然而，当经济学者在他们的理论中将政府看作是被动接受外生变量的容器，或者是系统中的一个外生的代理人时，却又要求政府听从他们的政策建议（巴苏，2014年，第122页）。接下来，就考察这种政策体系在应用方面的辩护问题。

第三节　古典政策体系分析：应用问题

本节将重点讨论古典政策体系在实践时的辩护问题。

一、关于古典学者的一般政策原则的争议与问题

通常人们认为，就一般政策而言，古典学者倾向于自由放任的政策主张。这种主张当然也与其理论体系相一致，其原因主要在于，在他们的理论体系中，他们所研究的社会层面的经济问题是一个相对独立的系统，他们相信自我调节。另外他们总体上对政府持一种负面态度，不信任政府官员或决策者。虽然政府在维护市场秩序方面不可或缺，但"一旦市场满足了它的前提条件，接下来对其运作再进行干预就是有害的，并最终会自我挫败"（Robbins，1978：56-61）。

最早提出自由放任原则的是受自然法哲学影响的重农学派。斯密受重农学派的影响，他提出的政府的三项经济职能也确实接近于自由放任原则[①]。而李嘉图通过抽象的经济分析，认为当时英国的谷物法违背了经济原则，损害了工人和资产阶级的利益，应该废除。在李嘉图的眼里，政府的作用在于清除影响市场自由运行的障碍，其他作用是有限的。李嘉图理论直接导致的政治后果是边沁思想中的权威主义因素是无效的，"个人的相互抵触的自私状态将会创造出自己的规则，对这个市场的研究揭示着那些服务于社会最终利益（无论人们是否意识到了这一点）的法则的普遍性"（李志平，2006年，第55-56页）。不仅斯密和李嘉图鼓吹自由放任，约翰·穆勒也是如此。"总之，一般

---

① 斯密在《关于法律、警察、岁入及军备的演讲》中说道："在财产权建立以前不可能有什么政府。政府的目的在于保障财产，保护富人不受贫者侵犯。"（阿尼金，2007年，第146页）

应实行自由放任原则,除非某种巨大利益要求违背这一原则,否则,违背这一原则必然会带来弊害"(穆勒,1991年,第539页)。相反,马歇尔不仅赞同"放任主义不能保证整个社会得到最大福利,而且他赞成和真正的自由主义不相容的高额赋税"(熊彼特,1994年,第21页)[①]。

尽管如此,在凯恩斯看来,斯密、穆勒、马歇尔都反对自由放任。在亚当·斯密、李嘉图或马尔萨斯的著作中找不到"自由放任主义"这个词语。甚至他们中的任何一位,都不曾以一种教条主义的形式表达过这一思想。斯密虽然是自由贸易主义者和18世纪诸多限制贸易措施的反对者,但他对航海法令和高利贷法律的态度又表明他不是个教条主义者。他的"看不见的手"的著名段落更多地反映了佩里的哲学而不是自由放任主义的教条。他宣扬的"天赋自由的简明制度"更多地源于他对世界秩序的有神论的和乐观主义的看法,而不是来自任何政治经济学的陈词滥调(凯恩斯,1997年,第304-305页)。

如何看待这种争议呢?在此,有必要将政策问题做一些区分,将之划分为一般性的政策原则和具体的视情况而定的政策主张。如果从一般意义上归类,那么主要的古典学者归类为自由放任政策的鼓吹者就没有问题。但如果详细考察其具体的政策主张,则很难说这些代表人物是教条式的放任主义者。当然这里涉及如何界定一般和具体的定义和边界问题。在笔者看来,一般可以理解为,关于政府提供了市场或社会秩序之外的情况,也就是说,古典学者坚持认为,政府必须提供维护市场秩序的服务。古典理论中理想的社会秩序是指古典学者对他们所理解的政府功能和经济自由体系之间的关系。"他们坚信,没有一个强有力的法律框架和秩序,个人之间的和谐关系是不可能产生的。""不仅良善社会,而且市场本身也是一个人工制品"(Robbins,1978:55-57)。"如果我们不能认识到,它是建立在我们正在研究的这些理论家群体所推荐的适当的法律和秩序框架的基础之上,我们就会错误地理解经济自由体系"(Robbins,1978:190)。"自由的经济体系并不仅仅是一项不进行干预的超然的政策建议:它是一种急迫的诉求,被认为正在阻碍和反社会的障碍应该被去除,自由进取个人自主性的巨大潜力应该被释放"。当然,正是因为这种精神,在实践领域,古典经济学的支持者提出他们的动议,反对那些阻碍因素的

[①] 在熊彼特看来,1870年至1914年及以后的大多数英国经济学家均是如此。"如果我们把他们列为'自由主义者',那是因为他们坚决拥护自由贸易"(熊彼特,1994年,第21页)。

主要形式，即反对特许公司的特权，反对学徒法，反对对经济活动的限制，反对进口限制（Robbins，1978：19）。当然这里的秩序包含着我们现在所说的公共品、反垄断等。例如对于反垄断，罗宾斯就认为，古典经济学者的主张"经常比他们的前辈走得更远。当然，有意思的是，它却经常被思想史学家忽略，关于这一类型服务，他们的建议更像是国家干预主义者而不是现状的维护者：正是古典经济学者在使私人垄断成为公共财产的运动中，处在领导地位。在他们的体系中不存在使用私人军队、私人警察和私人高速公路的问题。在这方面，他们比重商主义者更少自由放任"（Robbins，1978：189）。他也反驳了关于古典学者在其政策主张中没有考虑儿童、失能和无助老人的境况，而只考虑了成人问题的指责，认为是没有依据的（Robbins，1978：189）。

除此之外，政府对市场的干预就是他们反对的。站在古典学者生活的历史环境中，这种观点有其合理性。古典经济学者对国家在经济事务中的作用采取的立场"只不过是工商阶级的哲学、观念形态和偏好，这个阶级由于在经济上能够自立，因而除了法律保护和低税以外，无所求于国家"（熊彼特，1992年，第262页）。当然对于具体的政策建议，特别是存在利益差异（Discriminate Benefit）部门的干预问题，在罗宾斯看来，就是个利益权衡的问题（Robbins，1978：188-189），而且要考虑如何实现的问题。

在此需要追问一个与一般原则相关的重要问题，即古典学者的自由放任主张存在李嘉图恶习吗？对于李嘉图从抽象分析直接得出自由放任原则的做法，熊彼特进行了抨击①。他认为，这种仅依赖于简单假设的逻辑推理，就直接将结论应用于实际，提出政策建议，是一种"李嘉图恶习"（Ricardian Vice）。"李嘉图想给经济学一个像自然科学一样的科学地位，但他却直接应用这种性质的结果去解决实际问题的习惯，我们将称之为'李嘉图的恶习'。"（1992年，第146-147页）

当然对于"李嘉图恶习"是否能够成立，还可讨论。至少罗宾斯曾提到过李嘉图持有着对规范问题的正确看法（2000年，第122页）。对于穆勒来说，他基于原因合成定律，提出从行为主体追求财富动机的角度构建经济分析框架，也不主张直接提出政策建议。因为经济现象是由多重原因造成的，而经

---

① 萨伊（2014年，第28页）也认为，"指责李嘉图先生有时依据过于一般化的抽象原理来推论，这也许是有充分根据的"。

济理论只考虑了通常被认为是最主要的影响因素。考虑到穆勒的学生凯尔恩斯最早对自由放任原则发起攻击的事实①，在此，可以认为，自穆勒、凯尔恩斯以来，多数古典学者没有"李嘉图恶习"。凯尔恩斯宣称，"自由放任主义这一箴言，没有什么科学依据，它充其量不过是一个便于在实际中运用的原则而已。"这一观点，40年来已成为所有主要的经济学家的共识。举例来说，马歇尔某些重要的著作，其主旨就在于阐明私人利益和社会利益不和谐的最主要情形。不过，这些最杰出的经济学家们谨慎但又并非教条主义的态度仍然没有战胜那种关于个人主义、自由放任主义的普遍看法，即认为这是他们应该教授并且事实上的确在教授着的东西（凯恩斯，1997年，第307-308页）。更多讨论还可参见胡明、方敏（2009，2011）。也就是说，这些古典理论的代表人物明确看到了理论研究和政策研究的区别，而更多地使用的是韦伯倡导的跨学科的政策辩护策略（当然不包含价值判断等规范问题）——为政策辩护的理由，不仅依赖于经济学原理，还要考察与之相关的"意义重大的"现象，如其他社会及政治等因素"导致了某些我们从经济角度着眼而发生兴趣的结果"，以及评估一种是不属于"经济"领域但"受经济条件制约"的现象，即由经济动机决定的但却是非经济关系中的行为和特点（韦伯，1998年，第15-16页）。更详细的讨论参见胡明（2016）。

考虑到"李嘉图恶习"的核心是忽视了"休谟铡刀"问题，而斯密熟知他的好朋友休谟的著作，那么熊彼特为什么没有指责斯密呢？如果再考虑，熊彼特曾指责斯密是带着糟粕的自由放任主义者的事实，那么这一问题就非常有意思了②。当然，主要的原因可能在于斯密的研究方法与李嘉图有明显的差异。

二、古典学者的具体政策主张

虽然古典学者整体上反对干预政策，但是古典学派在政策意见上并不统

---

① 在凡勃伦（2012年，第134页）看来，穆勒用经验论消解了经济学的自然法根基，凯尔恩斯也不认为自由放任是对社会疾病的可靠治疗方法。"一旦快乐主义结构被严重地修改之后，自然权利先人之见就立刻消失了。"

② 对于斯密的自然自由原则，熊彼特（1991年，第280页）认为，"一方面是政策原则，即废除法律约束外的所有限制，另一方面也是分析命题，即个人之间的相互自由作用，不仅不会带来混乱局面，反而会带来由逻辑所决定的井井有条的秩序。但斯密从来没有把这两者十分清楚地区别开来"。

一。在罗宾斯看来，英国从地主统治的乡村社会过渡到以制造业为主的城市民主社会150年间的古典时期，古典学者强调的是经济与社会改革而非暴力革命，他们主张的是边沁的"积极的国家行为"而非简单的自由放任，甚至在反私人垄断（成为公共财产）方面比重商主义者更少自由放任，而更像是国家干预主义者（Robbins，1978：170）。罗宾斯特别驳斥了"国家仅仅是守夜人"的流行观点。"我认为，主张今天多数受过教育的大众，不像少数专家倾向于将古典的国家功能的概念理解为用卡莱尔的术语充分表述为'无政府加警察'或拉塞尔的守夜人的明喻，没有任何夸大的成分。"罗宾斯特别以重农学派的 La Riviere 和巴斯夏的《和谐经济论》及 Herbert Spencer 为例进行了批判。"他们并没有获得古典经济学家的支持"。斯密的三种国家功能和凯恩斯的政策议程的内容（控制总投资和影响人口的规模与质量）虽有差异，但"形式上的相似性不是偶然的。它意味着国家和个人之间合作的积极本质的经济自由主义传统具有思想上的基本的连贯性。""将斯密视作为将国家的功能降低到守夜人的程度的看法仍然是错误的。""按照不同于自然法体系的边沁的功利主义原则，任何政府行为的适宜性必须完全根据它的后果来判断，而不是由某些形而上学的权力体系所预先推理而得出。"在罗宾斯看来，麦克库洛赫的文中，断然拒绝了自由放任原则。"在一些事情上可以有把握地信任自由放任原则，但在更多领域它却完全不适用。在任何情况下都诉诸它无疑更多地带有政策'应声虫'而不是政治家或者学者的味道。"西尼尔甚至更强硬。"除非（古典学者的）这类言语被视为是有意识的欺骗，他们应该被确定无疑地视为是反对政府功能的守夜人理论的决定性证据"（Robbins，1978：34-46）。哈奇森也认为，斯密的方法论研究暗示了一种非常不同于魁奈和李嘉图的狭隘的抽象的演绎的和严密的自由放任的政策态度。斯密指责魁奈，"运用绝对的或完美的最佳标准是不相关和误导性的……假如一个国家因为没有享有完美自由和完美公正而不能繁荣，那么在这个世界上就不会有一个国家可能已经享有繁荣昌盛。在他的自由市场的理论与政策倡议中，斯密并没有将自己与乌托邦的完美最优联系起来"（Hutchison，1988：361）。下面我们先看看几位主要代表人物具体的政策主张。

就斯密而言，通常人们将他的政策主张归结为，《国富论》的最后一册给政府分派了三大宏观职责，即司法管理、国家防御和提供公共工程（斯密，2005年，第487-488页）。然而，实际上，他在具体的政策问题上或政策细节上是具有灵活性的（Aspromourgos，2009：225）。在《国富论》的其他地方约有25~30处谈到了这种职责（依赖于人们如何界定例外）（马格努松，2001，第105页）。例如斯密倡导自由贸易，但并非希望它立即被完全接受，且措施是受限制的，一是国防所必需的特定产业，如航海法，鼓励英国人垄断自己"国家的海运生意"和打击荷兰人的鱼货生意。尽管对国外贸易不利，但是，"由于国防比国富重要得多，所以，在英国各种通商条例中，《航海法》也许是最为明智的一种"（斯密，2005年，第330-331页）。二是对在国内课税产业的外国产业增加负担（课同样的税）似乎合理（斯密，2005年，第331-334页）。他担心没有关税，将只有极少的劳动与资本用于国内征税品的生产，更多的则会进入其他物品的生产。他认为，在有些情况下征收进口税是有利的，应渐进地、有保留地、审慎地降低关税（马格努松，2001，第105页）。他也说过贸易顺差是一个国家在战时从外国获取物品与服务的手段；保护性关税比自由贸易会使一项产业快速成长起来（尽管也会使资源浪费）。他也不反对保护英国历史悠久的毛纺织品制造业，也建议对羊毛出口征税，以建立英国对外国竞争者（他们也在用英国的羊毛进行生产）的优势（马格努松，2001，第106页；Hutchison，1988：360）。

在国内政策上，斯密赞成对纸币和信贷的管制。在纸币限制上，斯密主张，"通过禁止小额银行券的发行，纸币的流通可以仅限于商人之间的流通"，"不应发行五镑以下的纸币"，尽管这"对社会安全以及人们所必需的自然自由是一种侵害"（斯密，2005年，第234-235、238页）。在赞成为利率设上限上，他认为，法定利率的最高限额，应略高于有良好保证的市场利率。当时贷给政府的利息率是3%，贷给有稳妥保证的私人是4%或4.5%，所以斯密认为，"现行法定利率5%或许是最适当的"（斯密，2005年，第257页）。

由此有人可能会认为斯密远不是一个具有一致性的人，甚至是伪善的（Hypocritical）。他在1778~1790年作为海关关长时就显示出了他的理论和实践的矛盾（Ross，1995：305-333），也有人认为他显示了一种实用主义的倾向（Skinners，1996 quoted in Aspromourgos，2009：227）。当然，对于这种观点，本书无意做出评论，只能说，斯密在总体的经济政策方面，遵从的是信念伦理，坚持的是自由主义的主张，而在处理具体问题的政策方面，似乎又遵从的是责任伦理，即根据达到目的的成本收益来灵活选择，以结果为导向。只是他按照分析性的方法，从社会层面及市场运行的角度自下而上地得出了的政策结论，可以被视为微观经济政策或社会经济政策（这也吻合了前述瓦尔拉斯及维克塞尔的社会经济学概念）。当然，还有两个问题需要厘清，首先是他主张的偏离自由放任的政策主张的理论依据或基础是什么？其次是，他的宏观经济政策又是什么（如果有的话）？笔者将在后续部分分别进行分析。

就穆勒而言，对于经济政策，穆勒更偏爱的是不干预原则①。但穆勒又认为，个人在追求自身利益无法覆盖到全部的社会利益，也就是说，两者存在部分差别，因而他主张干预经济②。穆勒将政府职能划分为必要职能和任选职能。就必要职能而言，穆勒认为，"必要的政府职能要比大多数人最初想象的多得多，不能像人们一般谈论这一问题那样，用很明确的分界线划定其范围。"（1991年，第367页）。"在很多情况下，政府承担责任，行使职能，之所以受到普遍欢迎，并不是由于别的什么原因，而只是由于这样一个简单的原因，即它这样做有助于增进普遍的便利"（1991年，第371页）。穆勒还说，这类例子"不胜枚举"，"远非任何死框框所能限定"，只要能增进普遍的便利就行。他还认为，"不能用任何普遍使用的准则来限制政府的干预，能限制政府干预的只有这样一条简单而笼统的准则，即除非政府干预能带来很大便利，否则便决不允许政府进行干预"（1991年，第371-372页）。

穆勒的《政治经济学原理》与实践密切相关（这突出地体现在他的一书的副标题当中③），但一旦涉及将理论原则与具体问题相联系时，他坚持认为，抽象理论有一定的适用范围，因此必须要考虑更广泛的社会和伦理因素（穆勒，2012）。例如，为反对Lowe对爱尔兰土地立法的攻击，穆勒在议会宣称，"一个人在熟悉一个国家的环境之前，根本就不可能确定什么是对这个国家来说是正确的政治经济学"［Koot（1975：321）quoted in Milonakis and Fine, 2009：32］。也就是说，在具体政策问题上，穆勒坚持功利主义结果决定论（见后续部分）。

---

① 李志平（2006）甚至认为，他对社会主义观点的赞同也是出于一种对市场不加干预的立场。
② 即使干预也应该是非命令式的（李志平，2006年，第71页）。
③ 对此，陈岱孙特意在穆勒的《政治经济学原理》中的译本序言中说，这"意味着穆勒在写这本书时力图把经济学从李嘉图以次的英国经济学家们的教条精神中拯救出来；在经济学理论分析中注入大量的对人类福利的关注和容忍的精神；从而对他先前服膺的边沁的功利主义和以之为社会哲学基础的李嘉图经济学，作了修正。""这种对经济理论和政策的新看法自然形成英国经济界主流的传统。……我们甚至可以说，这个经济思想传统仍然存在于今日的英国经济学界"（穆勒，1991年，《中译本序言》，第ⅱ-ⅲ页）。在笔者看来，这一解读非常准确。

就政策主张，瓦尔拉斯（1989 年，第 22 章）认为，自由竞争是一个假设，自由放任主义论点未经证明；自由放任原则存在一般所不允许的例外，如公共服务，自然的独占，财产的再分配等。同样马歇尔在《经济学原理》中对自由竞争采取了一种辩证的态度（1964 年，第 30-33 页）。马歇尔既认识到了规模经营从而降低成本的优势，也看到了垄断利润的存在。故他并没有明确的反垄断政策（1964 年，第十四章）①。对于"那些遵守报酬递加规律的商品"，马歇尔认为，"似乎有充分的理由相信，政府干预往往对社会有直接或间接的利益，因为大量增产使消费者的剩余增加得多，而使产品的总生产费用增加得少"（1964 年，第 177-178 页）。

三、古典学者的政策辩护策略是否有效

当然，上述偏离自由放任原则的具体政策，部分可以通过福利经济学加以解释。实际上，庇古教授所创立的《福利经济学》的确可以为诸如垄断、外部性和公共品生产等狭义的市场失灵辩护。前述部分已经讨论了《福利经济学》无法为由于个体博弈的"囚徒困境"导致的公共利益受损及宏观意义上的经济失衡，如失业、通货膨胀、国际收支失衡等现象辩护。在此，我们重点讨论古典学者提出的政策辩护策略的有效性。通常为古典政策辩护的主要有两种观点，一种是例外论的辩护策略，另一种是后果论的辩护策略。

所谓的例外论就是指，在正常情况下经济系统不需要政府干预，只有系统出现问题时，即出现例外情况，这就把国家拉进来进行干预。当然这种干预被认为是临时性的，而不是趋势性的。例如《国富论》中就存在不少例外措施。几乎所有的古典学者都相信，"自由放任是管理一国经济事务的通例……国家'干预'的那种东西则是例外"（熊彼特，1992 年，第 262 页）。更多关于例外的论述参见 Hutchison（1988：359）、瓦尔拉斯（1989 年，第 22 章）及罗宾斯（1997 年，第 13 页）。当然用例外论辩护也好理解，因为古典经济学的社会经济体系独立于政府，自然将国家等政治因素排除在外，即社会与政治的

---

① 不仅如此，他甚至还承认垄断组织在经济生活中日益重要。在他晚年的著作《工业与商业》（1919）、《货币与银行》（1923）中，就为美国和德国超过英国而发出忧虑的论调，叹惜英国没有像美国和德国那样强大的垄断组织，主张英国建立垄断联合，以便克服英国工业技术的落后性和增强英国在世界市场上的竞争能力（马歇尔，1964 年，第 11 页）

二分法框架。然而，例外论存在着明显的问题，至少在穆勒的眼中没有例外。"至于说到'例外'，在任何较为发达的科学里恰恰没有例外这回事。看似对某个原理的例外其实总是另外一个与此不同的原理作用的结果，后者与前者相互冲突，并使前者偏离其方向。不存在任何一条规律和对这个规律的例外——这条规律在99个场合下起作用，这个例外在另外一个场合下起作用，而是存在两个规律，每一条都可能作用于100种场合下，并通过两者的联合作用产生出一个共同结果。""规律以及所谓的例外，并没有把所有情形划分开……这两者都是全面性的法则，可以扩展到一切情形之中。把同时起作用的这两个法则中的一种叫做例外是肤浅的，也是与正确的命名原则相悖的。得自相同原因的同种结果不应该仅仅因为某个原因占优势或不占优势，就被归入两个不同的类别当中。"（穆勒，2007年b，第66-67页）。如果穆勒的例外论观点正确，那么其解释理论又是什么呢？《国富论》的三项国家职能及其例外措施以及穆勒的必要的国家职能，不能用例外论辩护。

除例外论外，经济学者们还用结果论来为其经济政策辩护。例如斯密的经济科学包括了对不同政治安排的经济后果的描述性分析（Aspromourgos, 2009: 220），斯密讨厌智识和政治上的狂热行为，他认为，令人尊敬的立法者应该谨慎行事，特别要考虑不同国家的历史和环境，譬如，如果要废除贸易保护政策也不能突然地引入自由贸易政策，而是要缓慢地、逐步地，而且要经过一个长时间的告诫（Aspromourgos, 2009: 241-246）。对此，罗宾斯（2008年，第272页）认为，斯密对重商主义财富制度的抨击是基于重商主义的财富制度不利于英国国家利益的观点。同样穆勒也认为，"不能用任何普遍使用的准则来限制政府的干预，能限制政府干预的只有这样一条简单而笼统的准则，即除非政府干预能带来很大便利，否则便绝不允许政府进行干预"（1991年，第371-372页）。这就是说，古典学者"按照不同于自然法体系的边沁的功利主义原则，任何政策行为的适宜性必须完全根据它的后果来判断，而不是由某些形而上学的权力体系所预先推理而得出"（Robbins, 1978: 41）。

例如，对于垄断问题，古典或新古典学者大多持反对态度（马歇尔除外），但事实是，垄断现象在现代经济史中从来没有停止过。同样，古典或新古典学者通过攻击政府失灵，并非能必然得出自由放任的主张，只有通过比较国家干预和市场选择的结果才可进行政策选择。这都是决策者评估之后的结果。对于没有经过评估的政策主张，通常会遭到批评。例如，针对外部性问题，科斯（2009年，第19-28页）曾经批评庇古提出的征税建议，没有比较相关主体的协商解决还是政府征税解决的成本和收益。他认为，政策决策需要视两种手段成本与收益而定，而不是直接武断地建议政府干预。当然科斯的上述诘问是有道理的。不过这里值得提出以下问题：

首先，政策评估应该由谁进行。无论是外部性问题，还是反垄断问题，评估应该由谁来进行，一般认为应该是权力当局（或由其指派相关研究者），可权力当局并没有进入经济模型中。只有从理论上论述清楚国家干预的内在机理，并经过经验检验，才可为国家干预提供有力的辩护。可古典或新古典体系并没有提供这种比较的理论基础，特别是他们并没有建构相关政府干预的理论。

其次，综合评估不同政策的后果是非常困难的。既要考虑韦伯所说的"在经济上有重要意义的"现象，也要考察"受经济制约的"现象（韦伯，1998年，第15-16页）。但评估并非唯一因素。即使通过科学地比较，确定了各种手段的相关受益和成本，笔者也认为，应用经济学的科学元素也无法解决最终的伦理价值判断问题，毕竟上述经济学大师在伦理价值观方面的差异依然很大。基于后果论的理念但建立在个人主义的功利主义价值观基础上，福利经济学不研究国家政策行为，因而也不能为更广泛的国家干预提供伦理学基础，如何能确保论证政策的科学性？我们还可以问，攻击政府失灵，就能必然得出自由放任的主张吗？古典或新古典学者在通过结果论比较其他政策时，如何能主张国家干预？国家干预的理论基础不仅在于市场失灵，更在于国家本身的意愿和能力，只有在这个前提下，我们才可以通过结果比较的方式来科学地选择。实际上，国家干预的理论基础并非仅在于市场失灵，而且在于国家是否有干预的意愿、能力及可行的手段。问题的关键不仅要考察权力当局的意愿，还要从经验的角度考察有无能力的问题。只有经过和市场机制的比较后才能得出何种政策方式（干预或不干预）更为可取的判断。

综上所述，无论是例外论还是结果论，都没有建立能为各种不同的国家干预政策提供理论基础的经济学体系。因此，古典的经济理论与现实中的经济政策存在差距，其辩护性不足。对此，熊彼特曾经说过，"在公共行政机关能够做什么和'应当'做什么上，不同国家的经济学家之间则存在着极为不同的意见"。其主要原因，"不是在于经济原理的不同，而是在于各个国家的实际情况有所不同"。但对此熊彼特又认为情况并非完全如此，原因是"不同的历史发展在不同的国家造成了不同的关于国家和官僚机构的政治学说，这导致经济学家们把他们的被本国状况所决定的意见'绝对化'起来，即把这些意见推崇为永恒的真理"（1992年，第262-263页及注释）。考虑到欧洲大陆，特别是德国的经济学更强调国家干预，那么自称是科学的古典学派又如何解释呢？

综上所述，可以看出古典的经济理论与现实中的经济政策存在差距，其辩护性不足。某种程度上可以说，这可能是抛弃政治经济学的代价。这也就引出了前述的学科混乱与跨学科归属之争的问题。

第四章 新政治经济学的归属之争

在上一章讨论古典体系的价值判断、学科理论和具体的政策应用等方面的问题后,本章将进一步讨论取消政治经济学的后果,特别是学科间及学科内部的混乱问题。

第一节 新政治经济学:政治学还是经济学?

第一,就经济学中的政治经济学而言。如果按照罗宾斯的政治经济学定位,政治经济学不能成为实证科学。同时福利经济学理论体系所提供的政策辩护策略并不充分。然而,政治对于经济来说,如此的重要,不能放任市场对经济的巨大冲击,至少凯恩斯在20世纪30年代是这样认为的。不过,到20世纪60年代,随着凯恩斯干预体制的边际收益递减,反干预思潮逐渐兴起,芝加哥和弗吉尼亚公共选择研究中心的激进自由主义者继承了亚当·斯密的某些研究内容,继续使用政治经济学(Mckenzie and Tullock,1975:3),可参见格罗奈维根(1996年,第970-971页)。不仅如此,经济学中激进的和马克思主义的传统则继续利用政治经济学术语,以反映他们赋予阶级和国家之间权力关系的重要性。如 Furtado(1972)和 Frank(1975)。更为重要的是,在主流的新古典经济学内部,最近30年在技术和理论方面的进步带动了经济理论和政治经济学更紧密地结合,例如,Laffont 和 Tirole(1993)、Dixit(1996,1999)、Tirole(1994)、Grossman 和 Helpman(1996)、Murphy、Shleifer 和 Vishny(1993),详细内容参见 Murshed(2002:1-3)。其中的原因主要有两个,即"首先,经济理论正逐步将政策目标视为是由经济模型内部决定,而不是由外部给定的。其次,理论经济学的讨论方法正在向其他学科扩展,特别是政治科学"(Murshed, 2002: 1-2)。

第二,就目前政治学中的政治经济学来看,当前政治学界不仅存在不同流派的国际政治经济学,而且还存在不同流派的比较政治经济学。如卡波拉索和莱文的《政治经济学理论》、克拉克的《政治经济学——比较的观点》。这些指称不仅反映的学科不同,且使用的方法和得出的结论也不相同。

这样就产生了一个问题,目前的政治经济学到底属于经济学科还是政治学科呢?

在阿特金森(2006年,第1011页)看来,今天的政治经济学与过去相比,更强调经济学和政治学之间的互动,像 Arrow(1951/1963)、Downs(1957)等著作很难"轻易地将它归类为经济学或政治学"。在阿尔特和阿利西纳(2006年,第921页)两位作者看来,"经济与政治之间的关系不是隐约相关,而是密不可分的"。他们的政治经济学"使用经济学的方法——自利的个体在约束下追求利益最大化和策略行为——来解释政治过程的起源与维持以及公共政策的制订与实施。""与孤立的经济科学或政治科学相比,这种实证的政治经济学既强调政治过程中的'经济'行为,也强调交易市场中的'政治'行为"(阿尔特和阿利西纳,2006年,第922页)[1]。例如在《剑桥大百科全书》(Cambridge Encyclopedia)中,Crystal(1990: 958)就将政治经济学看成是经济学的一个分支(阿特金森,2006年,第1006页)。而 Dreze 和 Sen(1995: 14-15)不认为政治经济学是经济学的一门分支,因为斯密、穆勒或马克思著作中也有许多跨学科的分析,而他们毫无疑问属于政治经济学这门学科(阿特金森,2006年,第1007页)。阿特金森(2006年,第1007页)也认为,"'政治经济学'一词在20世纪被确认为同主流经济学具有完全不同的内容,这反映了当代社会所关心的问题正随着不断变化的历史环境和学术趋势而不断地演化。"

至于学科归属混乱的原因,在很大程度上源于历史因素。早在亚里士多德时代,他的政治学中就包含了经济分析,只不过这种分析局限在城邦国家层面。到了斯密时代,政治经济学被看作是政治家或立法家的科学的一个分支

---

[1] 就公共政策(主要是经济和财政政策)的政治经济学——一种综合了宏观经济学、博弈论和社会选择理论的理论,阿尔特和阿利西纳(2006年,第923-924页)认为,"它并不认为政策是外生的或是由神秘的'社会计划者'决定,而是将政策选择视作内生的,并认为政策是在具备某种特征的制度内的公民投票者和政策制定者之间某种互动的结果。""许多——也许是绝大多数——组织中的决策都不能从理性选择的角度来理解……它们包含了大量的不确定性"(Palumbo, 1975: 361)。

(斯密，2005年，第307页）。在 Aspromourgos（2009：220）看来，斯密的经济科学包括部分现代意义上社会学，也包括部分的政治科学。

很明显，就如同前述分析，斯密的政治经济学混淆了理论经济学和应用经济学，但更侧重应用，这是他融合了不同学科的原因。但在萨伊看来，在很长一段时间内，人们将严格限定于研究社会秩序所根据的原则的政治学（Politics），与阐明财富是如何生产、分配及消费的政治经济学相混淆。自斯密起，才"将这两个相去甚远的研究区分开来"（萨伊，2014年，第1-2页及注释）。虽然穆勒接受了萨伊的政治经济学学科命名，但他依然将"政治经济学"视为是理论政治学（Speculative Politics）的一个分支（穆勒，2012年，第106页）①。如前所说，正是穆勒及其新古典追随者攻击了斯密的政治经济学主张，并将该学科命名为经济学。由此观之，斯密使用政治经济学概念的正确与否是学科归属之争的关键。考虑到自法国人孟克列钦提出政治经济学概念后，这门学科唯一关心的是国家的经济或经济性的公共政策，其意思等同于德文中的国家科学（熊彼特，1991年，第42页）。可是自斯密以来，这套研究体系已被完全抛弃了，而斯密也被主流经济学者认为是现代经济学的缔造者。

所以，这一问题自斯密经济学产生以来，就已出现，其答案只能放在本书的最后部分才能给出。

第二节 新政治经济学：实证的还是规范的？

就新政治经济学而言，其部分属性还有待厘清，特别是实证的还是规范的？尽管罗宾斯之后的政治经济学常被归类为规范的经济学，但是却也出现了实证的政治经济学。

随着经济学中边际革命的出现，政治经济学逐渐经过前述的"事实与价值的二分法"和"社会与政治的区分"等学科原则的要求，特别是 N. 凯恩斯的"实证与规范"概念的提出，经济学的研究，就其主流趋势而言，在本质

---

① 当然这里的理论政治学与实用政治学相对应，后者包括行政、立法技艺等。这也和斯密的立法科学或亚里士多德的政治学相一致（穆勒，2012年，第106页）。

上变得更加"实证"。对于这一趋势，Murshed（2002）在其《实证政治经济学》中就认为，所谓的经济学的实证趋势就是利用数学方法分析最优化和经济模型及其组成部分等语境中的问题。经济学的规范部分涉及获得经济或社会政策目标的最佳手段，例如收入再分配或公共福利项目融资，但它的目的是通过某些非特殊的政治进程由外部外生给定的。

然而，经济学的实证与规范的讨论并没有完全的定论。例如，就实证问题而言，熊彼特（1991年，第23页）将现代的或经验的或实证的视为是一类东西。"在这里所用的'实证'这个词，与哲学上的实证主义没有什么关系。有些作家对于完全不同的事物使用同一个词，很容易引起混淆，而他们自己有时就没有把事情弄清"（1991年，第23页注释3）。对于实证与规范的区分的更详细的讨论参见胡明（2015，2016）。

尽管如此，对实证与规范二分法的解释基本定论是，前者强调价值中立，后者涉及价值判断。这样看来，就目前的新政治经济学研究而言，除中西方的马克思主义的政治经济学强调实证与规范相结合外，大部分的研究主要集中于实证领域的研究，如以经济学的方法研究各种政治问题和政治过程，或集中研究政治对经济的影响及反过来经济对政治的影响。因为实证的政治经济学研究的是政府或国家经济政策的博弈、出台及其影响的客观事实，不完全涉及规范判断。例如新政治经济学"使用经济学的方法——自利的个体在约束下追求利益最大化和策略行为——来解释政治过程的起源与维持以及公共政策的制订与实施"，其研究的重点在于制度和政策（阿尔特和阿利西纳，2006年，第921页），就是实证的政治经济学。再如研究公共政策的新政治经济学研究的是"在具备某种特征的制度内的公民投票者和政策制定者之间某种互动"问题（阿尔特和阿利西纳，2006年，第923页），特别是宏观经济政策的决策博弈的过程，由于政治因素影响而产生的经济周期问题，预算赤字等问题也可以被视为是一种实证研究。

然而，政治经济学者克拉克却认为，经济学面临着要保持价值无涉的神话的危险，因为它暗含着一经明确化就会引起争议的伦理判断。"不同流派为在政治经济学中取得主导地位而展开的竞争明确地反映了有关好社会的不同观念。有关经济和政治问题的理论争论根本原因在于这些观念，公众在对不同政策进行选择之前，需要了解和考虑其暗含的价值取向"（2001年，导言，第 4-5 页）①。因此，他认为，与经济学家价值无涉的姿态形成鲜明对照的是，政治经济学家承认，价值取向不可避免地存在于所有的社会科学中，因而承认从不同角度增进知识的合法性。政治经济学不排斥科学，但却将其更为宽泛地定义为，即为扩展可以由人类个体或集体用于改善其生存条件的知识而进行的、遵守学术规范的、可以传播的、非教条主义的努力。使用这一定义，就可以承认许多用以解释经济现象的不同观点都是科学的（2001 年，第 434 页）。

很明显，克拉克的政治经济学遵从的是罗宾斯的政治经济学，但考虑到罗宾斯坚持的是在实证经济学中的价值中立，那么，克拉克对价值中立的经济学的攻击就是错误的，具体分析参见胡明（2016）。当然，如果考虑到实证的政治经济学，罗宾斯对政治经济学的规范定位也是有问题的。应该说，对于政治经济学，既可以是实证的，也可以是规范的。例如 Buchanan 和 Tullock（1962）、Buchanan 和 Wagner（1977）、Downs（1957）和 Niskanen（1971）（阿特金森，2006 年，第 1008-1009 页）等公共选择理论和基于福利经济学的公共财政理论是不同的。前者更接近实证分析，而后者则偏向规范分析。

从这个意义上说，政治经济学既需要实证也需要规范的政治经济学，因为它既要研究政府或国家经济行为的客观事实，也要探讨国家行动的规范判断。关于规范的政治经济学的讨论，参见 Levine（2001）。

第三节　新政治经济学：理论的还是应用的？

上文谈到克拉克对价值中立经济学攻击之所以是错误的，其原因较为复杂，其中一个原因在于，他可能没有认识到实证的价值中立的经济学还可以分

---

① 当然，他也认为，"经济学家们的分歧不是由于其愚蠢，而是因为他们生活于现代社会之中，具有相互冲突的不同价值趋向的人。""断定经济学中暗含着价值判断并不是说经济学家们在有意识地推行个人有关好社会的观念。经济学家更多的是在致力于用事实说话的科学研究。然而，价值判断甚至在开始研究之前便进入了经济学。价值判断影响着研究课题、理论观念以及需要考虑的变量的选择。虽然为在研究中排除价值判断而设计了控制实验的科学方法，但是，这种方法在经济学中的可用性是有限的，经济学的实验室是人类社会，其中存在着数量数不胜数、相互关系复杂且常常无法定量的变量"（克拉克，2001 年，导言、第 3 页）。

为理论经济学和应用经济学。尽管应用经济学更容易涉及价值判断问题（在某些限定条件下是可以摆脱的），但在理论层面做到价值中立还是可能的，具体可参见胡明（2016）①。在此，让我们抛开规范问题的缠绕，来具体面对政治经济学的理论和应用问题。

前述部分曾讨论过瓦尔拉斯、维克塞尔都将实证经济学划分为抽象理论（基本原理）和具体理论（应用经济学）。罗宾斯注意到了瓦尔拉斯对纯粹经济学和应用经济学的区分（2008年，第336页），但他对这一划分做了更为细致和明确的阐述，"经济理论中的命题，正如所有科学理论中的命题一样，显然都推演自一系列公设。……高级分析中的复杂定律最终依赖的正是这种公设。正是由于存在着这种公设所假定的那些条件，经济科学中的主要命题才具有普遍的适用性"。当然要把这些理论命题应用于复杂的情况，就需要做大量的辅助性假设，由此得到推论的一致性，永远取决于其逻辑的一致性。能否用它们解释具体情况，决定于该具体情况是否存在那些辅助性的假设因素（罗宾斯，2000年，第67-68页）。对于应用经济学，罗宾斯认为，"只有那些牢牢把握分析原理，知道从实际研究工作中能正当期望得到什么东西和不能正当期望得到什么东西的人，才能卓有成效地进行这种工作。"这里的正当期望包括：①实际研究可以检验不同种类的理论能否应用于不同的具体情况；②实际研究可以向我们提示辅助性假设；③了解纯理论在哪些方面需要修改和扩充。同时实际研究可以使我们发现新问题（罗宾斯，2000年，第96-98页）②。

按照这种标准，新政治经济学到底归属于理论经济学还是应用经济学呢？如果新政治经济学"使用经济学的方法——自利的个体在约束下追求利益最大化和策略行为——来解释政治过程的起源与维持以及公共政策的制订与实施"（阿尔特和阿利西纳，2006年，第921页），那么它就体现了应用经济学的属性，即用经济学的核心假设或命题来解释制度的形成和政策的出台过程。

---

① 按照胡明（2016）对实证经济学的定义标准，政府干预可以成为科学研究的对象，因为如何制定政策以及政策如何影响经济等是事实问题，并非完全是规范问题。但按照实证经济学的标准，讨论政策问题的部分内容属于事实问题，不仅政策的理论基础如此，而且具体的应用研究也是如此。也就是说，实证分析不仅包括理论分析，也包括应用的经验归纳或检验。

② 当然，罗宾斯更强调基本理论的重要性，他认为，"理论，也只有理论能够提供问题的答案"（罗宾斯，2000年，第99页）。

另外 Laffont 和 Tirole（1993）、Dixit（1996、1999）、Grossman 和 Helpman（1996）等研究是在实证而不是规范的意义上使用"政治经济学"一词的。这种研究只不过是强调个人主义的新古典经济学在政治领域的应用，即使用经济学的方法分析政治的决策过程，特别是利益集团游说或寻租活动和博弈过程，所以也属于应用经济学。

需要指出的是，罗宾斯对一些应用性的课题，诸如垄断、保护政策、计划和政府财政政策，也使用"政治经济学"名称进行了评论。对于这种使用的适当性，就产生了不同的看法。其实罗宾斯的观点并没有变化，他一直将政治经济学视作应用的规范经济学。这一点更清晰地体现在他在 20 世纪 70 年代出版的《过去和现在的政治经济学——对经济政策中主要理论的考察》一书中。该书可以说完全是一本他对相关政策领域看法的集成，完全是应用性的。由此我们可以再次领悟一下为什么罗宾斯要将应用经济学称为是政治经济学，其重要原因在于，古典经济学为了有效地探讨政策问题，常常进行跨学科分析，在现实的应用上，经济、政治和法律等社会学科是密不可分的。"在大部分古典作家的眼中，特别是斯密、穆勒和马克思，政治经济学被视为是一门统一的社会科学，而非仅仅是经济科学"。他们常常在经济和非经济学科间自由穿越，详细内容参见 Milonakis 和 Fine（2009：2）。

如果上述观点成立，那么我们要问，有没有纯理论的政治经济学？基于本书第三章的分析，笔者认为没有[1]。古典或新古典能提供的是政府不干预的理论基础，而一旦涉及例外选择，古典体系是无力辩解的。更别说为当前的宏观经济政策辩护了[2]。

考虑到斯密主张的政治或立法科学，门格尔承认的财政政策科学，那么这就是个突出的问题。考虑到现实中政府干预的事实，从逻辑上讲，存在纯理论的政治经济学！可是，如何建构纯理论的政治经济学呢？笔者认为，要建构它，前提是我们必须要搞清楚什么才是政治经济学。

---

[1] 古典的社会经济学研究虽具有逻辑一致性（都是从个人理性最大化的假设出发进行推理），但不过是一种同义反复，自然也就无法为现实中的干预政策辩护。总体上，这类研究是反政府干预的。

[2] 按照弗里德曼的标准，宏观经济学面临着一个悲惨的失败。经济学家未能准确地预测未来的经济状况。在现实中，不同的经济学家不断地提供着各种相互矛盾的预测（克拉克，2001 年，第 432 页）。

结 论

总之，虽然从罗宾斯的政治经济学定位看，重商主义和古典学派使用这一术语是恰当的（因为他们都涉及政策问题），但却产生了政策研究领域的混乱。实际上，斯密对他构建的"自然的自由体系"使用"政治经济学"一词是谨慎的，至少他并没有将政治经济学作为书名（原因将在后续部分分析）。另外，尽管穆勒认同萨伊将研究社会财富的经济学称为政治经济学，但他又将之称为社会经济学，也在一定程度上说明他对使用政治经济学术语的困惑。然而，困惑中穆勒继续使用政治经济学的书名，失去了澄清政治经济学术语的机会，不仅导致政治经济学后来被抛弃，也引发了抛弃后该领域的上述混乱，并延续至今。

当然古典学者们几乎没有人主张，完全放弃国家干预，这可能是他们继续使用政治经济学的核心理由。当然，当时的人们普遍使用这一术语可能是他们没有放弃政治经济学的原因，就如同新古典学者批判了政治经济学的术语，但也没有直接用经济学替代它，而是40年以后才逐步替换。然而，抛弃政治不仅造成了经济学理论体系的缺陷，也无法为现实中的经济政策提供辩护。基于此，我们需要重新回到起点，从源头梳理政治经济学。

第五章　厘清政治经济学的原意

面对古典的困惑，只有回到政治经济学的起点和源头，考察其原意并比较其与古典理论的不同，才能进一步厘清政治经济学，并对罗宾斯（1997年，第6页）的"政治经济学不是科学的经济学"做出判断。为了更好地回答上述问题，我们必须首先分析政治经济学的原意及其本质。

第一节　政治经济学概念的词源探究

如前所述，"政治经济学"一词源于古希腊的政治与经济两个词的组合。"eco"的意思是"家务"，"nom"的意思是"规则"，"Oikonomike"或"Economics"的传统含义是"家政管理"（格罗奈维根，1996年，第968页）。通常学界公认的是色诺芬是第一个使用"经济"一词的。在《经济论》（*Oikonomikos*）中，意指家政管理（也可引申为地产）。主要对象是家庭或城邦，关注的核心是组织的效率。就其管理方式而言，在其内部，重要的不是市场和贸易，而是集中的垂直管理（色诺芬，1961年，第15-20页）。尽管色诺芬的管理主要针对的是农业财产，但其所构想的"管理的艺术"概念远超越了农业财产，一直延伸到整个国家的资源配置问题上。在色诺芬看来，地方官吏负责管理居民和劳动者，并向他们征收贡物，军队的指挥官统领军人和守备队。如果后者没有保卫国家的能力，地方的文职官员和农业管理者就会指责他，无力保护而导致土地不能耕种。如果指挥官能够保护农地的安宁，而文职官员则会因土地荒废和人口稀少而受到指挥官的指责。当权者要同时照管这两类事务（色诺芬，1961年，第15-20页）。所以，在色诺芬的眼中，行政当局才是有效配置资源和实现效率最大化的方式，而市场机制则不是（巴克豪斯，2007年，第8页）。

当然，色诺芬的论述侧重的是应用性研究。类似于色诺芬，柏拉图在其《理想国》也提出了类似的哲人政治家治理国家的纲要（1986年，第31页；第60-61页；第125页；第150页）。柏拉图的《理想国》创造的哲学家式的国王阶层，即"守卫者"，为了全社会的利益治理国家。他也"关注社会的有效组织，关注基于理性原则而组织起来的公平社会"。"尽管他也看到了贸易的作用，但市场在他的理想国的作用极其有限"（巴克豪斯，2007年，第10页）。

然而，对于色诺芬和柏拉图将家政管理扩大至城邦，遭到了亚里士多德的批判。亚里士多德在其《政治学》中批判了柏拉图和色诺芬的"城邦中的政治家和君王、家长或奴隶主是一样的"的观点（2011年，第1页）以及"管理奴隶是一门学问，而且家务、政务以及主人治理奴隶、与政治家和君主对人民所进行的统治完全相同"的观点（2011年，第6页）。在亚里士多德的眼中，城邦是一种社会团体，同家庭明显不同，即政治团体需要契约，而家庭无需契约；主人的权威与政治家的权威是不同的，政治家治理的是自由人；而主人管辖的是奴隶。另外，亚里士多德还将家庭和城邦财富分开研究，尽管两者具有相同之处。"政治家和家主应该各自熟悉所获得财产的这种自然技术，而我们由此也可以认识到这种技术，如家庭对于狩猎，邦国对于战争，存在于现今的原因"。但他又认为，"凡是讨论致富问题，致富问题就不限于家庭"（2011年，第15页及注释4）。亚里士多德又进一步追问，"获得财富的技术是否属于政治家（城邦管理者）和家主（家务管理者）的范围，或者这种技术超出了他们的本职，他们的本职就只是运用财产（财产的如何取得则不需要由他们来操心）。"在亚里士多德看来，关于上述财富问题的回答，应该一分为二。"从一个意义上说，获得财富也是家主的职责；但从另一意义上说，这就不是他的本分，而是家务管理技术中的一部分"（2011年，第19页）。当然在此部分论述中，亚里士多德是将家主和政治家放在一起讨论的。但在结尾部分"却从家务管理扩展到邦国"（2011年，第19页注释1）。另外，亚里士多德也常将城邦管理类比喻家庭管理，也就是说，"经济"尽管它的字面意思仅指家庭管理，但它既被亚里士多德用在政治方面（Political），也被用在家庭方面（Domestic）。例如他经常"以国喻家"（2011年，第286页），也主张，政治家不仅应重视生产（供应）技术，也该懂得赚钱技术（2011年，第326页），政治家重理财（2011年，第342页）。除《政治学》外，亚里士多德在经济领域的贡献还体现在《尼各马可伦理学》的卷五中,在此他分析了公正的概念(巴克豪斯,2007年,第12页)。总体来看,亚里士多德"并不认为市场和营利活动可以为管制社会提供某种机制。秩序的产生并非来自个体追逐各自目标的行为,而是通过有效地治理"(巴克豪斯,2007年,第16-17页)。

另外,也有人认为亚里士多德著作的《经济学》也讨论了家庭经济学。亚里士多德的《经济学》(1935年,第341页)谈到,"确实没有人会像经营自己的财产那样经营别人的财产;因此,每个人都应当尽可能地亲自管理自己的事务"(转引自容卡格利亚,2009年,第21-22页)。因此,阿尼金(2007年,第4页)认为,亚里士多德采用了"经济"一词,和色诺芬的含义相同。因为亚里士多德最早分析了当时社会的主要经济现象和规律性,因而他被阿尼金视为是经济科学历史上的第一位经济学家。实际上亚里士多德的经济学观点的确影响了后来经济学的发展。例如他提出了两种不同的货币理论(亚里士多德,2011年,第16-17页),并对后来的相关理论产生了影响。他对使用价值和交换价值所做的区分,被深化并被发展成了一种虽然不完全的但却是真正主观的交换价值或价格理论,也就是说被发展成了一种效用理论(熊彼特,1991年,第152-154页)。他的财富观影响了穆勒所拟定的财富两条件,即可储藏性和要有交换价值(亚里士多德,2011年,第18页注释3)。

当然,如何看待亚里士多德的经济学是个有争议的话题。首先,他是否写作了《经济学》著作存在争议,门格尔(2007年,第19页)认为是伪造的。其次,亚里士多德派使用的经济学术语是Chrematistics,即所有物或财富,主要指商业活动的金钱方面(熊彼特,1991年,第87页),可它为什么没有被后人接受呢?杰文斯在选择将经济学命名我们的这门学科时,为何不使用Chrematistics呢?导言部分曾提到萨伊低评了古希腊先哲的经济学贡献。实际上,熊彼特也认为,希腊人初步的经济分析在西方人的遗产中是"微小的",但"他们的经济学实际上也是以后所有进一步工作的本源"[①]。因此这一话题需要进一步研究。

"柏拉图的学问可称为综合性的;亚里士多德的学问则可称为分科性的"

[①] 原因在于,"他们的经济学未能取得独立的地位,甚至没有与其他学科相区别的标签……他们把经济推理与他们有关国家与社会的一般哲学思想揉在一起,很少为经济课题本身而研究经济课题。这也许正说明了,与他们在其他学科内的灿烂成果相比,为什么他们在经济学领域内的成就如此微小。对这种成就给予较高评价的古典派学者和经济学家们,实际想到的是一般的哲学,而不是严格意义上的经济学"(熊彼特,1991年,第87页)。

（郭斌和、张竹明，译者引言，iv，载于柏拉图，1986 年）。那么，是否可以说，亚里士多德最早对经济学和政治学进行了区分呢？在此，笔者无法下断语，还需进一步研究。不过，可以确定的是，早期的学者没人将这两个词合起来使用（门格尔，2007 年，第 19 页）。在后来的拉丁语中，"Oeconomia"同样意味着家庭事务管理，只不过其含义扩展为一般性管理。法语中的"Oeconomie"或"Économie"接受了拉丁语扩展了的管理含义，并加进了政治性的限定词，用来表示公共行政和国家事务的管理（格罗奈维根，1996 年，第 968 页）。在笔者看来，这种政治经济学的定位无疑是对古希腊经典对国家管理经济观点的细化和补强，即尽管亚里士多德反对色诺芬和柏拉图直接将家庭管理应用到城邦管理，但亚里士多德讨论城邦管理的政治学也并未排斥家庭管理经济学的一些做法。而孟克列钦则是将两者结合了起来而首先使用了"政治经济学"一词。

第二节　政治经济学的语义分析

然而问题是，孟克列钦为什么要将政治和经济组合成一个词呢？从词源学上看，将两个不同的词结合起来涉及的问题是，①两个词有交集①；②必有一个是限定词，此处是政治的。这里的"政治"到底是什么呢？古希腊有句谚语：政治止于城邦。在古希腊，Polis、City、City - state 意指波里、城市、城邦。波里在荷马史诗中指城垒或卫城。古希腊时代的后期"波里"是涵盖卫城、乡郊、市区的统称，"综合土地、人民及其政治生活而含有了'邦'或'国'的意义"（亚里士多德，2011 年，第 71 页译者注释 1）②。"对希腊人来说，城邦是文明生活存在的唯一可能的形式。因此，……希腊哲学家实质上是

---

①　古希腊的经济 Oikonomia，本来就是部分处理家庭管理问题……部分处理公共经济或国家财政问题……它是关于家庭和城邦能合理运用各种利用的手段来追求更好的生活方式（Theocarakis，2006：10 quoted in Aspromourgos，2009：17-18 尾注 8）。

②　拉丁语的 Status 和 Civitas 等词作为政治术语时，"意为近代邻国，同'波里'渊源不同。汉语在《五经》和《说文》中把'国'解释为'郊内的都邑'，'邦'为'封境'，同'波里'的字源和文义相近似；但'波里'的内容又同中国先秦和秦汉以后的'邦''国'都不相同。近世把 City-State（城邦）译为'波里'较旧译 State 为'邦''国'更合适。"由以上示例"大致看出西方近代语言和汉语言同希腊语言脉络不同，没有同一系列、音义相符合的政治名词来——对译原文"（亚里士多德，2011 年，第 71 页译者注释 1）。

政治哲学家；他是从城邦的角度来观察宇宙的，他认为反映在城邦中的就是宇宙（其中包括全部思想世界和其他一切与人类有关的事物）"（熊彼特，1991年，第88页）。色诺芬和亚里士多德关注的是城邦或者城市国家的治理，而不是市场（巴克豪斯，2007年，第28页）。行政当局，而非市场机制，才是有效配置资源和实现效率最大化的方式。参见巴克豪斯（2007年，第8页），Lowry（1987年a，第12页）和容卡格利亚（2009年，第21页）。

从上述演变的分析看，政治经济学对政治学和经济学的混合使用，从色诺芬和柏拉图开始就已显现端倪。孟克列钦将两个词联系起来，不过是想限制其范围，即指国家经济的管理。尽管亚里士多德批判了这种扩展，但他也在《政治学》中指出了国家作为一个政治体也具有经济属性或经济管理职能。从当时的时代背景来看，16世纪中后期，随着西欧的政教分离和第一波的民族独立运动，英、法等国较早地成为主权独立的国家。当时，自亚里士多德以来最伟大的政治学家让·博丹首次提出了国家主权的概念。这种国家主权说和后来的威斯特伐利亚体系的建立是现代国家体系最核心的标志，也推动了现代国家体系的形成。"到1700年，西欧国家已经发展形成了它自己独特的政治模式，这种模式决定了今天普遍实行的国家结构。……国家已经成为生活的必需。……政策也许会被攻击，政府也许会被推翻，但政治动荡再也无法消灭国家的概念"（斯特雷耶，2011年，第59页）。因此这里的政治针对的是现代主权国家。

随着现代国家的建立，建设国家需要发展经济增加财富。经院学者和自然法哲学家忽略了民族国家，就遭到孟克列钦的批评。他批评先人是因为他们避免将经济同国家和国王的责任联系起来的方式（Magnusson，1994：179）。在这种背景下，孟克列钦继承了博丹关于家庭是国家之基础的论证以支持其观点。他对亚里士多德的政治独立于（并高于）社会生活（包括经济活动在内的）所有其他方面的论点提出质疑（布里德尔，1996年，第584页；容卡格利亚，2009年，第16页注释1），也看到了家庭管理和城邦管理的差别，所以孟克列钦将家政管理之前加上了"政治"限定词。他将政治经济学区别于亚里士多德的政治学，从而确保了政治经济学的学科独立（Magnusson，1994：178）。如果政治学被理解为政府的科学和/或艺术，而经济学被理解为是资源管理的艺术和/或科学，那么政治经济学就是作为管理国家物质资源的艺术或科学出现的（Aspromourgos，2009：18-19）。

孟克列钦以政治经济学的名义说服君主变成一个经济学家，使他认识到好的政府核心内容是对经济做出好的管理，而好的经济管理正是国家力量和国家荣誉的基础（基奥恩，2012年，第281页）。这样，孟克列钦第一次强调了国家和经济之间的密切关系，因而可以说他最早把一国经济看作是政府管理的对象，目的是振兴国家的和民族的经济，至此政治经济学就被看作是关于国家经济、民族经济（通常由专制君王控制）的经济科学（阿尼金，2007年，第12-14页）。后来，卢梭也追随亚里士多德，他的政治经济学也"首要关注的是一个合法的政治秩序的运作，尤其行政方面的运作——所谓'经济'指的是行政治理，也就是《社会契约论》中所说的与'主权'相对的'政府'"（卢梭，2013年，英译按，第138页）。魁奈在其《租地农场主论》和《谷物论》的著作中均使用了政治经济学术语，特别是在后者中，明显体现出了政府管理经济之意（魁奈，1979年）。

如前所述，这一术语又传到英国和意大利，其含义都带有国家管理之意。孟克列钦的政治经济学含义直至斯密以后才发生了变化（阿尼金，2007年，第14页）。另外，这种含义也可在后来欧洲大陆其他国家的用词也能看出来。尽管德国同时期的官房学（Cameralism，即Haushaltungskunst），即管理国家（National Household）的艺术，在称谓上不同于英法，但其在19世纪演化出的国家经济学，却和政治经济学完全一致（熊彼特，1991）①。同样荷兰的国民经济学也含有国家的家政管理（State Housekeeping）的意思，但其名称也没有Economics这个词。在荷兰，甚至"二战"结束以后很长的时间里，人们依然谈论的是国家管理（State Housekeeping）而不是经济学（Maas，2014：30-31）。

第三节　政治经济学的语境分析

既然政治的语义指的是现代国家，那么为了解现代国家，就必须首先搞清

---

①　官房学特性的公共管理表达了它同古希腊地产管理概念的联系。Haushalt 的概念通常在这类文献中被使用是为了将政治社会视为是一个扩大了的家庭，在其中 Ruler（Hausvater）负责，"如果不是一个有经验的好的精明的经济人或家主，如何成为一名好的官房首脑"（Aspromourgos，2009：27）。

楚现代国家的兴起，也就是第一波民族国家的出现。随着西班牙、葡萄牙、法国、英格兰等民族国家的相继出现，西欧国家逐步发展形成了今天普遍实行的国家结构（威斯特伐利亚体系）。"国家已经成为生活的必需。……政策也许会被攻击，政府也许会被推翻，但政治动荡再也无法消灭国家的概念。"国家是为了人们的福祉而存在的理论被广泛接受，一个国家有权首先保证它的生存（斯特雷耶，2011年，第58-59页）。加之宗教改革、地理大发现导致的利率下降和货币购买力的下降等因素，导致了罗宾斯（2008年，第54页）所说的"新的行政管理问题"。也就是说，在早期欧洲形成了一种新类型的国家，即熊彼特命名为的"税收国家"（Magnusson，2009：33）。早期，国王作为封建领主"按其所拥有的财富生活。他拥有大量的财产，拥有大量的农奴和奴隶，在其家庭管理中，税收所起的作用相对来说是次要的。但是，由于民族性的形成，由于国王最高权力在这个国家的形成，税收变得较为重要了。而且，如何使国家获得大量的收入，成了部分雄心勃勃的文官所关心的紧迫的目标"（罗宾斯，2008年，第54页）。

这样从权力当局的视角研究财富的顾问行政官著作就开始出现。在熊彼特（1991年，第220页）的眼里，顾问行政官和小册子作者"都讨论与经济政策有直接关系的实际问题，而这些问题又是新兴民族国家所面临的问题"。这类行政顾问官或小册子作者从15世纪起，先从意大利，再到欧洲各国，普遍关注的是，应该如何管理政府和经济，也就是探讨的是经济管理和政策问题（1991年，第249-250页）。其写作的出发点无疑是明显的国家名义或理由。博丹和博特罗的两部著作是这种经济学的代表。这两部著作都是"政治科学"著作，是仿照亚里士多德的《政治学》一书写出来的，因而是马基雅弗利和孟德斯鸠之间的重要桥梁。他们的经济学和卡拉法的经济学没有什么两样，是有关公共政策和行政管理的经济学，其地位与政治学的其他分支是平等的（熊彼特，1991年，第250-251页）。就像赫克歇尔和许多其他学者所指出的那样，在16世纪和17世纪，建立"国家"经济战略非常流行，一些国家比其他国家更成功（Magnusson，2009：30）。孟克列钦的《献给国王和王太后的政治经济学》就是为了让法国在经济上追赶英国和荷兰。政治经济学研究的是初生的民族国家的国家建设（State-building）（Heckscher，1935）。

第四节 政治经济学的逻辑与政策主张

按照门格尔（2007年，第19-20页）的观点，孟克列钦的著作是有关国民经济的理论—实用科学的总和（包括理论经济学、经济政策和财政科学），或"学科统合所形成之整体"，基本上属于实用经济学。在笔者看来，孟克列钦时代，这种做法非常正常，毕竟是经济学发展的早期阶段。

尽管在17世纪格劳修斯、普芬多夫等在经院哲学的基础上提出了自然法哲学，但总体上，17世纪的大部分时间内法国的政治经济学文献主要涉及的是民族主义精神①、国家财政、货币问题和农业改进及税收等。政治经济学的本质就是建设民族国家。孟克列钦的政治经济学的目的是用有关为增强国家荣耀应如何统治的知识启蒙国王（Magnusson，1994：178）。他把收集财富作为保持以国王为中心而组织起来的稳定的法国社会秩序的工具，第一次提出了一些后来成为标准的重商主义思想的重要原理（布里德尔，1996年，第584页）。

孟克列钦的目标是在一个超越亚里士多德将经济学定义家庭管理的系统整体中整合那些不同的线条。他首先强调了法国可以而且必须达到自给自足，因为法国有丰富的农业和其他自然资源，她的人口众多且勤劳。他还特别强调建立制造业（主要涉及纺织业和金属工艺制造业）的重要性，这样法国就可以自我维持。为了制造业的繁荣，必须限制所有的外国进口，因为它对纺织业和金属工业都很重要（Magnusson，1994：184）。他还希望限制或至少制定对外国商人在法国的居住、工作和贸易的严厉限制。通过深度吸收博丹的观点，他强烈地鼓吹对进出口征收关税，并认为法国的原材料如小麦、葡萄酒、盐和羊毛等应该留在国内。他甚至强调外国购买法国物件少是好事，将更多地留给法国自己。为了流入金银，他认为对外出口特别重要。国家管制和经济政策的目标主要是根除经济发展中的障碍，特别是消除在法外国人和法国人的懒惰。这些经济政策不仅在拉菲马斯时代开始推行，而且在柯尔贝尔时代依然存在。总之，这种政策的核心是自给自足，对外贸易不被视为是提供经济增长和增加繁

---

① 尽管民族这个词源于法国大革命的现代概念（而非源自德国），但民族主义却并非如此。

荣的东西。专制国家（Dirigiste State）被认为是经济发展的先决条件（Magnusson, 1994: 185），而经济繁荣又是国家强大的前提条件，使其能同世界其他国家成功地竞争（包括军事）（Magnusson, 2009: 26）。

对于如何管理好国家，孟克列钦的政策主张主要包括以下几方面：

就其规范判断而言，孟克列钦强调公共效用与私人效用之间的和谐一致，同时还强调，为了确保这种和谐一致，人们必须意识到政治介入的必要性。另外，国家理由的理论家倾向于强调个体效用的牺牲以满足公共利益的要求（基奥恩，2012 年，第 272 页）。也就是说，与这一道德研究传统的许多后继者不同，他不相信一般的普通人可以在一种错综复杂的社会风习中独立地引导自身对利益的追求。相反，他倒是相信一种开明的（Enlightened）绝对主义政治（基奥恩，2012 年，第 280 页）。

自从中世纪以来，公共效用与私人效用的概念已经很常见，可以轻易地讨论两者孰轻孰重的问题。"但无论如何，当公共效用与私人效用发生直接冲突时，无论这种公共效用是指最大多数个体的利益，还是某种比个体之间的加总更大的整体性的善，公共效用都优先于私人效用，这在 17 世纪之前已经被人们广为接受"（基奥恩，2012 年，第 271 页）。这和亚里士多德的观点没有什么不同。

从道德哲学的角度看，孟克列钦比旧的"顾问行政官"更强烈地将经济同国家和国王的责任联系起来（Magnusson, 1994: 179）。他眼中的国家管理者充满了与绝对主义者特别相近的图景。他曾谈到，要将整个的艺术与科学联结到一个单一而秩序良好的锁链中，而这个锁链由至高无上的治理者所掌控，就像天地的黄金锁链由朱庇特所掌控一样。他曾恳求法国国王要按这样一种神性来形塑自身的行为，"从最小的东西到最壮观的事物，他都给予其存在并维持其存在"。除了模仿上帝和明智的自然，他还力劝国王去模仿太阳，在最为光辉和最为荣耀的人世中，去做那种"每个人都能参与其中"的事情，如同我们今天所说的那样，即提供那种最终的集体之善，即阳光。他希望，国王们要以无与伦比的愉悦去做那些对整个世界都有益的光辉之事（基奥恩，2012 年，第 281 页）。

其实这种理想主义的图式，不仅在柏拉图和亚里士多德的著作中有所体现，而且也反映了他那个时代对政治家的期望。例如柏拉图（1986 年，第 31 页）看来，"一个真正的治国者追求的不是他自己的利益，而是老百姓的利益。"在亚里士多德的眼中,"凡考虑全邦人民的共同利益并使人民过上优质生活的政体被称为正宗政体;反之,仅为统治阶级的利益服务的政体被列为变态政体"(2011年,第288页)。"城邦和个人相同,应各修四德(智、勇、礼、义),便可得到真正的快乐。……就城邦而言,要么崇尚武功,向国外施加威权;要么关注内政,专修文治"(2011年,第295页)。

在现代国家的发展中,国家理性(Ragion di Stato)既可用来表示"一种特定的行动模式,以及一种特定的对一个新的整体之利益进行正当化的方式",又可"仅限于政治领域的理性化,尤其是它与绝对主义君主制政治有着一致之处"(基奥恩,2012年,第283页)①。从17世纪早期到18世纪中期的法国的国家理由"关注的是利益——包括公共利益、国家利益、君主的利益以及君主之王室的利益"。"国家利益是客观的事实,它们可以被辨别出来,也可能受到误解;不能将它们简化为相关当事人自身怀有或表达的态度和信念。可以说,这些当事人的位置类似于复杂游戏中的参与者,他们的力量和弱点可以被一位知识广博的观察者所分析和把握,但这些游戏者自身却有可能错误地理解其力量和弱点"(基奥恩,2012年,第288-289页)。例如在法国的黎塞留时代,不仅接受公共利益应当优先于个体利益的观点,而且认为,"在有关利益的讨论中,不应该在这些不同类型的利益之间相互权衡,而是应该将公共利益仅仅与同种类型的公共利益、未来的公共利益与很快就会消失的当下公共利益相互比较"(基奥恩,2012年,第296页)②。

相反,对于个人来说,"在现代世界,最可怕的命运莫过于失去国家。"一个人"如果他没有国家,他什么也不是。他没有权利,缺乏安全保障,几乎没有机会去得到有意义的职业。在国家组织之外,不存在所谓的救星"(斯特雷耶,2011年,第1页)。

就具体的管理方式而言,孟克列钦遵循了古希腊的强调组织效率的传统和

---

① 当然也有人认为,国家理性或理由不是一个可以导向系统分析的概念,因此能否建构出这样一种理论也是有很大疑问的(基奥恩,2012年,第283页)。

② 需要注意的是,这里的公共利益是一种实在论。尽管它和整体论相联系,但也是造成实在论和整体论相互混淆的原因。相关分析见后续部分。其实诞生于16世纪利益概念本身就是一个审慎的"实在论"概念,创造它,"是为了将君主的注意力拉向现实目标和实际动机,而不是把注意力放在那些由道德哲学家所归之于君主们的目标上"。"君主的利益"与"国家的利益"几乎是同义词,包括地区防卫与扩展、军事力量、社会稳定、皇室的显赫、王朝的正常延续与普遍繁荣(基奥恩,2012年,第269页)。

亚里士多德对政治学的定位。就组织方式来说，柏拉图和亚里士多德的著作体现了明显的不同①。而孟克列钦的出发点，类似于亚里士多德的观点，即政治就是为了公共利益，城邦为了公共利益，城邦先于家庭和个人。

一方面，为了整体利益，权力当局要善加利用个体的自利倾向。孟克列钦不仅承认利己动机的重要性，同时也强调利润的作用。孟克列钦清晰地讲述了后来成为自由放任经济学基石的东西。"每一个人在根本上都是由其个体利益而不是由自然所推动的"（基奥恩，2012年，第279页）。在孟克列钦的眼中，人们在根本上被其对私利的欲求所推动；他们在社会中的活动都是以自我利益为中心目标的，而明智的自然通过习俗发挥自身的作用，将所有这些分散的个人纷争联结为一种整体的善。"家户中的劳动和市场中的工作是公共繁荣的源泉，国家的江河是由所有私人事务的细流汇聚而成的。"在他看来，"法国农民贫穷与悲惨的原因不在于他们的本性或气候，而在于这样一个事实，即他们不与其拥有的苦力工分享收益，而这些收益却都被税和费抽走了。"既然法国农民很少拥有自己的土地，只能为别人而工作，所以也就无所用心，不想要把事情做好。而法国商人呢，"他们承担风险、历经不便的意愿直接源自他们对占有的追求和对收益的欲望，而这种意愿是经济领域如此众多的繁荣所仰赖的基础，因此他们的追求和欲望应当为政府所鼓励而不是被当成堕落和卑贱之物。"当然，他也认为，商人的行为并不是出自"对公共之事的喜爱"，而是源自"他们自身对利益的追逐"，而且，"金钱的光亮"往往会"遮蔽他们的双眼，使他们远离平等和公正，但就政治而言，我们不应当因为这个原因而把他们赶出我们的共和国，也不应当将他们看成低贱之人，而应当同样看成公民"。也就是说，他并没有将农民、商人等当成国家的负担，而是将其当作灵巧的手。只不过这些灵巧之手需要统治者善加利用，以便增加整体的福利②。详细内容参见基奥恩（2012年，第279-282页）③。

这种观点很接近同时代产生的自然法哲学的思想。在基奥恩看来，正是

---

① 对于柏拉图在《理想国》中主张的"取消家庭和私有财产，妻子和一切财物完全归公"的观点，亚里士多德认为，"与财产的所有和应用都收归公有相比，财产私有和共同应用更合宜；财产私有可以使其得到比较认真的管理，而互济物资可培养人们博施的善心。人与人之间的财务纠纷，根源在人类的恶性；财产公有既不能消除人类恶性，也不能统一群众意志，只能凭教育消除人类恶性，城邦才能统一"（2011年，第287页）。

② 这种观点和后面需要讨论的斯图亚特爵士等人的观点没多少区别。

③ 不仅如此，他也预见了亚当·斯密对劳动分工的推崇（基奥恩，2012年，第281页及注释）。

17世纪的重商主义"逐步催生了那种与其明显相反的放任主义思想。就像绝大多数的这种情形一样,这种'相反'的教义与其母源体系之间的相同之处都比初看上去的更多"。重商主义理论家认为,在"君主与其臣民之间存在着利益上的一致性",一种根本性的经济意图上的和谐一致。他们认为,个体财富的繁荣是君主财富的基础,而且,更一般地讲,在由税收得来的狭义的货币意义上,个体财富的繁荣是一种有助于君主权力与声望的社会财富(基奥恩,2012年,第273-274页)。

另一方面,他也不忘强调国家引导与干预。尽管孟克列钦所描述的、不完美的世界中,每个人都"紧盯着其个体利益,而从不考虑公共效用",但他给出的政策建议"并不是劝诫他们向往公共精神,或者尽力恢复失落的公民德行。与此相反,他的主张是承认这个世界的现实,接受他们的实际状况,而后用野心和贪婪来推动他们,用精巧的政治经济学确保他们为公共之善做出贡献,无论他们愿意与否。对统治者而言,这样一种管理所要求的是灵活性和柔韧性,而不是与严厉的德行法典保持僵硬的一致。……为了治疗人类的疾病,需要那种特殊而秘传的技艺"。而"国家理由并非总是一成不变,它不多不少恰恰就是这种药。"详细内容参见基奥恩(2012年,第283页)。

在这一点上,孟克列钦与自由放任主义理论家不同,他相信,"明智的自然"需要人类权威的协助以便将利益的追逐导向公共效用。这样的协助应当来自一个强有力的政府,它会按照与自然本身相同的原则,承认"荣誉的诱惑与利益的吸引"在人类生活中的中心地位,确保这些动机获得激励,充分发挥其能力,以及适当的奖赏。另外,孟克列钦将人类知性描绘成"白板",而人们可以轻易地将那些对社会有益的动机和目标铭刻其上,就像铭刻懒惰之类的品性一样容易。就像那些发展出一种系统的效用主义哲学的后继者一样,孟克列钦将"功用和快乐"看作"人类行为立足其上的两大基点"[①]。一个能够熟练运用这些哲学洞见的政府将会发现治理可以事半功倍。内容详见基奥恩(2012年,第279页)。"公共之善与私人之善是相互关联的,同时,明智的政策必定会培育和滋养这样一种自然联系。"孟克列钦说,"就像物理性的身体

---

① 这种观点非常接近古典学派的功利主义思想。当然,是否如此还需进一步讨论。例如 Magnusson(1994:178)就认为,孟克列钦像博丹一样,对利息、价格等的学术讨论没多少兴趣。相反他强调国家和经济绩效之间的关系。他相信人主要受追求私人利益的欲望所支配,但并不相信任何自然的力量,会预见追求自利可导致公共之善。一个强有力的国家必须调控这种自利行为(Magnusson, 1994:178)。

一样，政治共同体同样是从参与其中的各部分之间的相互作用中获取能量的。""一个国家可以实施的最为宏伟的政策就是确保所有的组成部分都发挥其生产能力。"因此，"相信一种自然的和谐一致与相信那种人类用来确保此种和谐的技艺之间并不矛盾"。他这样描述，"经过工业与人类判断的过滤和抛光，个体的自然能力将使得他们彼此和谐一致，并有利于支持和维护一种普遍的共同体，而他们都是这一共同体充满活力的成员。"不过，与这一道德研究传统的许多后继者不同，孟克列钦对启蒙了的自利或自爱并没有清晰的概念，他不相信一般的普通人可以在一种错综复杂的社会风习中独立地引导自身对利益的追求。相反，他倒是相信一种开明的绝对主义政治。在写作《论政治经济学》时，他的主要目的就是向君主及其大臣论证和表明，公共效用和私人利益是如此紧密地相互纠缠在一起，以至于如果他们想要获取前者，他们就必须细致认真地考虑后者的根源。具体内容参见基奥恩（2012年，第280页）。

因此，政府的主要关注应当是确保每个个体去做他最有天分的事情，每个个体都拥有创造性地做事的自由，同时确保适当的奖赏。孟克列钦将人看作政策运作的复杂工具，其应当受到一种由信息灵通的政府提供的法律和政策所组成的普遍性框架的管理。他所想的并不是限制法国人而是给他们自由，让他们摆脱懒惰，刺激他们去积极地活动。不过，他并没有在经济领域提议一种对所有个体都进行详细监视的政策，而只是提出了一些用来激励生产力的政策，即严格监管对外贸易，要求所有体格良好的人必须工作，对卓越的努力进行奖赏，扫除国内贸易的障碍。当这些措施都被细致实施的时候，野心与贪婪就会发挥到极致（基奥恩，2012年，第281页）①。

孟克列钦建议其主权者看看法国主要的商业对手英国和荷兰，作为例证，可以发现一个全心致力于激励生产力的政府所能做的是什么。在这两个国家的长期逗留唤醒了他对经济学的兴趣，而且他是第一个建议政府在政治经济方面向北、向西学习其邻国的法国人（基奥恩，2012年，第281页）。

在笔者看来，孟克列钦所呈现的逻辑是，如果权力当局按照他的主张行事，国家自然就会富裕。他希望揭示的是一国如何富强的主张，即为了政治稳

---

① 孟克列钦更多关于善加利用利己感的重要性的讨论，参见基奥恩（2012年，第282-283页）的讨论。这种观点和古典学者的差异大吗？Robbins（1978：190）也认为，国家制定的一系列法律法规来限定和引导个人的积极性。两者唯一的差异在于，是否相信法律规制下的私人行动能否自动达成公共之善。

定，促进国家整体的财富增长和经济繁荣，权力当局要重视劳动、工业、贸易，而且"政府必须帮助增加国家财富"（布里德尔，1996年，第584-586页）。这就是孟克列钦政治经济学的本质（Aspromourgos, 2009：19）。

第五节 政治经济学的特点

在笔者看来，总体上，孟克列钦的政治经济学的研究角度是整体论的，具有以下特点：

首先，从范围上区分个人和国家。在亚里士多德看来，尽管城邦源自个人和家庭，但却是社会进化的发展终点（2011年，第4页）。但就城邦本性而言，要先进于个人和家庭。"原因就在于个人是城邦的组成部分，任何脱离了城邦的个人都无法满足自给自足的生活，除非所有个人共同集合于城邦这个整体，大家方能满足这种需求"（2011年，第5页）。考虑到亚里士多德反对将家庭管理应用到城邦管理，在笔者看来，孟克列钦的国家管理就应该和家庭经济管理相对应。这种二分法不仅获得卢梭（2013年，第142页）、Steuart（1767：15-17）的认可，也被官房学接受（Magnusson，1994：187-188）。

其次，研究对象是物质财富的管理与国家整体的经济利益。亚里士多德（2011年，第70页注释2，第95页，第288页，第352页）认为，政治就是为了公共利益，城邦为了公共利益。很明显这种设想非常接近孟克列钦的政治经济学。孟克列钦的确也是将亚里士多德的城邦管理中存在经济属性（财富管理）拿出来研究的。在重商主义时代，欧洲国家的政客或政府均将如何让国家更加富裕和人丁兴旺作为其国家建设和经济绩效关注的重点和争论的热点。

再次，在研究方法和论证体系上遵从自上而下的路径。亚里士多德应用的（分析）方法是"应该分析某一组合物有哪些非组合的单纯元素，即将它分析到无法继续分析下去的最小分子"。通常在研究顺序上，他总是从家庭到村坊，最后再详细讨论城邦（2011年，第2-4页）。但城邦先进于个人和家庭，个人无法脱离城邦（2011年，第5页），故而在讨论"最完善的城邦的理想"之前，他又对方法做了例外处理。"我们应该先研究整个城邦的治理，……就会注意到这样的研究程序的必要性"（2011年，第26页）。也就是说，亚里士多德既采取由下至上的方法，也采取了由上至下的方法。但就城邦的研究方法而言，亚里士多德采取了"城邦类似于个人"的观点（2011年，第295页、第326页、第344-346页），通过理性的权力当局管理国家经济。这里国家实际上被视为是法人，拥有着博丹所说的主权权力，这是后来的官房学派所说的公司制或法人制国家。因而亚里士多德也常被视为是个国家主义者。

重商主义的思想将君主制所保有的"绝对"权力设为自己的理论前提（基奥恩，2012年，第272页）。这种重商主义主张的是绝对主义与权力集中的重商主义国家。就孟克列钦而言，他强调国家权力当局和经济绩效之间的关系。他一方面相信人主要受追求个人利益的欲望所支配，但另一方面他并不相信任何自然的力量会让追求自利的动机导致公共的善。因此，需要一个强有力的国家来调控这种自利行为（Magnusson，1994：178）。

最后，通过理性的权力当局管理国家经济。孟克列钦的《论政治经济学》是"把搜集财富作为保持以国王为中心而组织起来的稳定的法国社会秩序的工具"（布里德尔，1996年，第586页）。财富对于社会稳定至关重要（容卡格利亚，2009），因为"财富在于劳动"，因此劳动"是政治稳定的支柱之一"，"权力当局应允许人们爱好和追求利润"，"政府必须帮助增加国家财富"（布里德尔，1996年，第584-586页）。

总之，初始的政治经济学从国家角度研究经济，国家权力当局是主角，最大化其经济利益，而个人是工具。理性化与强制化是法国绝对主义政体的组成部分，"而重商主义被认为是与这种理性化和强制化观念联系在一起的，甚至它本身就包含着理性化与强制化。……'国家建构'，也就是行政结构的强化与中心化，其不仅对有效的政治控制是必要的，而且对激励和统合贯通全境的经济活动也是如此"（基奥恩，2012年，第273页）。"在重商主义看来，政治经济学实际上是为政府管理一国经济的一门科学。由此可以看出政治经济学的政治最初并不是指城市或阶级斗争而说"（李宗正，1982年，第144页）。

第六节 对孟克列钦政治经济学的评价

对于孟克列钦的评价，非常两极。熊彼特（1991年，第255页）曾评价，

"此人似乎是第一个用政治经济学这一名称出书的人。不过，这是他唯一的功绩。该书是平庸之作，毫无创见。虽然该书提出的各项建议显示出作者具有粗浅的常识，但书中却充满了基本的推理错误，这表明该书所达到的分析水平远远低于而不是高于当时的水平"①。布里德尔（1996年，第584页）也说他"对经济学的贡献（如果说在独创性方面稍有不足的话），就是第一次提出了一些后来成为标准的重商主义思想的重要原理"。相反，Magnusson（1994：178-180，183-185）对孟克列钦成就的重要性给予了高度评价。孟克列钦努力将政治经济学学科普遍化，试图提出他认为的新的智识原理，由之可以掌控国家经济。他的建构（Construction），即使不是独创，也有重大影响。通过批判地考察亚里士多德、色诺芬、柏拉图和其他古代权威，并探讨了亚里士多德的经济概念如何同（现代的）政治学概念相结合，并使之独立。

后来的古典作家，蔑视这本书和它的作者，普遍认为"没有什么价值"，甚至是一堆"过誉的垃圾（Piece of Overrated Trash）"（Hutchison，1988：17）。但是在马格努松看来，"至少从历史的角度，这种评价是完全错误的。事实上，孟克列钦的政治经济学是一个意义最为深远的创新，它深深影响了法国一个多世纪的经济学争论。孟克列钦在其著作中展示的是一个极端的法国民族主义者，充满了对外国事物的攻击性的厌恶。当然孟克列钦的著作不是'一个按照十九世纪作家风格的关于经济理论的有条理的专题研究，而是一个对各种企业、商业和政府等广泛议题采取相当散漫的和离题的态度'。然而，对这个时代还能期待什么呢？而且，上面提到的解读确实错过了有意义的观点"（Magnusson，1994：184）。

但在笔者看来，应该给予孟克列钦客观的评价。尽管在后来欧洲大陆的文献中将政治经济学视为是国家或政策科学的一个子学科很平常，但孟克列钦最早能就此展开讨论确属不易。"为主权国家和人民提供或保持富裕的目标不仅被许多'重商主义者'（如斯图亚特）也被十八世纪中欧的官房学者所共享"（Magnusson，1994：3）。这本身就体现了政治经济学的历史意义。意大利人常常将柯尔贝尔称为重商主义的代表，而德国人的重商主义倾向孕育了国家科学和干预主义倾向，这些说法都可以在历史中找到依据。"这种出现在欧洲的国家模式成为了最公认的模式。没有一个欧洲国家模仿了非欧洲模式，但非欧洲

---

① 但熊彼特也同时提到了T. 芬克·布伦坦诺和P. 拉瓦利的对孟克列钦的高评。

国家为了生存要么模仿欧洲模式,要么经历了殖民地的过程,而这一过程也带有欧洲体系的许多特征。今天我们看到的任何现代国家,都是基于1100年到1600年在欧洲出现的模式"(斯特雷耶,2011年,第7页)。"绝大部分的人类成就,主要在于努力合作去达到共同目标,而国家提供了保障这种合作的方式。当然,国家不是达成这种合作的唯一途径,但到目前,国家仍然是最主要的方式"(斯特雷耶,2011年,第18页)。尽管孟克列钦的政治经济学在一个半世纪后被"系统地研究国家财富是如何生产、分配和交换的"斯密传统所替代(布里德尔,1996年,第586页),但他首次从国家角度探讨的政治经济学,即使到了今天,仍具有现实意义。从后续的具体影响来看,有三个方面值得关注和评价。

首先,如何看待受孟克列钦影响的柯尔贝尔体制。孟克列钦在17世纪初提出的经济政策特别是在柯尔贝尔时代依然存在。经过半个世纪的宗教和政治骚乱,1600年左右在亨利四世的支持下这个国家再次恢复了平静。长期的战争导致农业、贸易和制造业处境艰难。经过路易十四的财政大臣柯尔贝尔的恢复重建,带来了经济和政治力量的增长。从17世纪早期这种恢复工作主要是由一个专制的国家实施的。1661年柯尔贝尔掌权后这一政策变得更加广泛地扩展开来(Magnusson,1994:177-180)。在李斯特(1997年b,第66-67页)看来,柯尔贝尔"有勇气独立担负起一种任务,这种任务在英国是经过三个世纪不断努力、两次革命的代价,才得以顺利完成的。他向各国招聘优秀技师和工人,收买商业上的秘诀,并广泛搜罗精美的机械和工具。他实行了统一而有效的税则,使本国工业在国内获得了稳定市场。对于内地关税尽可能地撤废或加以限制,积极建设公路与运河,以改进国内运输。这些措施使农业获得了甚至比工业更大的利益,因为消费者的数目增加了一倍到两倍,生产者与消费者之间的接触很便利,而且运输的代价低廉。他又降低了对地产的直接税,减轻了以前征税时在手续上的那种严厉苛刻的程度,平衡了租税负担,最后还实行了降低利率的办法,这样就使农业方面获得了更大利益。他只是当谷物供应不足、价格高涨时,才禁止谷物出口。他对于国外贸易的推广与渔业的发展特别重视。他与地中海东部沿岸各国重新建立了商业关系,扩大了对殖民地的贸易,开辟了对北欧的贸易。他对于行政的一切部门采用了最严格的节约措施,并使之在工作上秩序井然"。

在容卡格利亚(2009年,第38页)看来,在重商主义(柯尔贝尔体制)

的框架中，政治权威对经济事务的干预的目的是刺激国民经济以便与他国竞争，这种做法是适宜的。柯尔贝尔采取了控制价格和生产技术的手段，清除了法国国内贸易的障碍，进行了以直接消费税为基础的财政改革，这项税收制度作为向社会不同阶级征税的工具，比以前通行的直接税制度（它在很大程度上免除了贵族、神职人员和国王宠臣的纳税义务）更为公平。但是在财政改革方面，由于它所涉及的利益集团势力过于强大，柯尔贝尔取得的成就几乎全部被废除（容卡格利亚，2009年，第38页及其注释73）。阿尼金（2007年，第60页）也认为，柯尔贝尔当政的最初二十年中，为发展工业做事很多。"然而，某些工业部门的发展却牺牲了被视为国家财源的农业经济。柯尔贝尔政策最主要的缺陷是，以不侵犯封建关系为基础，而这种关系已经阻碍了国家的经济和社会发展。如果不是为路易十四进行无休止的战争，不是为满足他穷奢极欲的挥霍而不惜任何代价地榨取金钱，柯尔贝尔的努力也许会取得巨大成就。"实际上，强有力中央政府的适度集权（尽管并不必然是专制的）是经济效率的必要前提。19世纪之前的欧洲市场扩张和经济崛起的主要动力是近代国家的形成。对国家权力的限制而非对国家权力的滥用阻碍了竞争性市场的兴起（爱泼斯坦，2011年，第3-11页）①。而16~17世纪的历史学家就已经倾向于将法国（某种程度上英国）视为是所有人的蓝图（Magnusson，2009：27）。另外，值得一提的是，斯密（2005年，第472页）也认为，"路易十四的著名大臣柯尔贝尔，为人正直，异常勤勉博学，对于公共账目的检查经验丰富，十分精明。简言之，他的各方面能力都适于有序管理公共收入的征收与支出。"尽管他对柯尔贝尔的重商主义体制进行了批判，但相较于他对之后的重农主义的批判，这种批判似乎更正面。更多关于柯尔贝尔体制的讨论还可参见熊彼特（1991年，第226页及注释）。

其次，如何看待英法经济学之间的巨大不同，即为什么法国没有产生贸易科学的问题。17世纪的法国几乎没有"一般性贸易"的研究文献（Magnusson，1994：179）。在法国政治经济学的文献中，贸易主要是从国家及其需要的角度被看待的。不存在真正尝试去提出关于如下问题的主要观点，即贸易和商业、

---

① 斯密完全不相信政府会无所不知和乐善好施（埃尔蒂斯，1996年，第535页）是错误的。诺斯和新制度经济学将国家视为是更容易进行寻租活动从而成为掠夺型的国家（使私人产权不安全）不是事实。关于新制度经济学的国家理论的评价，参见爱泼斯坦（2011年，第9页），还可参见 Rössner（2016：4）。

供求机制的主要功能、国际贸易如何让一国富裕、经济作为一个独立领域的观点等。尽管也有部分例外（Magnusson，1994：179）。Magnusson（1994：176）认为，在英格兰，从托马斯·孟开始，一般的批判直接指向了 Malynes 的伦理主义，导致了"贸易科学"的发展。17 世纪英国的多数经济学家相信商业经济是一个同"自然"法相伴随的可以相互交易的体系。为保证运作，这个体系伴随的是市场上供给和需求的力量，只能被有限地操控。而在法国，拉菲马斯的体系和政治经济学的兴起，预示了集中于国家和自给自足的经济研究（Magnusson，1994：179-180）。笔者认同 Magnusson 的上述观点，不过需要补充的是，法国没有建立贸易科学是否也与其政治经济学的定位有关？即延续了古希腊传统中的管制思想（包括色诺芬、柏拉图和亚里士多德）。当然这需要更进一步的讨论。

最后，如何看待重农学派的出现。需要注意的是，路易十四后期的法国的确出现了阿尼金所说的经济困境，法国开始强调农业，进而导致重农学派的出现。而正是重农主义者命名了重商主义，并被斯密所推广。斯密认为，柯尔贝尔的重商主义体制，试图以管理公共部门的模式来管理一个大国的工商业。他"更多地鼓励城市产业而不是农村产业，还为了支持城市产业而愿意压制农村产业"。最终使法国"大大低于在如此肥沃土壤和适宜气候下所自然发展的水平"。"柯尔贝尔先生对城市比农村更优惠的政策，似乎是其中原因之一"（斯密，2005 年，第 472 页）。但他又认为，"由于在柯尔贝尔先生的政策中，城市产业与农村产业相比的确被高估了，所以在重农学说中，城市产业似乎一定被低估了"（斯密，2005 年，第 473 页）。但是重农学派"所起的作用与其目标恰好相反，并间接不利于他们所要促进的那个产业。从这一点上看，他们的矛盾之处甚至可能比重商主义还大。重商主义相对于农业更鼓励制造业和外贸，从而使一部分社会资本离开更有利的产业去支持更不利的产业。不过它实际上最终鼓励了它所要促进的产业。相反，重农主义实际上最终不利于它所要扶持的产业"（斯密，2005 年，第 487 页）。很明显，就国家应该重视工商业还是农业的问题，斯密站在了重商主义一边。另外，从后续的历史发展来看，无论如何，和重农学派的发展农业相比，重商主义发展城市产业（制造业和贸易）要高明，其学说影响也更长久。重农学派仅存在了 20 年，昙花一现，详细内容参见熊彼特（1991 年，第 344-345 页及注释）。

当然，关于重商主义，还存在以下争议：

（1）重商主义是否存在。A. V. Judges（1939）批评赫克歇尔对重商主义的解读，认为"从来没有一个这样的信条，也没有一位传教士置身于这样的事业"，因而怀疑在17世纪和18世纪是否存在这样的学派。D. C. Coleman（1957）继承了这种观点，断然指责将重商主义形容为不是一项经济政策就是一套经济理论的有用性，认为重商主义是编年史中的一条"红鲱鱼"（Red-herring）（即障眼法），目的在于彰显一种经济思想的走向。称这个不存在的学派为误导，它的主要问题在于赋予根本不同的事件和观点一个错误的统一性。这种观点的赞同者主要是历史学家，而非经济学家，更没有被经济学界和经济史学界认可①。

然而，瑞典著名的经济史学家马格努松认为，这并不必然意味着17世纪和18世纪早期的重商主义作家撰写的经济著作没有一些共同的目标、观点和为了搞清楚经济领域复杂的现象共享一些概念（Magnusson，2004：75）②。即使历史学界也并非认可这种观点。威尔逊认为，被称为"重商主义"的原则体系的性质是不存在疑问的，他特别认为，被斯密称为重商主义的"两架巨型机械"（鼓励出口和限制进口）是真实存在的（威尔逊，2002年，第453页）。另外，当今的比较政治经济学中的发展型国家理论被认为是一种现代版的重商主义版本。上述种种均说明重商主义仍存在较大的学术争议。

（2）关于重商主义的内容。在马格努松的眼中，"重商主义"这个词一直在多重混淆的意义上和为多种不同的意图中被使用。因为对"重商主义"的解读一直很难获得一致的共识，有关这一现象的讨论也一直是含混的。对于19世纪"重商主义体系"的敌对者，例如J. R. McCulloch和Richard Jones来说，正是混淆了财富与货币，使该体系保持一致性的追求贸易余额的理论变得明显。正是这一观点一度再次出现在了20世纪30年代Jacob Viner的著作中。然而，在19世纪后期，历史学派的经济学家W. Roscher和G. Schmoller将它解读为一种国家建构的学说，它源自现代阶段的早期，为了支持一个弱小的国家。到了

---

① 具体参见新帕尔格雷夫经济学大辞典相关词条和布劳格（2009）的相关论述。故本书对此也不做重点讨论。

② 马格努松认为重商主义者共用一套术语，主张特殊的政治和经济观点。他特别列举了英国经济史学家Ephraim Lipson的观点，Lipson是现代最早反对这一概念的人。不像Coleman尖锐讽刺，Lipson认为至少在某种程度上，它是有用的。重商主义体系作为一个方便的词语用以表达一种思想趋势，代表着追求自利的经济实力（Magnusson，2004：75）。

E. Heckscher "重商主义"术语的意义被扩展得更远。与此同时,它或多或少被视为建设国家的经济过程(Magnusson,1994:8)。

对于斯密之前的两个或以上世纪是否或多或少地存在一个一致的、统一的和主导型的经济思想或实践,而这种思想或实践可以总结为单一的将财富视为货币的政策目标,这一做法是否明智?Aspromourgos 就持否定意见(2009:38)。总体上,罗宾斯也持这种看法(2008年,第68、74页)。

第六章 18世纪政治经济学的发展：
前古典与古典的争议

如前文所述，17世纪孟克列钦的政治经济学术语，不仅为配第接受，也被18世纪的斯图亚特所接受。当然17世纪的经济思想并非仅是重商主义文献，还有产生了另外一种思想流派，即自然法哲学家的观点。就政治经济学的理论基础来说，它甚至比重商主义更加重要。这种观点对于这门学科的建立具有根本性的作用，不仅是因为他们引进了自然秩序和自然法的概念，而且因为这些自然法哲学家的著作为价值和价格理论提供了核心，其核心观点来自亚里士多德和经院学者，特别是格劳修斯（Grotius）和普芬多夫（Pufendorf）。受这种观念的影响，18世纪上半叶，经济理论逐步偏离了重商主义的方向，而转向了古典自由主义的路径（Hutchison，1988：5）。例如1700年左右的布阿吉尔贝尔像普芬多夫及某些英国同时代的学者一样相信均衡，商业社会中的人是相互依赖的，生产与消费、供给与需求（供求力量）由自然原因和天意（上帝）操控（Magnusson，1994：186）[①]。

第一节 重商主义的发展与古典自由主义的诞生

接下来笔者将沿着孟克列钦的重商体系和传承于自然法的自由主义体系两条主线，进一步考察政治经济学的演化，特别是通过斯图亚特和斯密的比较，

---

① 布阿吉尔贝尔因为是第一个所谓的经济学家而闻名，而他的出现也被马克思称为是预示着"古典政治经济学"的诞生（Magnusson，1994：179；186）。

从而找出流变过程中的传承与偏离。

一、斯图亚特追随孟克列钦的重商主义

詹姆斯·斯图亚特出生于一个法律和政治上显赫的家族，学习的是历史和法律，但从未从事过法律事业。作为启蒙运动的一分子由于拥护詹姆斯二世而持续流亡，斯图亚特曾先后游历荷兰、西班牙、法国、罗马和德国，共计22年，其中在德国的图宾根待了4年（1757~1761年），专注写作他1767年出版的《政治经济学原理》。这本书的材料、观点和视角源于一个广阔、变化的经济、社会和政治环境。很明显他的经济学不是源于当时在经济和产业发展上更为先进的英国，但他特别关注弱小的苏格兰和强大的英格兰合并后可能出现的危险与不利。他深受孟德斯鸠、维柯的影响，也熟知德国官房学派 Becher 或 Justi，尽管他没有明显地参考德国的著作。他参考的著作包括 Cantillon、Child、Davenant、Law、Locke、Melon、Mirabeau 和 Petty 等学者（Hutchison，1988：336-337）[①]。

作为孟克列钦的追随者，斯图亚特模仿了孟克列钦，也在家庭管理之上加了政治概念，使其具有国家管理的实质（Aspromourgos，2009：25 注释；巴克豪斯，2007 年，第 123 页）。对此 Hutchison（1988：337）认为，"这是一次命名上的及时冲击，因为这门学科正在走向独立，且这一术语后来被长期使用。"作为重商主义的最后一人，在某种程度上，斯图亚特的政治经济学是经济文献中广义重商主义的最好表述（罗宾斯，2008 年，第 146 页）。作为一个重商主义者，他更注重从实用主义的角度讨论政策问题。他非常怀疑一般政策准则，因为涉及具体国家的具体政策，需要综合考虑与该国环境相关的各种事项。因此斯图亚特写道，如果说这本书有任何美德的话，这些美德来自"我摒弃了英国观念，这样就能暴露在公平的光芒下，根据外国各自不同的情况来看待外国的观念和政策"（巴克豪斯，2007 年，第 124 页）。对此 Skinner（1966：lxxix）教授认为，"不能将他同任何特定的政策主张联系在一起。诸如自由贸易或保护贸易等政策只是适用于与他们相关的领域，至于他们是否相关则取决于具体条件"（Hutchison，1988：348）。

[①] 这一点斯图亚特和斯密有所不同，斯密不太引用他人的文献。

尽管如此，作为斯密同时代的人，斯图亚特和古典学者拥有许多相似之处，他们都认为，政治经济学正确地引导"政治家"成为一个慎重的改革者，也确信政治经济学可以发现普遍正确的"通用科学原理"（Steuart，1767：16-17）。具体详见后续分析。

二、斯密的自由主义经济思想的诞生

斯密思想诞生之时，柯尔贝尔主义衰败，天赋人权运动兴起，自由主义成为广受欢迎的主流（Aspromourgos，2009，19）。本书第一章已探讨了斯密曾受经院学者和自然法哲学、顾问行政官和重商主义作家的影响。下面简要讨论斯密和重农学派的关系。

斯密花了将近3年的时间游历了法国、瑞士和意大利，最后在1766年在巴黎待了9个月的时间，因此，他应该说是熟知该学派的内容，且对其评价甚高。"据我所知，把土地产物看做是各国收入及财富惟一或主要来源的学说……目前只存在于法国少数博学机敏的学者的理论中（此处注释的是魁奈、米拉波和梅西埃·里维埃等）"（2005年，第472页）。"在以政治经济学为主题所发表的许多学说中，这个学说也许最接近真理……这个学说认为，国家财富不是由不可消费的货币财富构成的，而是由社会劳动每年所再生产的可消费的货物构成的，并认为完全自由是使这种每年再生产尽可能最大增长的惟一有效方法。这种论点无论从哪个方面来说似乎都是公正的"（2005年，第482页）。考虑到斯密受到自然法哲学的影响①，他的这种观点并不令人奇怪。不过，既然斯密认识到重农学派的政策"从未被任何国家采用"（2005年，第472页），他却赋予了如此高的评价实在令人好奇。对于斯密的重农学派是"一种尚未并且可能永远不会危害世界任何地方的学说"（2005年，第472页）的说法，阿尼金（2007年，第148页）就认为，"这个说法简直是在开玩笑，这个玩笑由于冷静和认真而几乎察觉不出来了。"

在此，我们没有必要详细地讨论该学派的经济思想，只需要注意到以下三点：

---

① 西方对自然秩序的信仰是与其宗教观有关。根据这种观念，上帝已为人类幸福安排了一切。人们应该遵守上帝创造的这种自然秩序，无须人为地加以改变。重农学派就利用这种观念为其自然的经济秩序辩护。他们提出的自由放任原则就是自然法则逻辑推理的必然结果。

首先,该学说受到了自然法哲学的影响。自然作为获取明确和良善目的的有效机器的观念,或更适当的比喻是,类似于一个统一而高效的有机体,以一种明确的方式,同当今世俗的作为为达到某些明确目标最有效的手段的经济理性相联系。在18世纪,一个好的关于社会经济资源的政治管理与组织的最直接的类似是,上帝或大自然对自然现象的管理与组织(Aspromourgos,2009:59)。重农学派试图证明存在着支配国家财富形成的自然法,从而在18世纪建立了经济科学(卢梭,2013年,第11页)。当然,魁奈的自然法与经院学者的自然法并非完全相同。经院学者们"完全了解社会阶级与制度的历史相对性","他们一般不承认世间事物具有不变的秩序",但是"魁奈的理想秩序则是不变的"。"就经院学者来说,这些法则仅限于在形而上学范围内有效,而不能直接应用于历史条件所制约的形态。就魁奈来说,它们可以直接适用于具体的制度,例如财产所有权"(熊彼特,1991年,第345页)。Robbins(1978:Xiii)也认为,魁奈及其追随者的自然法与休谟的博大的功利主义以及更模糊的但实质是功利主义的斯密体系是不同的,"重农主义缺乏经验主义和功利主义的视角"。

其次,该学派非常重视农业。色诺芬(1961年,第19-20页)认为,"农业是其他技艺的母亲和保姆,因为农业繁荣的时候,其他一切技艺也都兴旺;但是在土地不得不荒废下来的时候,无论是从事水上工作或非水上工作的人的其他技艺也都将处于危险的境地了。"魁奈就曾引用上面这段话作为他的主要著作《经济表》的题词(色诺芬,1961年,译序,第2页)。重农学派划分了生产劳动和非生产劳动,并把农业作为各国收入和财富唯一来源,但他们的生产阶级仅包括劳动者和土地所有者(后者支付了农业生产的最初预付,并承担全部税收),"他们对这个阶层授予生产阶级这一光荣称号"。他们瞧不起工匠、制造商和商人阶层,"以不生产者这一侮辱性称号相称"(斯密,2005年,第473页)。虽然斯密也坚持了这种划分,但他反对将"生产"仅适用于农业劳动,也反对"把工匠、制造商和商人完全看做是全非生产性的阶层"(斯密,2005年,第479页)。

最后,重农主义的公共政策。尽管重农主义的著作中包含着对财富性质、再生产和分配的讨论,但魁奈早期使用政治经济学的含义也含有传统的"管理、控制甚至自然规则"之意,Mirabeau(1760)的政治经济学"似乎由关于农业和公共管理与财富性质和取得财富的方法的论文构成"(格罗奈维根,1996年,第969页)。因此,这个学派"不仅探讨真正的政治经济学,即探讨国民财富的性质和原因,而且探讨政府所有其他部门的事情"(斯密,2005年,第482页)。

就具体的公共政策而言,斯密(2005年,第482页)认为,重农学派的著作"某种程度上还影响国家机关扶植农业,这对其国家确有贡献。由于他们的论断,法国农业摆脱了以前所受的许多种压迫"。当然,斯密整体上对重农学派的农业政策做了负面评价。这种政策"矫枉过正"了,"在重农学说中,城市产业似乎一定被低估了"(斯密,2005年,第473页)。"相对于农业,即农村产业,当代欧洲各国的政治经济学更鼓励发展制造业和外贸,即城市产业。其他各国①则实行不同规划,相对于制造业和外贸来说更鼓励发展农业"(斯密,2005年,第483页)。重农学派"所起的作用与其目标恰好相反,并间接不利于他们所要促进的那个产业……相反,重农主义实际上最终不利于它所要扶持的产业"。"所以,任何一种学说,如果试图通过特别的鼓励,违反自然趋势将更多的社会资本吸引到某一特定产业,或试图通过特别的限制,将本来有可能投入某一特定产业的资本抽走,实际上都有悖于它要促进的主要目的。这将阻碍而不是加速社会真正富强的进程;降低而不是增加其土地和劳动的年产物的真正价值"(斯密,2005年,第487页)。

尽管如此,斯密还是"把重农主义者则看作是殊途同归的同盟者和朋友"而"不惜粗暴地对待重商主义者(有时甚至显得不合理)"(阿尼金,2007年,第148页)。正是重农学派的米拉波在其《乡村哲学》发明了"重商主义"一词,并全面攻击了他们关于国家可以从货币进口中获利的观点(Mirabeau,1763:329)。Judges(1969:38)认为,斯密明显读过《乡村哲学》,因此,他从这本书里挑出这一术语并非不可能(Magnusson,1994:25)。在《国富论》中斯密声称,重商主义的要点是将财富混同于货币的谬误。按照Judges的研究,斯密并没有根据这一谬误直接指责托马斯·孟和其他重商主义者。……托马斯·孟的主要错误是他继续使用贵金属主义者的想象。是否托马斯·孟的这一错误源于机会主义(为了保护特殊利益而密谋反对公共利益),我们不得而知。但是,关键是那些已经读过斯密著作的人很少注意过这个满足条件。至少在熊彼特看来,他是有意的。熊彼特进一步认为,斯密暗示了这种联系,"用这样一种方式,他的读者情不自禁地获得了这种印象,它已经变得

---

① 斯密此处指的是当时的中国以及古埃及、古希腊和罗马。

第六章 18世纪政治经济学的发展:前古典与古典的争议

非常普遍了"(Magnusson,1994:25)。当然,这些攻击已被经济思想史的最新研究所反驳,本书也将在后续部分进行讨论。在此,我们把焦点放在斯密和最后一位重商主义者斯图亚特的关系上,以便展开后续的分析。

如前所述,斯图亚特和斯密是同时代之人,他的政治经济学著作也先于《国富论》出版。这里有两个问题值得追问,首先,斯密的《国富论》为什么不使用斯图亚特首先在英语世界使用的政治经济学的术语?其次,《国富论》中为何一次也没提到斯图亚特?对于第一个问题,Edwin Cannan 猜测,斯密在《国富论》中没有使用"政治经济学"作标题,是因为它已被斯图亚特优先挪用(Aspromourgos,2009:29-30)。在评论斯密认为《国富论》是政治经济学的"同义词"的过程中,Edwin Cannan(1904)继续说:"可能有点令人惊奇的是,他并没有称他的书为'政治经济学'或'政治经济学原理'。但我们必须记住,这个术语在1776年仍然是个新名词,而且它已经被詹姆斯·斯图亚特爵士的伟大的著作的书名所使用"(Aspromourgos,2009:30)。当然,Aspromourgos 还提到了"国富论将要被出版斯图亚特的出版商出版的事实"。根据斯密写给 William Pulteney 的信,可能斯密也有不想让斯图亚特的书引起注意的动机。但也有可能是,两本著作的出版商 Thomas Cadell 自己可能就希望两者的书名不同。"无论如何,斯图亚特的著作不是斯密所面对的这一术语和概念的唯一著作(虽然其他的是法语和意大利语著作)"(Aspromourgos,2009:30及注释25)。

对于第二个问题,埃尔蒂斯(1996年,第535页)就认为,"斯图亚特的著作问世初时曾得到承认,但由于斯密在其《国富论》一书中完全无视斯图亚特著作的存在,因而极大地削弱了斯图亚特作为一位严肃的经济学家的声誉。"究其原因,Mossner 和 Ross(1977:164,quoted in Omori,2003:104)认为,斯密探讨的是自然法基础上的经济世界。大森郁夫认为,斯密不同意斯图亚特的理论,并在1772年9月3日给 William Pulteney 的信中说道:"我和你对斯图亚特爵士的著作的观点相同。一次也没有提到它,我自以为是地认为,它的每一个错误原理,都将在我的著作中遭到清晰和明确的反驳。"在《国富论》中,斯密感觉自己已成功地驳斥了斯图亚特的经济学和重商主义的由实证法支持的政府框架(Omori,2003:104-105)。对此,Hutchison(1967:645-647)曾指责斯密是卑劣的,但罗宾斯(2008年,第146-147页)却认为,"对斯密来说这是完全合法的,在那个时代,按照一种处理其论点的知识层面写作，避开他的反对者，而这个反对者那时已经回到苏格兰，并且频繁出入像亚当·斯密所出入的同样的圈子。这是不说自明的。"

其实，这一问题早在萨伊时代就已经出现。对斯密应该十分感激斯图亚特的观点，萨伊明确表示了反对。"斯密即使是为了反驳斯图亚特也都从未引用过他的话。我看不出斯密应感激斯图亚特什么。斯密在论证它的主题时显示了高屋建瓴和渊博的见识，而斯图亚特的研究则是范围狭窄的和微不足道的。斯图亚特支持由柯尔贝尔建立的学说，这个学说后来被所有研究商业问题的法国学者所采纳，大多数欧洲政府也坚定奉行这个学说……斯密博士著作的最重要部分之一，就是对这个理论的反驳"（萨伊，2014年，第22页）。

第二节 斯图亚特和斯密的对比

既然斯图亚特继承了孟克列钦的政治经济学术语，甚至是所谓的重商主义观点，而且斯密也使用了政治经济学的术语，但又批判了重商主义，那么研究斯图亚特和斯密等古典学者的分歧，可以更好地反映出前古典和古典学者在对待政治经济学的不同。

总体来看，两者对政治经济学定位方面的不同体现在以下几个方面：

一、政治经济学的范围之争：国家还是社会经济

第五章中提到了自亚里士多德将家庭管理与城邦管理区分开来后，这种二分法不仅获得卢梭的认可，也被斯图亚特所接受。

在《论政治经济》开篇，卢梭就将国家治理的普遍经济（économie générale）或政治经济（或公共经济），与家庭经济（économie demestique）或私人经济区分开来。卢梭像亚里士多德一样认为，区分公共经济和私人经济是合理的，"既然在国家和家庭之间，除了两者的首领有责任使国家和家庭获得幸福这一点之外没有任何共同之处，那么共同的行为规则并不适用于它们"（2013年，第138-142页）。在卢梭看来，"个别地来看，政治体可以被视为类似于人的身体的某种有机的和有生命的身体。主权权力代表头；法律和习俗

是脑,是神经的中枢和理解力、意志和感觉的基础,法官和行政官员则是器官;商业、工业和农业是满足共同生活需要的口和胃;公共财政是血液,担负起心脏功能的贤明的经济把血液传输出去,在整个身体里输送养料和生命;公民是身体和肢体,使机器运转、活动和工作。如果这只动物处于健康状态,那么它的任何部分受到伤害时,痛苦的感觉都会立即传递到大脑中"(2013 年,第 143-144 页)。

这种观点也被斯图亚特接受。他在 1767 年书中的开篇部分就分别定义经济学和政治经济学。如同"Oeconomy 通常是满足家庭需要的一门艺术",政治经济学作为一门学科研究的是"如何保证所有的居民得到维持生存的必需资金,消除可能引起生活不稳定的各种因素,提供满足社会需求的一切必需品以及居民就业……用自然的方式使公民间建立相互依赖的互惠关系,以便通过他们各自的利益引导他们相互满足对方的需要。"[①] 很明显,这里的经济针对的是家庭,而政治经济学则研究的是全社会,即国家。需要指出的是,这种划分很有可能来自卢梭和重农学派学者(后者常被称为"经济学家")。

在此,需要指出的是,斯密可能错失了厘清政治经济学的第一次机会。如本书第三章所述,斯密不仅没有区分个人(家庭)与国家,而且把两者混淆,就遭到了批判。实际上,这种错误本就不该犯。首先,他在《国富论》中就多次提到了法国的"经济学家"术语(2005 年,第 472 页注释),他还提到重农学派"在法国学术界以'经济学家'著称"(2005 年,第 482 页)。其次,他明显读过斯图亚特的著作,应该知道斯图亚特对此所做的区分,至少他在《国富论》中使用了斯图亚特的政治经济学术语(尽管他没有提到斯图亚特)。最后,《国富论》关于 Economy 及其变体有多重理解,该术语既可当作节俭(Frugality)的同义词使用,又可用于个人、阶级,也可用于公司,甚至欧洲君主[②]。《国富论》甚至将经济理解为为实现目标而有效地组织、排序和利用各种工具,或者仅是良好的(或差的)管理(Aspromourgos,2009:11-12)。考虑到杰文斯最终依据法国的经济学的使用习惯为经济学命名,这种错失甚为可惜。

詹姆斯·穆勒熟知亚里士多德的著作,斯密的这种错误老穆勒和小穆勒就

---

① 翻译转引自格罗奈维根(1996 年,第 969 页)。
② 这种意思和政治经济学作为政策框架的观念有亲缘关系(Aspromourgos,2009:11)。

没有再犯。在其《政治经济学要义》就指出,"政治经济学对于国家等于家庭经济学对于家庭"。"家庭经济学有两个重大目的,即家庭的消费和供给"。"政治经济学的情形也是一样,它也有两个重大目的,即社会的消费和满足消费的供给"(詹姆斯·穆勒,2012年,第3页)。而约翰·穆勒也认为,"政治经济学是相对于国家而言的,而家庭经济学是相对于家庭而言的"(约翰·穆勒,2012年,第96页)(本书所指的穆勒,除特殊说明外,均指约翰·穆勒)。在小穆勒(2012年,第96-97页)的眼中,"家庭经济学包括各种规则或节俭准则,在任何给定的收入水平上,以此保持家庭日常供给,满足需求,在最大限度上保证家庭成员的身体舒适和愉悦。"考虑到前面分析中小穆勒将政治经济学限缩为社会经济学,那么小穆勒是否也错失了厘清政治经济学的好时机呢?与这种划分相对应的是,熊彼特(1991年,第42页)将政治经济学(关心的是经济性的公共政策)等同为德国的国家科学,而把熊彼特时代的个别厂商行为的分析称为商业经济学。这就是我们今天所划分的宏、微观经济学吗?至少熊彼特在世时宏、微观经济学概念还没有广泛流行。

在斯图亚特的语境中,政治经济学研究的是国家的经济问题。这种从国家角度研究经济问题的观念可能与其在欧洲大陆流亡期间受德国和法国思想的影响有关,但Sen(1957)认为,斯图亚特也受到配第的影响(Magnusson,1994:7)。下面我们先从威廉·配第的国家视角进行分析。配第的分析对象是国家,即政治制度和经济制度结合意义上的国家。民族国家这一整体概念是由马基雅维利提出的,配第的国家概念与之相似。"国家这一概念意味着这样一个事实:构成某一生产体系之生命的关系网络和交换网络从属于一个独特的政治权威"(容卡格利亚,2009年,第51页)[①]。配第在法国待过,又和霍布斯熟知,后者不仅使用过经济学的术语,也论证过专制政治的合法性,很自然,配第也就从政治的角度讨论公共经济问题。

就配第而言,他当时不仅使用了"政治经济学"一词,还使用了"政治解剖"一词来描述他对爱尔兰经济的分析(Edwin Cannan,1929)。另外他为了更

---

① 容卡格利亚(2009年,第52页注释16)又认为,"当然与民族国家相对应的经济体系的定义也只是某一特定历史阶段的产物,而不构成一个永久不变的自然法则,区域一体化的进程并不止于民族国家,而是具备了包括所有市场经济的趋势。"在笔者看来,这种观点有失偏颇。实际上,只要国家(并非限于民族国家)存在,只要国家有其经济属性,从国家角度研究经济就有其合理性。至于它是不是特定的历史产物,要依赖于国家本身是不是个历史产物来回答。

精确地反映国家的政治经济状况,比较国家间的相对优势而使用了"政治算术"一词。Verri(1763)就是用这种方式表示政治经济学的科学性(格罗奈维根,1996年,第968-969页)。具体来看,配第对政治经济学问题的研究主要体现在他的《税赋论》和《政治算术》。前者主要涉及国防、司法、教育、救助弱势群体和公共交通方面的支出等政府功能。后者则是献给国王或向王室提供数量资料,以便王室评估财富资源并进行管理。配第深受培根和霍布斯经验论的影响,曾加入皇家学会。但作为一名政府经济顾问,他有意识地将这种17世纪的新科学方法运用于解决当时国家的实际经济问题(迪恩,1996年,第964页)。这种方法的运用明显体现在《政治算术》的著作中。1786年出版的《大不列颠百科全书》有一个很长的"政治算术"条目(当时并无政治经济学词条),"把它定义为'一种根据与政府事务诸如国家收入、人口数量、土地规模和价值、税收、贸易等有关的数据资料而论证的技艺'。这个条目还进一步解释说:'这些数据资料使人们可以在两个或更多国家之间确定谁比较强大、繁荣等等'"(迪恩,1996年,第966页)。"我认为由政府来阐明靠私人努力所不能弄清楚的这些问题的真实情况,不会是不适当的"(配第,2014年,第8-9页)。

当然,在此讨论配第,容易引起关于配第是不是个重商主义者的争议。容卡格利亚(2009年,第39页注释74)就认为,威廉·配第尽管属于重商主义时期,但在分析层面看他更应被视作最早的古典经济学家之一。Hutchison(1988:5)也认为如此。但笔者仍认为,在此讨论配第是合适的。首先,无论是分析对象还是政策建议,配第都有着重商主义的特色。他的分析对象是国家。他的货币观和贸易政策,都与其同时代的普遍看法一致,即贸易顺差值得追求。这些观点体现在他的《税赋论》《政治算术》和《爱尔兰的政治解剖》等著作中。其次,相比于托马斯·孟,配第为政策提供了明确的方法论标准或认识论标准,进而影响了 Locke、North 及 Gregory King 等的思想(Hutchison,1988:7)。按迪恩(1996年,第965页)的观点,"配第的关于国民收入的统计资料经常在未增补和更新的情况下被重商主义的小册子作者引用"。

不仅配第如此,斯图亚特的政治经济学也是如此。配第认为,人口是政治经济学的基础,同样,斯图亚特的政治经济学著作的开头也讨论了人口理论。另外,配第认为,国家政策的两重目标是和平与富裕(Aspromourgos,2009:24-25),这和斯图亚特的观点也非常接近。在斯图亚特看来,政治经济学"这门科学的主要目标是确保所有居民拥有一定的生存资金,避免可能产生危险的情况，并为满足社会的需要而提供各种必要的手段"(Steuart，1767：16-17；122；124)。受欧洲大陆的影响，斯图亚特强调政治家（国王、议会或国家统治者的简称）的作用。正如他所说，他的书是"向政治家致敬"，虽然写作的目的是"影响他所治理的人们的精神"（巴克豪斯，2007年，第124页）。值得一提的是，"他因此在政治经济学中引入了'政治家'statesman，一个自我承担市场经济中货币调控责任的领导人。这个政治家遵从公共精神的原则，为恢复整体交易过程中商品购买的持续性而努力创造有效需求。'有效需求'概念作为一个经济学术语首次在政治经济学中使用"（Omori，2003：106-107）。当然他还向他想象中理想的政治家提出了广泛而又详尽的政策忠告（埃尔蒂斯，1996年，第534页）。

相反，如前所述，古典经济学却更多地依赖于从社会层面的角度来论证自然自由市场体系的合理性，尽管其规范的研究目标是政策性的。下面将从对待财富现象的因果机制、统计问题及对待权力当局的态度等方面进行更为细致的分析和比较。

在对待财富的性质及其来源的认识方面，两种分析框架体现出了明显的差异。本书第一章谈到了两者都研究财富。然而，如果仔细分析就可发现，两者在对待财富的性质及其来源上存在明显的不同，即对重商主义者来说，他们研究的是国家的总量财富，尽管孟克列钦、配第等已认识到财富是由劳动创造，但他们关注的重点并不在于通过市场交换的物品价值，而是国家财富总量增长的决定因素。对重商主义者来说，"国家财富的观点在经济学思考中起到了重要作用"（容卡格利亚，2009年，第35页）。相反，斯密研究的是社会加总的财富，他把财富这个词限定在有形财富所具有的价值上，从而缩小了这门科学的范围（萨伊，2014年，第24页）[①]。穆勒（2012年，第98页）的财富也是如此，即"所有对人类有用或适用的事物总和"。

就财富的因果机制差异，两方也明显不同。重商主义者认为，国家的财富不依存于该国产品的总和，而使依存于该国对外国的销售额（萨伊，2014年，第22页）。"关于国家财富的立法最终目的就是创造消费者。巨大的、反应迅速的消费行为是各行各业的生产者所需要的，是他们自身和国家富裕的保证"

[①] 对此，萨伊进行了批判，"他（斯密，本书作者注）本应把那些尽管是无形却同样是有实际价值的东西，例如先天的和后天的才能，也包括在财富内。……这种财富，尽管是无形的，却不是想象中的，因而每天都以职业劳作的形式用于交换金银"（更多批判参见萨伊，2014年，第24-26页）。

(穆勒，2012年，第35页)。他们关注的是当今宏观经济学中的国际需求问题。相反，斯密发现劳动而不是货币导致国家繁荣。斯密关注的是"关于阻碍劳动生产力发展从而不利于财富增长的原因"，并认为金银仅构成国家财富的一部分，而不是财富的原因（萨伊，2014年，第20-21页）。古典政治经济学家"所津津乐道的是，从来不需要鼓励消费。所有生产的产品已经以再生产或娱乐为目的用于消费"。"生产，而绝不是消费，会使一国富裕"（穆勒，2012年，第35-36页）。其实，古典的观点并不客观。首先，重商主义者包含了一种实事求是的态度。他们从经验或现实的角度探讨财富总量规律。按照容卡格利亚（2009年，第39页及注释）的观点，重商主义者的贸易余额理论是，一方面对外贸易顺差是国民财富的起因，另一方面，贸易顺差只是一国财富的一项指标，体现的是该国的生产能力和国际市场上的竞争力，赛拉、孟克列钦和托马斯·孟等均在国民产品和贸易余额之间建立了因果联系，因此后一种观点更为盛行。西班牙从殖民地获得的金银被贸易赤字所吞噬，就是因为其国内生产不足造成。关于利润来自贱买贵卖，容卡格利亚（2009年，第39-40页）认为，这一观点与重商主义资本主义阶段一致，它和其他原因一起解释了对外贸易为何被赋予了如此特殊的地位。只有一国和他国交换时，贸易才能被称为该国财富的来源。在笔者看来，重商主义者从需求角度看待国民经济增长，将国外需求减少视作国家经济乏力的原因并没有什么错误。其次，不仅孟克列钦、配第认识到了劳动创造财富，更重要的是，重商主义非常重视制造业[①]。

双方对待统计数据的不同态度。在重商主义时代，配第、格里高利·金和达维南特就注重对英国国民收入进行统计和核算。"对于经济学来说，统计数字是极为重要的。实际上，至少从16世纪和17世纪以来，这一点就被人们认识了；例如当时西班牙政治家的大部分工作就是收集和解释统计数据——更不用说被称作政治算术家的英国计量经济学家以及他们在法国、德国与意大利的同行了"（详见熊彼特，1991年，第30-31页）[②]。另外凯恩斯（2001年，第

[①] 如果读者深究这一问题，或许能感到，两者的不同可能体现了宏、微观视角看待财富的不同，其因果机制也不同。

[②] 在笔者看来，熊彼特强调统计学的重要性是对的，但他曾将经济史、统计学同经济理论分开，还有待讨论。前两者仅是事实描述，而他的经济理论指的是罗宾逊夫人的"工具箱"之说，而非基于统计数据所建构的"解释性假说"。对于基于统计数据所建构的"解释性假说"理论，熊彼特认为，"理查德·坎梯隆的著作是第一步著作"，而莱昂·瓦尔拉斯是第一个认识到"它的所有可能性"（1991年，第32-34页）。

218页，第228页注释1）也认为，统计学是收集有关国家的显著事实——历史和描述性的资料。相反，萨伊认为，政治经济学是关于财富结果及其原因的知识，而统计学的情况却绝非如此。在萨伊看来，统计学是对某国特定时期"生产和消费数量、人口、军队、财富以及其他可估计价值的东西"。"统计学的研究也许能满足人们的好奇心，但如果它不能指明它所收集的事实的起源和结果，就绝不会为人们带来益处；而如果它能指明这些事实的起源和结果，就立刻变为政治经济学了。这无疑是这两门不同科学迄今还被混淆的原因。"斯密"不太相信政治算术，就是因为它不过是对许多统计数据的整理而已"。因此在萨伊看来，《国富论》才可被"视为无序集合在一起的、富有启发性例证的最正确的政治经济学原理，以及融合有益意见的统计学的天才研究。然而，它不是政治经济学和统计学的完整论著"（萨伊，2014年，第4-5页）。

对于这一争议，迪恩（1996年，第966页）就认为，"毫无疑问，在18世纪末19世纪初，由于一个更多理论性，而更少培根派倾向的新政治经济学学科已经形成，政治算术也因而失去对创新者的吸引力。或许亚当·斯密在《国富论》中'不迷信政治算术'一语给了它致命的一击，尽管亚当·斯密在他的论证中也不可避免地借用了政治算术的数据资料"。当然对于政治算术方法的失势，迪恩还认为，"因为经济制度能够自我均衡的抽象概念逐渐取代王室意义上的基本政治概念而成为经济分析中占上风的中心目标。……当经济学家认为政治经济学和自然界一样'事物有其本身的进程'，并在此基础上建立他们的理论时，毫无意义地通过立法违背'自然规律'就限制了政府在更广泛的经济领域里的作用。国民收入分析也因此缺乏动力而无法超越它在政治算术黄金时期所达到的初始水平。因此，国民收入的研究方法也被经济学家极大地忽略了。"另外Maas（2014）也认为，从斯密开始，经济学者就一直对使用统计持怀疑态度。他们相信"政治算术家"或"中央经济统制论者"（Statists）①，后来被称为统计学家，基于随机收集的事实资料，得出了一个错误的政策主张，鼓吹保护主义以取代自由贸易，这一定同统计学与国家利益的传统联系有关。使用"中央经济统制论者"的术语反映了同国家的这种联系，而且在很多情况下政治算术家和统计学家确实为国家的利益收集数据，尽管在这

---

① "'统计'一词包含着国家这个词（拉丁语的Status），既指明了这个词的词源，也意指这种研究是用来描述国家的事实。国王可以运用它来尽可能完善他的内外政策，并最大化他对其子民和资源的控制。"这可能是古典经济学反感统计学的原因（Maas, 2014: 31）。

种意义上英国不同于大陆欧洲国家（在英国，收集统计数据常源于普通公民而非政府的倡议）。另外，"收集统计数据在很多情况下就是为了国家更多地控制社会"。国民收入账户的核算体系的先驱威廉·配第，就是为了英国更好地统治爱尔兰。"因此，从政治角度讲，政治经济学的统计与归纳方法，就其本质而言，就受到自由派思想家，如穆勒的怀疑"（Maas，2014：15）。在 Maas 看来，统计研究的目的在于，首先是服务于提供对国家总产出和人口有用的研究，以确定税收基础；其次是对国王的详细描述并为国王使用权力提供洞察，这不限于指明国王希望提升的军力规模。大陆经济学和民族主义及保护主义存在紧密的联系，如 19 世纪的政治经济学家李斯特。"这是约翰·穆勒反感统计学的原因之一"（Maas，2014：31）。

从后续的发展来看，奥地利学派、马克斯·韦伯、罗宾斯等持有斯密和萨伊的看法，但历史学派、制度学派则保持了英国重商主义的观点。很明显，英国的古典经济学者根本就不重视统计分析，更别说宏观分析了。相关分析见后续部分。

无论如何，对待统计学的不同态度实质上反映了双方对待权力当局态度的差异，毕竟"统计学"曾是"以经验为基础研究国家"的意思（阿尔克，2006 年，第 1126 页）。统计学的词根是国家。重商主义者侧重于刚独立不久后的国家，此时国家建设（State-building）是个突出的问题，这就要求政府不仅要推动经济建设，而且要管理经济过程。当时欧洲各国政府均将如何让国家更加富裕和人丁兴旺作为其国家建设和经济绩效关注的重点和争论的热点。熊彼特（1991 年，第 268 页）认为，将经济学视为是国家或政策科学的一个子学科很平常。重商主义作为一种"国家权力体系"表达了市场经济上升时期对适当的政治制度和经济制度的需求（容卡格利亚，2009 年，第 39 页）①。相反，在古典时代，欧洲的现代政治体系已经建立，尽管古典体系也隐含着"一个不可还原的权力当局"（Robbins，1978：194-205），但是这种隐含意味着权力当局只能外在于一个自治的社会经济体系，而不是体系本身的参与者。

从双方的分歧来看，有四个问题值得探讨：

（1）他们的分歧在于主张干预还是反对干预。斯密在批判柯尔贝尔的重

---

① 更多关于政治权威对经济干预的积极作用，参见容卡格利亚（2009 年，第 38 页）和马格努松（2001，第 101 页）。

商主义体制时说道,"这种学说(重商主义)就其性质及实质而言,是限制和管理的学说"(2005年,第472页)。这句话可以说是道出了双方之间的根本差异。为管理经济,斯图亚特假设了一个理想化的政治家,并拥有无限的知识,且"倾向总是道德的和善良的"(埃尔蒂斯,1996年,第534页),能遵从公共精神的原则,通过货币等政策适时调控市场经济中的有效需求(Omori,2003:106-107)。斯图亚特并不相信影响巨大的市场运行机制能够进行自我调节,因此对于重要的部门或领域,在任何情况下,他都认为不能放任这种机制,自然就需要一个持续积极主动作为的政治家所领导的政府加以关注(Hutchison,1988:347)。

当然正是这种假设导致了争议。"它被模糊地表述,也就自然被认为是缺乏实在性和在规范意义上不可接受的父爱主义的混合物。缺乏政治上的实在性可以通过他在经济政策问题上依赖于政治家的知识和善意来证明"(Hutchison,1988:350)。相反,在《国富论》中,斯密以嘲讽和愤慨的口气谈论如动物般狡猾的所谓的国务活动家或政治家,并认为"他们的决定是由变动不定的和过渡性的因素所决定的"(阿尼金,2007年,第144-145页)①。因此,相比于斯图亚特,斯密的政治学在关于政府的知识与善行方面似乎更具实在性(尽管对于市场机制的运作人们的态度也不可能是不变的)。而且从规范的角度看,"斯密的个人主义在随后的数十年中,被广为接受,并在经济政策和理论方面发挥了巨大的影响"(Hutchison,1988:350)。

在这种情况下,如何看待斯图亚特对待政府的态度呢?笔者认为,在斯图亚特的语境中,这种态度是必要的也是可取的。首先,"斯图亚特的政策观来源于他不认为因而不愿意依赖于他那个时代经济学关于自我调节机制的快速有效的运作的观点,特别是考虑到货币和总需求的问题。他把非自愿失业作为一个非常严重的问题来对待。"而正是在需求分析和货币理论方面,他做出了突出贡献(Hutchison,1988:350)。其次,指责斯图亚特的政府总是无所不知的假设是不合理的。埃尔蒂斯(1996年,第535页)认为,斯密完全不相信政府会无所不知和乐善好施。斯图亚特认为,"对于完美的成功政策来说,无论是通过政府行动还是自由市场中的个人行动,都需要完美的知识……不像

---

① 在阿尼金(2007年,第153页)看来,斯密对国家抱着严厉的态度表现出了知识分子对当时国家所持的否定态度和对官僚和政客的深恶痛绝。

'启蒙'时代他的同行,他非常明白,有益的、有用的且经过完美检验的经济学知识是多么的稀缺"(Hutchison. 1988:350)。再者,如前所述,古典学者也常常主张一些例外性的干预政策。最后,在斯密的伦理体系和法理学中,立法者被赋予了一种公共精神(Magnusson,1994:3)。为何斯图亚特就不能在他限定的语境中使用这种公共精神呢?如果权力当局没有利他动机(为公共利益服务),那么任何政策或法律行为都无法存在。虽然历史学派攻击《国富论》中的利己动机和《道德情操论》中的利他动机相互矛盾没有道理(不同的问题使用不同的假设是合理的),但这恰恰说明斯图亚特的假设也是合理的。

(2)社会层面的自发合作是否具有必然的合理性。前文曾探讨过,斯密依赖于自然法的理念为其自然自由体系辩护的。早在1755年的爱丁堡大学的讲义中,斯密说到,"国家从最低级的阶段发展到最高级的富裕阶段,所需要的只是和平、轻税和一定程度的司法制度;所有其他事情都应听其自然发展,强使事情向其他方向发展或是企图使社会发展停留在某一点上的政府都是不自然的"(转引自阿尼金,2007年,第144页)[①]。据此,很多经济学家提议人人都应该享有绝对自由追求自己的利益,免受政府的干预。政府变成了一个与这些自然的公民机构背道而驰的组织(巴苏,2014年,第170页)。对此,巴苏(2014年,第166页;第170页)就认为,"在我们的意识中,政府理所当然地存在。政府是伴随国家的不可或缺的那部分,甚至在某些情况下政府就是国家。"一旦我们追问"政府从何而来",上述说法就不攻自破了。"政府并非政府所创",不能把罪名加到政府头上。"政府是一个相对公平的现代机构。它得到了大多数的支持,历经数百年走到今天。所以,如果我们主张应该由公民自发地创造机构,我们就不能再主张应该保护他们免受政府侵害。因为政府本身也是这样一个自发形成的机构。"在笔者看来,自然法哲学从一开始就忽视了民族国家的经济问题,而继承自然法哲学的古典经济理论也就容易忽略政治因素对经济的影响。

(3)双方的分歧并不在于是否是专制国家。在重商主义者看来,专制国家(Dirigiste State)被认为是经济发展的先决条件(Magnusson,1994:185)[②]。欧洲启蒙运动也倡导的开明专制或绝对主义专制(Enlightened Despotism or Abso-

---

[①] 当然这种自由体系可以最优地实现经济活动的目标,依赖于给定的法律、秩序和特定的必要政府职能的特定框架,否则就完全扭曲了这种学说的重要性,也不可能理解他们对任何重要的具体政策措施的态度(Robbins,1978:11-12)。

[②] 在Hutchison(1988:347)看来,将斯图亚特视为一个独裁主义的专断者或计划者是一种误导。

lutism）或仁慈专制主义（Benevolent Despotism），因此启蒙时代的斯图亚特和魁奈都可能因为政治因素而受到严肃的批判①。熊彼特（1991年，第346页）认为，魁奈的理性没有那反对宗教的和政治性的锋芒。值得注意的是，哈奇森认为，魁奈的政治和哲学观点包含着现代专制主义的清晰暗示，但斯图亚特的著作中却没有②，在政治上，斯图亚特更接近于关注经济不稳定和失业的凯恩斯主义和社会民主党的立场（Vickers，1970 quoted in Hutchison，1988：351）。斯图亚特肯定没有怀抱民主的观念，当然，亚当·斯密也没有（Hutchison，1988：348），尽管 Haakonsen（1981）指出，斯密的启蒙运动时代的立法者不再是一个专制的国王（Magnusson，1994：3）。当然18世纪的自由主义者没有正面攻击绝对主义君主制，但其价值观却激发了一种对绝对主义政治的普遍不满，甚至谨慎干预经济的观点本身就是对绝对主义君主制的批评（基奥恩，2012年，第275页）。在此，需要指出的是，即使按照最严格的标准，斯图亚特也是一个自由主义者。

（4）关于政府的经济学是否是一门单独的学科。Steuart（1767：15-16，cf.68）主张将私人领域同国家层面的公共领域分开处理。尽管斯密的财政科学依赖的是法国的博丹和波特罗的观点，他也在《国富论》中讨论了财政问题，但并没有分开处理。斯密更多的是从社会的角度研究经济，不过是中世纪以来经院哲学家和自然法哲学家学术成果的延续。两者的不同体现了西方法律和政治分析中常用"政治国家—市民社会"的二元分析框架。前者的分析领域主要是公共领域，而市民社会则被视为私人领域。

尽管前述部分我们已经论证了古典经济学研究社会层面经济问题的必要性和可行性，也认为古典将社会与国家层面的问题分开处理的合理性，但不幸的是，古典经济学只接受社会层面的经济学，将国家层面的经济学排除在外。尽管后来门格尔和维克塞尔均主张建立公共财政科学的必要性，但这种财政科学是否能涵盖斯图亚特的政治经济学呢？笔者将在后续部分进行分析。

二、政治经济学的理论体系之争：宏观还是微观问题

在罗宾斯看来，与其他大多数流派不同的是，古典理论建立在一个系统的

---

① 卢梭（2013年，第11页）就反对重农学派所主张的合法专制。
② Magnusson（1994：7）认为，斯图亚特的经济学紧紧抓住专制主义手段。

科学知识体系——新近出现的政治经济科学之上。它依据的是总体的一致性分析而不是特殊情况的分析。它提出的解释原则可应用于各种不同的环境（Robbins，1978：171-172）[①]。当然罗宾斯也同时指出，法国的坎梯隆和重农学派也做了同样的工作。Aspromourgos（2009：19-20）也认为，重商主义的"指令经济不需要一个关于解释其如何运作的经济理论，其所需要的不过是（很少超过）关于统治者意愿的一点知识。只有当经济组织开始演变出复杂的一体化的体系时，经济解释才会成为问题，为领会其运作方式才会需要科学解释"。按照这种观点，斯图亚特等重商主义者并没有构造系统性的经济理论。如果这种观点正确，那么如何解释 Aspromourgos（2009：20）提出的，为什么早期的经济解释主要涉及货币和对外贸易，为什么先有国际"经济"之后才有国家（National）"经济"，为什么 17 世纪的伦敦同阿姆斯特丹在经济上联系要比它同英格兰的大部分地区要多？在笔者看来，坎梯隆和魁奈的确在理论分析上做出了贡献，然而，这种观点大大低估了重商主义的贡献。

当然说到理论贡献，主要的问题在于如何界定理论，在此先不做争论。如果说，重商主义者没有理论贡献也很正常，毕竟在学科的发展初期，人们总是先从应用的角度探讨问题，等发展到一定阶段，才开始讨论科学化的问题。穆勒和罗宾斯也都持这种观点。另外，笔者也同意萨伊（2014 年，第 29 页）对理论重要性的表述。"带有各种偏见的争论者以某种权威自信的语气说，国家和个人即使不知道财富的本质也充分了解如何增进他们的财富……这种主张是站不住脚的"。

至于说到普遍性还是特殊性的分析，笔者认为，要依据研究的问题是否是普遍的还是特殊的。很明显，如前述部分的讨论，斯密和魁奈则侧重讨论的是社会层面的经济问题，而重商主义者重点讨论的是国家层面的经济问题。他们受培根经验主义的影响，一开始就专注于他们时代所提出的问题，应对当时国家权力当局面临的挑战，如国际贸易和资金流动可以被认为是部分反映了一体化的国际经济关系的早期相对较快的发展，国家需要货币储备，国内金银矿藏的缺乏（除了依赖于征服拥有这种矿藏的国家之外）等。他们创造了一个需要具有牢固智力基础或科学探索的现象，进一步推动了政治经济学的形成。

下面笔者将围绕斯图亚特和斯密在特定问题上的理论比较，来解释两者的

[①] 另外还可参见罗宾斯（1997 年，第 8 页）的讨论。

不同。休谟、斯图亚特和斯密被称为苏格兰历史学派的三剑客。对于休谟的"当政府放任之际就是经济运行最佳之时"的信念，另外两剑客却采取了相反的立场，斯密接受了休谟的观点，而斯图亚特强调政治家应用灵巧之手（Artful Hand）来管理经济，倾向于一种为战胜市场失灵的更积极政策。不同于所谓的与公共品和外部性相联系的市场失灵，这里的市场机制失灵是由于商品交易过程的不连续性导致消费不足和失业（Omori，2003：112）①，即自由市场经济并不会自动地趋向有利于整个社会的经济秩序②。对此，哈奇森（Hutchison，1988：368）认为，斯图亚特1767年的著作和斯密1776年的著作的全面对比涵盖了两种相反的经济学观点和教义，即随后两个世纪出现的"古典的"和"反古典的"（或重商主义—凯恩斯主义）的对立，对于能平滑、快速、有助于公共利益的自我调节趋势，一个否定另一个肯定。自我调节和自行均衡的机制不仅适用于微观经济，也适用于货币和宏观经济，是斯密主义—古典经济学的正统体系的基础，即斯密所提供的具有逻辑一致性的宏微观体系。而斯图亚特的宏观经济学，按照其著作编辑的话来说，"没有清晰的模型"（Steuart，1966，vol.Ⅰ：Ⅳⅷ）。在哈奇森看来，对于斯图亚特及其大多数前辈来说，货币供给，或者货币供给的不充分或不稳定的危害是严重而紧迫的问题。而在《国富论》中，斯密的货币观点支持的是货币供给并非非常紧迫的政策问题（Hutchison，1988：369）。

对于斯密的自我调节观点，熊彼特认为是"难以置信的鲁莽"（Hardy），"似乎法律——和其他的东西——从来就不存在，一个接一个的经济学家持续地重复着只要（自愿）储蓄就会产生资本……这就意味着每一个储蓄决定恰好对应着一个投资的决定，因此实践中储蓄会没有停顿地必然转化为（真实的）资本。"约翰·希克斯爵士也注意到了宏观经济学中斯密革命的重要性，也强调了他对不确定性的忽视，"在实物理论和货币理论之间存在着沟通桥梁，休谟曾经暗示过某种可能性，但斯密没有构建这个桥梁。唯一能够匹配这

---

① 更多斯图亚特关于政治家和灵巧之手的论述，参见 Steuart（1767，Vol.1：308；Vol.1：406；Vol.3：172；Vol.4：277），以及 Omori（2003：113）、Magnusson（1994：7）和熊彼特（1991年，第268页）。

② 尽管如此，休谟依然对斯图亚特的著作给予了积极的评价。实际上，作为斯图亚特的好朋友，休谟不仅帮助斯图亚特获得官方赦免，而且称颂其著作，尽管批评了他的风格（Hutchison，1988：336）。

种静态的真实理论的货币理论就是更多地集中于货币体系机械的方面（Mechanical Aspects），也就是'古典的'数量理论。"所有的责任可以追溯到亚当·斯密，这是他伟大成功的反面（Hutchison，1988：369）。而凯恩斯则认为，"'重商主义者'从来没有设想过存在一个自我调节的趋势，通过它利息率将会建立在一个适度的水平上"（Hutchison，1988：154）。

从上述比较看，前古典的斯图亚特更多地侧重宏观问题分析。按照这种思路，下面我们将从宏观经济学的角度来对两个重要对手的理论进行分析和比较。当然斯图亚特之前，配第等人也从事过相关的工作，如配第的政治解剖学、货币理论及其国际贸易观点、政治算术等（见前述部分）。在此我们着重考察斯图亚特对宏观问题的研究。

斯图亚特的宏观研究内容非常广泛，这一点从其书名 *An Inquiry into the Principles of are Particularly Considered Population，Agriculture，Trade，Industry，Money，Coin，Interest，Circulation，Banks，Exchange，Public Credit and Taxes*（1767）就可看出。对于这本书，大森郁夫认为，斯图亚特没有否定竞争性市场的重要性。"调控市场，用斯图亚特的话来说，象征着'好政府和良好管理的政治经济学'，涉及的是政治家的'谨慎管理'，以尽可能保持货币供给的弹性。它是一种宏观经济政策——特别是有效需求的货币政策，私人和公共信贷，以及税收政策。在这个模型中，政府似乎被纳入了政治经济学体系当中，作为一个独立因素参与经济活动，这明显不同于老式的政府体制，政治经济依据实证法体系制定的一系列管制政策直接进行操控"（Omori，2003：113）。

斯图亚特在这本书特别警告了在政治经济学中建立一般原理和理论的企图。因此，下面主要针对具体的宏观问题进行分析和讨论。

（一）斯图亚特的宏观分析

一是贸易和产业政策问题。在贸易问题上，重商主义者目的是民族国家繁荣，追求贸易顺差是增加总需求的重要方面，也是面对国际竞争所必需的。这种观点对于一个具有正常的现代国家来说，是再自然不过的，它是对外贸易科学最早发展的基石。这就是为什么国际贸易首先成为经济学关注的对象的原因。他们的贸易余额理论是，一方面对外贸易顺差是国家财富增长的起因，另一方面贸易顺差只是一国财富的一项指标，体现的是该国的生产能力和在国际市场上的竞争力，赛拉、孟克列钦和托马斯·孟等均在国民产品和贸易余额之间建立了因果联系，因此后一种观点更为盛行（容卡格利亚，2009

年，第39页）①。具体来看，斯图亚特对国际贸易的态度远不同于一般的"重商主义者"，他不相信贸易自身能创造财富，事实上，他强调了国际贸易必须是互利的。在他看来，贵金属的流入不是一国同他国贸易获利的真实反映。贸易余额同国家财富是两种不同的判断。总体上他赞同经济自由而反对垄断（Magnusson，1994：5）。斯图亚特坚信经济政策的目的是提供就业而不是贸易余额，即不鼓励工作进口，鼓励工作出口。国际贸易涉及残酷的产业竞争，政治家必须将这种残酷的竞争当回事，要实施一种他所称为精致的国际竞争策略。劳动力过剩的长期损害会导致经济下滑。只有在，也仅仅在这种意义上，"一国正在变富，其他国家必定正在变穷"才可以被认为是正确的。为保护国家免受不利竞争之害，斯图亚特采用了一个幼稚产业的观点，即如果存在有害的竞争，贸易开放将不会产生预计的效果，因为它可能损害某些国家产业（Magnusson，1994：6）。当然，对于这种幼稚产业的贸易政策，在哈奇森看来，其原因在于他是从更小规模和更不发达的经济体得出政策观点的，某种程度上，他"预见了大约四分之三个世纪之后的弗里德里希·李斯特的观点"（Hutchison，1988：349）。

就产业政策而言，重商主义经济活动将各部门按战略重要性排序，对外贸易排首位，其次是制造业，最后是农业（容卡格利亚，2009年，第39页）。斯图亚特也认为，为保持发展和经济增长，保护和国家支持的产业政策是必要的。"政治家如果致力于推进幼稚产业进入国家市场，就必须研究其他国家的需要，考虑自己国家的生产。接着他必须决定，什么类型的制造业最能满足前者，以及消费后者。他必须在他的臣民中引入并使用这种产业，努力扩大他的人口和农业，给予那些新的生产分支鼓励"（转引自Magnusson，1994：7）。

二是货币的重要性问题。重商主义者强调货币的重要性是因为，降低货币成色以及其他增加流通货币单位的方法也许会刺激贸易和就业，而19世纪的英国"古典学派"那里几乎完全没有这种思想（熊彼特，1991年，第155-157页）。"在一个几乎没有关于一国年度生产值的统计信息的时代，作为货币的贵金属存量可能被用作国民财富的指标，这一事实表明重商主义学派对货币

---

① 对于重商主义的利润来自贱买贵卖的观点，容卡格利亚认为，这一观点与重商主义资本主义阶段一致，它和其他原因一起解释了对外贸易为何被赋予了如此特殊的地位。只有一国和他国交换时，贸易才能被称为该国财富的来源（2009年，第39-40页）。当然这并不意味着重商主义者否定世界经济是相互联系的，因为他们并不关心全球经济的繁荣，而只关注本国经济的繁荣。

问题的极度关注是有一定道理的"（容卡格利亚，2009年，第36页）。这就是重商主义者做出许多原创性贡献之一的货币名目论。相反，斯密的金属货币论（即货币起源于人们需要避免直接物物交换的不便）并非有历史事实作依据（尽管他们同样把货币看作是最好卖的商品）①。重商主义对商品的恐惧或货币的匮乏反映的是从封建经济占主导地位的自给自足生产向资本主义占主导地位的市场导向的生产，不仅表达了处于上升阶段的商业资产阶级的主张，也显示了他们解释经济和社会发展要求的显著能力（容卡格利亚，2009年，第38-39页）。在斯图亚特看来，国家必须要采取措施调控货币供应量，以便实现总供求均衡，提高需求，降低失业，只是不能矫枉过正。自然，斯图亚特批判了孟德斯鸠和休谟的货币数量理论。在大森郁夫看来，休谟和斯图亚特货币论的区别不是货币数量论的连续效应，而是有效需求理论。"它们之间的不同在于是否货币供给量和货币消费数量总是相等或不相等。因为斯图亚特将货币的功能理解为价值储藏，因此他明确地认为，它们并不总是相等的。"货币供给量和物价水平的联系机制是消费者的需求水平。停滞的经济饱受失业之苦，货币数量论仅适用于某些特殊情况，而有效需求理论可以广泛应用。因此在斯图亚特的眼里，货币数量论太过不切实际而不能作为一般原则使用（Omori，2003：108-112）②。斯图亚特认为，需求与竞争决定价格，这些又取决于财富和经济环境，而不取决于人们碰巧拥有的铸币。"尽管让一个国家的铸币，按非常大的比例或增或减，商品依旧会依据需求与竞争的原则或升或降；这些价格一直将决定于拥有财产或任何等值物品的人的偏好，而从来不决定于他们拥有的铸币的数量"（转引自巴克豪斯，2007年，第125-126页）。

三是失业问题。重商主义者非常关注失业问题。配第在《税赋论》中就建议政府为失业者提供就业。斯图亚特也认识到，失业是常有的事，国家应当想办法尽可能减少失业，即在供给和需求之间保持均衡（1767，Vol.1：512-513）。"自由竞争，带来人们之间的区别对待和差异性，不仅打破了人际联系网络，也会由于商品交易过程的暂停而导致失业。"失业，按斯图亚特的表述

---

① 当然两种货币观的不同可追溯到亚里士多德（2011年，16-17页及注释）关于货币两种不同的货币学说，即一种是金属货币论，另一种是货币名目说。然而这两种学说都有其道理，即使到现在也一直处在争论之中。

② 罗宾斯（1963）就公正地认为，斯图亚特为随后的反货币数量理论提供了一份纲要（Hutchison，1988：344）。

是"富裕过程中的饥饿",有两种形式,自愿的(懒惰的)和非自愿的。对于前者,政治家要么通过对懒惰工人征税要么提高生存成本的政策,后者是长期的结构性失业。"这种对作为现代产业社会一个独立和基础性组成部分的经济的实际解读可以被认为预示着他发现了迄今为止还没有被认识到的非自愿失业概念"(Omori, 2003: 106-107)。而斯密却没有多讨论就业问题,因为大部分或全部的就业问题可通过自发的、自我调节的简单的自由体系解决。斯图亚特不断强调保持他所谓的"工作和需求之间的均衡",这种"均衡"是总量意义上的,尽管有时涉及的是特定的商品和行业。他解释说,他偏好使用"工作"这个词而不是"供给",是因为他主要考虑的是劳动者的利益。这个均衡是重要的,不是从确保国家富裕的角度,而是为了保证每一个劳动者的健康与活力。像17世纪和18世纪的许多作家一样,斯图亚特非常关注经济循环的持续性,并特别强调未被利用的储蓄、货币储藏和经济停滞的危害。他也认为引进纸币或其他符号货币是合理的。但这种均衡不能从相反方向而被打乱,要防止国内消费抬高价格,进而伤害出口(Hutchison, 1988: 341-343)。

四是国际收支问题。重商主义者非常强调国际收支问题,斯图亚特也是如此。他对国际收支问题的分析,"显然要比休谟前进一步"。"一个资本账户持续赤字的国家,难以找到硬币流动得以停止的均衡价格水平"。Skinner(1981)指出,"正是由于斯图亚特在欧洲大陆居住多年,才使他推导出一个比他的伟大的苏格兰同时代人所提出的更能驾驭的'体系'"(参见埃尔蒂斯,1996年,第534页)。

(二) 斯密的理论包含宏观分析吗?

在 Hutchison (1988: 358-359) 看来,《国富论》的丰富内容最终都是通过一个斯密所称的"自然自由的简单体系",即所谓的自由竞争、自我调节市场模型所提供的线索连接在了一起。"这个简单模型……从个体的主动性、分配、积累到再分配,通过市场,比其他人和机制能更有效地释放和刺激经济力量来推动社会进步。"它的独特贡献是将个人自由与社会的经济进步协调起来。正是斯密真正将市场自我调节理论一般化为总体有效协调国际和国内、宏观和微观经济——尽管存在有些重要的例外。Screpanti 和 Zamagni (1993) 认为,《国富论》融合了斯密关于经济发展的宏观动态理论和他关于市场交易的微观理论(Milonakis and Fine, 2009: 16)。

斯密(2005年,第252页)认为,"将资本投入到耐用物品上可以促进有价值商品的积累,所以鼓励私人节俭,有利于社会资本的发展;由于所维持的是生产者而不是非生产者,所以有利于国家财富的增长"。因此他非常重视储蓄,提倡节俭。如果金银短缺,可以由纸币补充。所以,"从任何方面来说,任何一国政府对于保持或增加国内货币量的关注都是最不必要的",所以斯密眼中的货币仅是"已知并确立的交易工具""货币除了购买货物外就没有任何用处"(2005年,第314页)。为此,他特别批判了英国重商主义者"他们的论证常常假定,所有财富均有金银构成,增加那些金属就是国家工商业的重要目标"(2005年,第321-322页)。

在哈奇森看来,斯密在古典宏观方面的理论创新主要集中在对储蓄、投资、利率和他的货币分析方面。《国富论》第二卷第3章有关储蓄和投资的分析构成其核心,这种储蓄就是投资的论述被熊彼特称为"杜尔哥—斯密的储蓄投资理论",即在没有政府干预的情况下,自由市场自然将个人储蓄完全平滑地转化为资本积累并推动经济进步,尽管这与他赞同设定利率上限的观点不相称。作为古典宏观经济学的主要创建者,斯密的观点相当新颖,他的储蓄和货币储藏的观点在逻辑上同其货币观相契合,即宏观经济上的自由放任政策(Hutchison,1988:366)。

对此,熊彼特(1991年,第287页)认为,斯密的"均衡理论虽说很粗浅,却是斯密所提出来的最优秀的经济理论,实际上预示了萨伊的理论,并通过萨伊的著作,预示了瓦尔拉斯的理论"①。穆勒也持有这种观点。尽管他区分了物物交换和存在货币两种情况可能存在差异,但他仍总体上认为,"不可能所有商品都生产过剩"(穆勒,2012年,第53-56页)。

到现在人们依然将这种受斯密影响的一般均衡理论作为讨论宏观问题的基础。原因在于,瓦尔拉斯的体系实质上是一个"实物"体系或计价商品体系,该体系本身是完整的,"货币这块面纱"只是作为可与它分开的装饰物披在了它的上面(熊彼特,1994年,第396页)。

(三) 站在宏观经济学的角度批判古典理论

在熊彼特的眼中,魁奈—李嘉图—庞巴维克—维克塞尔的宏观分析与微观

---

① 不过,罗宾斯(2008年,第171-172页)认为,斯密的"资本因节俭—储蓄—而增加","因浪费或行为不当而减少"或他确信人们储蓄并不意味着减少失业,被冠以"萨伊定律"的名称,罗宾斯认为,"可能是命错了名字。""总供给必须总是等于总需求的思想一直用现代专用语被描述为萨伊定律。所有的各种人,大人物或是小人物,都通过解释为什么萨伊定律不能总是维持的原因来提高他们自己的声望。"

分析结合的方法视为是凯恩斯所采用的方法。尽管他特别强调凯恩斯的宏观分析与瓦尔拉斯的微观分析的不同（熊彼特，1994年，第360-362页），但他并没有给出这种宏观分析的严格定义。考虑到当前宏观经济学面临的困境，在此本书也并不打算深入讨论这一问题（笔者将专门论述），特别是关于魁奈、李嘉图和维克塞尔的论述是否可以算作是严格意义上的宏观分析。因此接下来主要涉及斯密的宏观问题的批判性讨论。

总体来看，斯密将其自由体系运用到微观经济和国际贸易领域是适当的，但运用到宏观领域却没有充分考虑必要的适用条件和例外情况，例如斯密关于储蓄和投资自动转化的大胆的无条件断言，自由竞争可以灵活调节货币的供给，考虑到货币和银行制度，这些都需要明确（Hutchison，1988：367-368）。下面针对具体的问题和领域展开分析。

首先，斯密的最重要错误是将国家和个人混同，宏观和微观混同，社会与国家混同。在《国富论》中，斯密多次将国家与个人等同（2005年，第250页，第326页，第646页）①。这与《国富论》中的部分论述有冲突。"地大物博的国家固然不会因私人奢侈妄为而贫穷，但政府的奢侈妄为却可能使国家贫穷"（斯密，2005年，第247页）。"尽管对于仓库中有充足货物的某特定商人来说，有时也许因不能及时销售而破产，一国或一地区却不会遭受同样灾难"（斯密，2005年，第314页）。这两点反映出了个人与国家（政府）行为的不同。

另外，斯密犯了色诺芬和柏拉图式的错误，直接从个体层面上升到国家层面。斯密（2005年，第326页）认为，"在私人家庭的经营中是最精明的事情，在一个大国的管理中就不可能是愚蠢的行为"，这种观点就广受批判。熊彼特（1991年，第555-556页）认为，这一说法的"错误程度不亚于可以算在'重商主义'账上的任何错误"。穆勒（2012年，第38页）认为"个体适用的行为并不适合于国家"②。门格尔（2007年，第189页）认为，"亚当·斯密及其学派一直没有把复杂的国民经济现象还原为个体活动，也没有教导我们如何从理论上将这种现象理解为个人活动的结果"；相反，他们的研究目的在于"让我们从虚构的国民经济的角度来对这些现象进行理论解释"。凯恩斯

---

① 许多先贤也发表过这样的论断，如前述的亚里士多德及杰文斯（1984年，第84页）。
② 穆勒举例说，对商人来说，巨大的消费需求是重要的。但国家并不是。理由同上。"比如，一个人通常通过收购土地获利，由此推断一国能依靠对外侵略扩张获得财富；一个人以其拥有的货币数量衡量富有与否，人们就深信所有的贵金属堆满屋子就可以使一国富裕。"

也反对这种观点,他(1999年,第373-374页)认为,宏观经济学必须要解释"整体大于部分之和"的现象。存在"总体的经济行为理论和个体的行为理论之间的至关重要的差别"(1999年,第92页)。

很明显,这里存在合成推理的谬误(Fallacy of Composition),即把对局部来说对的东西说成是对总体来说也必然是对的。对个人来说是妥善的行为,对整个国家来说却是愚蠢的事情。例如斯密(2005年,第250页),认为,"对个人财富有益的消费方法也对国民财富比较有益"。"节俭增加社会资本,奢侈减少社会资本"。对此,萨缪尔森(1991年,第21页)就认为,如果每个国民都增加储蓄,则对整个国家来说并不是好事,因为消费增加就不足。实际上,这种错误很大程度上与前述斯密没有认识到经济学和政治经济学的区别。斯密甚至强调在不依赖外部市场的情况下高储蓄仍是可行的。此处的储蓄,在斯密看来,是年生产与年消费之间的差额,与贸易差额是不同的(斯密,2005年,第355页)。这明显说明斯密当时还不理解双缺口模型($X-M=I-S$)[①]。

其次,斯密没有重视需求问题。按照田中(Tanaka, 2003:142)的观点,斯图亚特《政治经济学原理》的出版,促使斯密开辟新路建立一套供给侧经济理论,因为斯图亚特的货币经济理论(认为国内市场是通过货币政策产生有效需求形成或塑造的)完全不同于重农学派和斯密创立的自然体系。斯密的这套纯粹从供给侧出发的经济理论,完全拒绝了需求侧的货币政策。在田中看来,斯图亚特本质上是由政府引导和控制货币政策的经济理论,同斯密所批判的重商主义相同。重商主义的一个显著特征是对商品的恐惧或货币匮乏的担忧(容卡格利亚,2009年,第38-39页)。对于斯图亚特来说,就像大多数18世纪作家一样,经济增长被视为是一个竞争环境中通过提高就业水平和适度扩张的货币刺激所带来的经济产出的增加(Hutchison, 1988:341)。这种需求侧的货币经济理论鼓励富人的奢侈品消费,因为在斯图亚特看来,经济发展和增长依赖于人们有机会劳动,富人有机会享有剩余(Magnusson, 1994:6)[②]。然而,在田中(Tanaka, 2003:143)看来,这种建立在实际状况基础上的理论体系,使斯密自然的自由体系无法实现。因此,斯密的供给侧经济增长理论

[①] 英国的重商主义者当时强调的是整体的对外贸易盈余,而不是对某个国家的贸易盈余。这一点斯密是清楚的,所以斯密(2005年,第249页)也承认重商学说的部分优点。

[②] 萨伊(2014年,第8页)也批判了重商主义者的"流通使国家致富""奢侈有利于产业的发展,而节俭则招致商业各部门的衰败"的观点。

的核心原则是人类自我改善生存条件的欲望，这种欲望是经济增长的引擎，这明显不同于斯图亚特的货币引擎。因此，斯密的理论建立在实际分析（Real Analysis）之上，完全不同于斯图亚特的货币经济理论。斯密的政治经济学将经济学从必然伴随政府的货币政策的政治学中解放了出来，证明了没有政府的货币政策经济增长的可行性。斯密的经济理论建立在追求完善的独立的勤劳的行为主体的塑造上①。

无论如何，需要指出的是，斯密在生产劳动和非生产劳动的划分上，反映出了他对宏观经济学认识的不足。例如斯密的非生产劳动者包括君主及其官吏、海陆军，他们的服务终究会"随生随灭，不能保留起来供日后取得同量职务之用……今年的政绩购买不到明年的政绩；今年的安全买不到明年的安全"。还有些是很尊贵并很重要的，如牧师、律师、医师、文人，和最不重要的，如演员、歌手、舞蹈家，都是非生产性的，"这类劳动中，就连最尊贵的也不能生产什么东西供日后购买等量劳动之用"（斯密，2005年，第240页）。按照当前的宏观经济学，这种认识当然是错误的，其认识程度显然不如后来的李斯特。

斯密忽视需求管理肯定是错误的。他不仅攻击了斯图亚特提倡的富人应当高消费（拉动需求），而又指责重商主义不重视消费，"消费是所有生产的惟一目的。……但在重商主义者看来，消费者的利益几乎总是为了生产者的利益而被牺牲。重商主义者似乎把生产而不是消费当作所有工商业的最终目的。""重商主义体系是由生产者，特别是由商人和制造商设计的"（斯密，2005年，第470-471页）。当然，这种忽视需求的做法必然导致他对对外贸易作用的轻视。"政治经济学不应该使资本进入对外贸易或贩运贸易领域。"因为"国内贸易的资本所支持的生产性劳动比对外贸易资本支持得多，后者又比贩运贸易支持的生产性劳动更多"。因此，"国家不应该偏爱或特别鼓励对外消费贸易和运输贸易，也不应强迫或利诱资本的较大份额进入这两种贸易渠道，应该听其自然地自行流入"（斯密，2005年，267页）②。而恰恰是对国际贸易的轻视，导致了后续斯密在货币、失业以及国际收支问题上的一系列失误，而这些正好

---

① 在哈奇森看来，斯密也未能将他的劳动价值理论与自然法哲学家的效用价值理论协调好（Hutchison，1988：363-364，376-378）。

② 斯密（2005年，第263-263页）认为，中国、古代埃及和古代印度是世界上最富有的三个国家，主要以农业和制造业占优，他们的对外贸易并不发达。

又是当前宏观经济学最为核心的内容。

再者是斯密对货币理论的轻视。斯密（2005年，第397页）认为，"重商主义认为，货币是真正构成所有国家财富的东西。对货币的生产发放奖励，就最能体现重商主义的灵魂，是重商主义的富国妙策之一"①。在他的眼里，"货币是流通的巨轮，是商业上的大工具"。"有了纸币，流通领域无异使用了一个新轮子，它的建立费和维持费，比旧轮子轻微得多"（斯密，2005年，第213-214页）。实际上，斯密的金属货币论和重商主义的货币名目说可分别追溯到亚里士多德的不同论述。一方面，亚里士多德的确是从物物交换到远距离交易的自然发展过程解释作为中间媒介货币的产生。这种观点认为，"钱币只有计量单位的作用，交换物品依旧是本业的目的"。但亚里士多德又认为，"钱币只是一种虚拟的物品，习俗的信用是使其流行起来的主要因素。……如果惯用某种钱币的人改信另一种钱币，那么原来通行的钱币就会失去原来的价值，而再也无法买到任何生活必需品了"（亚里士多德，2011年，16-17页）。需要注意的是，亚里士多德在其《政治学》卷一章九中就已经指出了，从物物交换的原始贸易中产生了作为中介的货币"原非生活所需的真实财富"，而一千多年以后，斯密却用了这一常识攻击重商主义者不懂或混淆了这一常识。然而，令人遗憾的是，斯密的这种不当的指责竟然被两百多年以来的主流观点持续接受。

在熊彼特看来，斯密的货币理论与后期经院学者从亚里士多德那里继承的金属货币理论，这种理论没有什么实质上的不同，"他们对货币起源所作的推论与斯密的推论一样，是从人们需要避免直接物物交换的不便这一并非有历史事实作依据的前提出发的，他们同样把货币看作是最好卖的商品，而且还有另外一些相同之处。"但是17世纪讨论货币政策的重商主义者首先提出了"降低货币成色——以及其他增加流通货币单位的方法——也许会刺激贸易和就业的思想"，而英国"古典学派"那里几乎完全没有这种思想（熊彼特，1991

---

① 令人奇怪的是，最早命名重商主义术语的米拉波侯爵反倒认为货币是人类重要的发明。在《国富论》中，斯密（2005年，第483页注释1）提到了米拉波提出重商主义概念的《乡村哲学》中的以下观点，米拉波说："有史以来有三大发明为政治社会带来安定，第一个发明是文字，……第二个发明是货币，它是各文明社会之间所有关系的纽带。第三个发明是《经济表》，它是另两种发明的结果，完善了二者的目标，完成了二者的任务。它是我们这个时代的伟大发现，我们的后代将从中受益。"这肯定可以说明斯密从米拉波那里借鉴了重商主义概念，但是否也能说明斯密并未能真正理解米拉波呢？

年,第155-157页)。这一点凸显了重商主义者的原创性贡献。

当然斯密的金属货币论也遭到了很多批判。例如,穆勒(1991年,第371-372页)在谈到国家的必要职能时,以铸造货币举例说,这样可以减少麻烦(用现代的术语说就是降低了交易成本),即使最反对国家干预的人也没有把这称为越权行为。Robbins(1978:30-32.)也认为,货币和信用部分作为交换经济机制的一部分不同于其他部分。在这一领域"某种形式的国家干预是完全正当的"。"总体上,有关货币和信用的理论倾向于一个不同的事物"。凡勃伦不仅批判了斯密将货币"标准化为传播消费品的一个流通毂轮"的观点(2012年,第128页),而且还批判了新古典的货币观,即"除了表示对消费品的购买力之外,货币价值没有其他含义,货币只是一种便于计算的工具"的观点。凡勃伦认为,现代商业中的实际情况并非如此。这种理论"不能将资本化的变化等同为生产技术水平的变化或是消费感觉的变化。可能导致通货膨胀、提高价格、市场存货过多等现象的信用扩张,与生产技术水平和消费的感觉之间同样也没有明显的、确定的关系"。这种理论也不能解释商业企业或商人的行为。"从而,包含所有信用机制和其他机制的整个'货币经济'就消失在一整套比喻中,这些比喻从理论上再现了删改过的、无用的、被简化了的'纯物物交换体系',这个体系在消费快乐感的最大净值上达到了顶点。""任何将这些因素排除在外,或者不解释这些因素的商业理论,都漏掉了它应该寻求的主要事实"(凡勃伦,2012年,第211-213页)。"在一个几乎没有关于一国年度生产值的统计信息的时代,作为货币的贵金属存量可能被用作国民财富的指标,这一事实表明重商主义学派对货币问题的极度关注是有一定道理的。此外,货币的充裕可以刺激贸易。作为一项规则,货币资本的积累通常先于或伴随实际资本的积累"(容卡格利亚,2009年,第36页)。"斯图亚特的货币理论与凯恩斯的相同之处不只是这个命题,即货币充分扩张将使利率降低到2%。在斯图亚特看来,货币支出与货币供给并没有密切的联系,因为经常自由地持有大量的闲置余额,而且价格水平取决于'需求与竞争……正是单纯花费它的愿望,才会提高价格'"(1966:344-345)(埃尔蒂斯,1996年,第535-536页)。当然,斯图亚特的货币观具有某种货币国定论的色彩,其被后来的凯恩斯等继承和发展,也就很自然了。

货币很重要。这一点熊彼特在其经济分析史中就指出了。实物分析框架将物物交换系统与货币问题分开,而货币分析者则一开始就将两者结合了起来。

哈耶克和凯恩斯均是如此，产出波动源自利率无法在所有时刻都能成功地调节储蓄和投资（古德斯皮德，2018）。

除了金属货币论之外，斯密的货币观还存在其他缺陷。在 Hutchison（1988：367-368）看来，不仅斯密的"自由竞争可以灵活调节货币的供给"与他的"经济增长需要货币供给的增长"的观点相冲突，而且他的贵金属的世界供给可能是极端不确定和不可信的判断也与他的国内金银数量不足时适度数量的纸币将会被自动地创造出来而不会导致任何集中管制的严重后果的判断不一致。"前述的观点似乎暗示了货币供给并不重要，这种相当随意的处理方式产生了一种持续相当长的过分乐观情绪，首先涉及的是通过政府设计和实施一个令人满意的货币框架和银行规则制度在智识上和实践上的困难，其次涉及的是为稳定经济而制定的这些规则或实施这些规则存在的缺陷而导致的严重后果。"这些反倒被他所忽视的竞争对手斯图亚特爵士讨论了。另外，还需要指出的并值得进一步研究的问题是，"对于 1929 年及其以后的大萧条的货币主义的解释本来（或主要）是根据在一个持续增长的经济中购买力的失败，或者是不能维持一个稳健增长的货币供给——'重商主义者'的著名的前提条件"（Hutchison，1988：396）。

最后是斯密忽视了失业问题。古典学者没有讨论失业问题，因为根本就不存在真正意义上的失业（穆勒，2012 年，第 53 页），就业问题可通过自发的、自我调节的简单的自由体系解决（Hutchison，1988：150；342）。然而许多经济史学家已经表明，非自愿失业在 17 世纪的英格兰是个重要的问题，这是 17 世纪晚期以来英国经济思潮的一致共识（巴克豪斯，2007 年，第 125 页；埃尔蒂斯，1996 年，第 534-535 页；Omori，2003：106-112；Hutchison，1988：341）。就像 20 世纪 30 年代一样，失业也是当时最重要的问题之一，但却很少有古典经济学家对之研究，从而"贬低了经济学的专业性"（巴苏，2014 年，第 233 页）。

实际上，在大多数时间和地点，不同类型的失业会并列或同时存在。重商主义作家一个接一个地清楚表明，尽管有时也关注"自愿"失业或懒惰问题——大概在任何时间任何地方都可能存在——但非自愿失业问题对他们来说都是一个关注的重点。配第、达维南特、劳和曼德威尔等以及许多不太重要的作家都可以引用作为肯定非自愿失业存在的证据（Hutchison，1988：150 及尾注 10）。至于失业的原因，Hutchison（1988：151-154）认为，这源自需求的不稳定,而这又在很大程度上是由于货币的原因。

另外,与失业有关的一个值得关注的话题是,斯密在《国富论》认识到了机器应用的重要性,但却将之视为是"为了节约劳动"。而早在1804年,Earl of Lauderdale 就认为,斯密没有认识到机器是超越一个劳动分工原则的简单扩展的东西,因而也没有认识到产业革命的影响。但斯密同时代的 Steuart 却已认识到,机器在提高生产率因而可为更多人口提供物品上的贡献(Magnusson,2009:6-8)①。

综上所述,笔者认为,一个忽略失业和国际收支问题并轻视货币的理论体系很难说是宏观经济学。尽管 Hutchison(1988:375)认为,存在斯密在宏观领域的革命——"关于利益和货币的宏观经济的自我调节",但这种看法可能依据的是当前的新古典"宏观经济学"的标准。可恰恰是新古典学者,如前述的罗宾斯和卢卡斯却否定了宏观经济学。如果再考虑到哈奇森自己也认为斯密将侧重分析价值和价格的微观分析框架推广至宏观领域所面临的困难,笔者认为,的确需要重新反思"斯密的宏观革命"之说。实际上,Hutchison(1988:97)自己也认为,"自然法哲学的经济分析主要涉及的是今天被称为'微观经济学'的基础。"考虑到问题的复杂性和重要性,这一问题只能专文论述。无论我们是否接受这种观点,有一点是清楚的,那就是斯图亚特等重商主义者对宏观经济分析做出了最早且有独创性的贡献。

(四) 对重商主义宏观分析的评价

在重商主义的宏观视角中,经济是一个相互联系的系统,货币量、价格、利率和国际汇率是相互联系的。尽管当时经济学还未被视为是一门科学或学术研究对象,但它包含了一种面向事实和经验世界的态度(Magnusson,1994:10)。他们将失业、货币储藏、货币供给的不稳定性和经常性的短缺的存在视为是严肃的问题(Hutchison,1988:154)。例如配第、斯图亚特爵士就把非自愿失业、货币储藏和通货紧缩视为是严重或危险的问题,像多数所谓的"重商主义者"一样,他们也相信"货币很重要",尽管在20世纪后期仍然被坚持或追随,但却被英国古典正统体系排斥或拒绝(Hutchison,1988:375-376)。"断言政府干预在实践上是不可能降低经济波动和失业是一件事,而贬低或否认真实世界中严重的经济波动的实际可能性是另一件事。"1930~1940

---

① 斯密在《国富论》中将中国视为一个经济停滞的范例(Magnusson,2009:6)。

年的凯恩斯革命与古典理论的对比已经被斯图亚特和斯密的对比所预设。按照斯密—古典的正统理论，19 世纪的商业周期被认为是摩擦性的，约翰·穆勒倾向于将周期性失业视为是"不重要的"，坚持认为"充分就业的状态是事物的正常状态"（Link，1959：168；177-179, quoted in Hutchison, 1988：377-379）。因此，商业周期的研究，20 世纪宏观经济学发展的一个主要来源，尽管有一两个例外，直到进入 20 世纪前，主要是由主流的英国古典圈子之外，和新古典流派之外的经济学家发起和推动的。就像 Wesley Mitchell 所说，"不是正统经济学家……在经济学中给出了危机和萧条问题的位置，然而其怀疑者从中获得了利益并反对他们的教诲。从亚当·斯密到穆勒，甚至到阿尔弗雷德·马歇尔，这些古典大师们在他们的系统的研究中仅仅偶尔地关注一下贸易的周期性波动。"另外，如果配第等人的观点没有被草率地和广泛地排除去，不稳定和失业问题可能会得到更多的关注，最终凯恩斯的抗议在很大程度上就没有必要（Hutchison, 1988：378-379）[①]。

重商主义文献提到的一些描述性的理论陈述今天依然有效，固定汇率条件下，国际收支余额导致国内货币存量的增加，而这种增加是增加国内生产的工具或刺激物，尽管后来（以及今天）被广泛质疑，但并非是个完全荒谬的观点（Aspromourgos, 2009：38-39）。

斯图亚特认为，自由市场经济并不会自动地趋向有利于整个社会的经济秩序，所以国家需要干预经济的观点并没有错。无论如何，这是经验事实。相反，古典理论家认为，政府干预恰恰阻碍了经济活动，扰乱了由上帝意志所创建的自然经济秩序的平稳运行（基奥恩，2012 年，第 274 页）。尽管不能说这种观点错误，但这仅是一种理论命题，而非现实的经验法则。不能用理论命题来否定经验法则（尽管古典和重商主义者均强调经验主义的方法）。

前文谈到，斯密和萨伊都没有重视宏观问题。虽然穆勒区分了个人占有的财富和国家占有财富的不同点[②]，但也没有进一步分析宏观问题。无论如何定

[①] 哈奇森声言他不想在古典和重商主义—凯恩斯主义的宏观经济理论之间选边站，他只是想对草率的、教条式的排外主义表达抗议。

[②] 穆勒认为，个人占有物的财富和国家占有物的财富"在含义上"有重大区别。一个国家中的债权债务对其债权债务人很重要，但对国家不重要。"公债不能计作国民财富的一部分，统计学家往往忘记了这一点"（穆勒，1991 年，第 19-20 页）。这种区别约翰·穆勒并没有深入地分析。前述部分谈到穆勒也在同一本书里谈到了政治经济学和社会经济学，但他没有区分两者，甚至等同了两者。其原因是否在于他还没能认识到宏微观的不同？

义宏观，斯密等古典学者的确忽略了宏观经济的核心问题，这也是后期的新古典在宏观领域没有建树的最早根源。尽管古典理论体系是正确的①，但不能用微观的理论命题来否定重商主义的宏观经验法则。实际上，不仅社会层面的经济需要研究，国家层面的经济也要研究，而重商主义者，虽然承认社会层面的经济活动，但却更强调国家层面的政府经济作为。

三、政治经济学的规范判断与政策之争：干预还是放任

如前所述，在熊彼特的眼里，斯图亚特和斯密都是顾问行政官或受他们著作的影响（熊彼特，1991年，第249-250页；第279页），而顾问行政官和小册子作者"都讨论与经济政策有直接关系的实际问题，而这些问题又是新兴民族国家所面临的问题"（1991年，第220页），即"应该如何管理政府和经济，也就是探讨经济管理和政策问题。另外他们都将政治经济学视为是一门政治科学，要讨论政策问题"（Aspromourgos, 2009：63，204，219-220；Hutchison, 1988：339）。

重商主义的经济政策逻辑是国家建构，似乎与古典的功利主义不同。前者强调国家利益（个人是工具），而后者强调的终极目标是个人（政府是工具）。尽管如此，两派在制定具体政策上差异并不大，例如为了国家权力的目标，重商主义制定的民族主义经济政策工具，如关税、航海法、国家的度量衡标准和国家的货币体系，古典学者并非完全反对。原因在于，首先，从规范判断上看，两派都从民族国家角度出发的，尽管重商主义者更突出强调这一点。另外，重商主义者并不反对自由主义，如斯图亚特就一再重申，即使按照最严格标准，他自己站在自由主义者一边（Hutchison, 1988：347-348）。斯图亚特更接近古典传统，而斯密则比以前被承认的更多地类似于他的前辈。19世纪的古典学者特别明显地努力模糊这一事实，不仅扭曲了斯密和斯图亚特的形象，他们观点上的不同也被模糊（Magnusson, 1994：7）。其次，在具体的政策主张上两者的差异也不大。实际上，两派都是结果论者。古典政策的结果论辩护策略已在前述部分讨论过。在重商主义者看来，达到最终目的的方法也不是注定的，经济的进步有时或有些领域需要自由的市场，有时或其他领域却得

---

① 关于古典经济学的方法论辩护策略，参见胡明（2015，2016）。

依靠有管制的市场（马格努松，2001，第102页）。斯密甚至在某些方面较重商主义更倾向于干预（Robbins，1978：188-193）。下面先从双方的价值判断角度进行比较。

斯图亚特爵士用"政治家"这一形象使"开明君主"思想人格化了（熊彼特，1991年，第249-250页）。正如斯图亚特所说，他的书是"向政治家致敬"，其目的是影响政治家所治理的人们的精神（巴克豪斯，2007年，第124页）。斯密也是个顾问行政官（熊彼特，1991年，第247页），也受到顾问行政官等作家的影响（熊彼特，1991年，第279页）。

（一）斯图亚特和斯密的价值判断没有本质区别

对于政策目标，即16世纪和17世纪早期英国就开始更多地强调财富的生产而不是财富在道德上合理的分配（受中世纪基督教经济的影响）。按照当时的新观念，对外支付逆差开始被认为是"实际经济因素（出口与进口的差额）"的一个后果而不是邪恶的投机与高利贷的结果（Magnusson，1994：9-10）。例如，托马斯·孟、米塞尔登、蔡尔德、巴本、约翰·劳、达维南特等均致力于研究国家如何变得富裕，什么构成一国的富裕，货币的重要性等问题。甚至熊彼特也强调，重商主义文献应该基本上被视为是对实践问题的常识反应。尽管如此，17世纪见证了经验主义的出现，而同期抽象的和一般的分类原则也逐步被引入（Magnusson，1994：15-16）[①]。

对于斯图亚特来说，政治经济学本质上是一门政策学科，既是科学又是艺术。其艺术性体现在不同的条件和制度，不同的时间和地点的不同（Hutchison，1988：339）。尽管斯图亚特在其《政治经济学原理》中自始至终强调政治家的作用，但不能因此就将他看作是"极权主义的策划者，或者仅仅是留恋前市场时代的人"。因为"他不仅假设人类是自私的，还认为，政府的政策要想奏效，这个假设很重要：'自利的原则将作为一把总钥匙而服务于这个研究，从某种意义上，可以把它当作我的主题的统领原则……它是主要的原动力，是政治家为了使自由民族在他为其政府制定的计划中通力协作，而应当加以利用的唯一动机……假定人人都舍己为人，政治家就会心智迷乱，这样的假定真是荒唐可笑'"[②]。由此，巴克豪斯认为，"斯图亚特坚定地站在霍布斯、

[①] 18世纪或者更早的创新让财富仅传递着物质或经济的意义。这可以被解读为是现代物质主义和启蒙运动的表达（Aspromourgos，2009：35）。

[②] 这一点和前述的孟克列钦相似。

洛克，乃至马基雅维利的政治方法论的立场上"（巴克豪斯，2007年，第126-127页）。斯图亚特一再地重申，即使按照最显著的标准，自己站在自由主义者一边。特别是，他强调政治家或政策制定者，需要和自我利益的个体利益合作，而不是反对（Hutchison，1988：347）。就他对经济政策的研究来看，几乎可能没有比斯图亚特坚持的自由主义的原则更强硬，"任何赋予政治家干预其大多数日常行为的权力的自由人，必定失去了他们的理智，并被认为是屈从于本质上是最坏的自愿的奴隶，而摆脱这种状态必然是最困难的事情。""这样的陈述几乎不可能是一个极权主义的计划者的言行。"他是个自由主义者。在他看来，商品和服务的自由交换是自由的重要组成部分。而且他把公共利益视为是由每一个私人利益合并形成的（Hutchison，1988：348）。例如在利率问题上，斯图亚特主张由市场决定，他批判了Child爵士的权力当局有权压低利率来促进贸易的主张。政府不能强制固定利率，但可通过影响信贷规模和流通中的纸币数量来影响利率。几乎不可以说，在利率管制问题上，斯图亚特是比斯密更少的自由主义（Hutchison，1988：344）。

而就斯密来看，他的政治经济学的规范的目标同斯图亚特相似，即追求国家和人民共同富裕[①]。尽管就实现手段来看，斯密更相信通过个人的利己动机和劳动分工，最终实现整体的富裕，但根据大森的研究，他对此并不确信。对斯密近期研究揭示的是，斯密倾向于"立法科学"。《国富论》第一版出版后，他重新意识到，商人和制造业主的自私自大行为是对商品公正交易的严重损害。最重要的是，这些伤害是由经济自由本身引起的。这反映在1778年第二版的新增内容中。在1784年的第三版中，斯密将立法者的特别职责定义为"一个公正的旁观者"，负责协调公共意见，以改正一种发生在竞争性市场经济中"市场失败"。"这暗示着斯密开始对'自然的自由体系'中'同情'概念的普遍适用性产生了某种怀疑。作为自然体系中的'一个有效成因'的人类本性在一个文明社会中可能会随着商业自身的发展而受到败坏。"另外，斯密在1790年出版的最后一版，也就是第六版的《道德情操论》中拥护了"智慧而有德行之人"的观点（Omori，2003：114）。

这里有一个值得关注的问题是，斯密的政治经济学到底是建立在公正还是

[①] 在熊彼特看来，斯图亚特的目标和斯密的目标完全一样，但该书和《国富论》很难进行比较（1991年，第268页）。

利己原则之上的争议。Stewart（1811：310-12n）认为《国富论》中的政治经济学就是立法科学的分支，用公正和利己原则指引立法机构（Aspromourgos，2009：13）。不过斯密的学生兼同事 John Millar 认为，斯密考察的政治体制原理不是建立在公正原则之上，而是利己原则（Expediency）之上，这种原则被用来算计增加一个国家的富人、权力和繁荣。但 Aspromourgos（2009）认为，如此总结《国富论》的内容不仅比斯密在《国富论》中的定义更加狭窄，因为《国富论》给予了人民富裕更大的优先性，而且也无法同斯密在《国富论》中关于狡猾的政客的论述相一致。在笔者看来，在对外经济领域，斯密无疑坚持的是民族主义的国家自利立场。而在国内部分，斯密对公正与自利两种价值冲突的态度则是不确定的。

在这种情况下，笔者认为，重商主义与古典主义在价值观方面明显不同的判断可能是误导。基奥恩（2012 年，第 274-275 页）认为，重商主义者与其后继者最大的不同在于，重商主义者相信为了确保自然经济秩序按照有利于国家利益的方式获得拓展，政治权威就需要进行清醒的指导，而自由放任主义理论家们反对这一观点。由于重商主义者看到了，如果其所设想的那种监管想要在经济秩序中实施的话，严格的治理就是必然的。无疑，在前述的孟克列钦和本章论述的斯图亚特身上均可以见到这种观点。然而，在笔者看来，这一点不宜过分强调。至少对于斯密而言是如此。他不仅在国内政策上常常提出一些例外的政策干预，而且在对外经济政策上也或明或暗地带有经济民族主义色彩。

基奥恩（2012 年，第 275 页）提出的关于重商主义与自由放任主义的第二个重要不同是，"前者的思想体系要求一种狭隘的，甚至有时是排他性的对民族国家的认同……对自由放任主义的理论家来说，整个世界的经济都是相互联系在一起的，任何一个地区的繁荣都会因穿越地域限制的贸易自由流通而获得提升和扩展"。在笔者看来，这一点也不能过于强调，至少对于斯密而言是如此。首先，斯密并不像 18 世纪法国重农学派那样主张绝对地自由放任；其次，斯密并不重视甚至轻视对外贸易；最后，斯密时代的英国已经处在经济上的绝对领先地位，从结果论的角度讨论政策，主张自由贸易是很自然的。

综上所述，在笔者看来，斯图亚特和斯密就其核心价值观而言，并不存在明显的差别，两者均把经济民族主义和自由主义视为是理所当然之事。斯图亚特拥有自由主义倾向是肯定的，而斯密的自由主义观点也不过是当时流行的观点（熊彼特，1991年，第282页）。毕竟，古典经济学者也强调国家需要制定的一系列法律法规来限定和引导个人的积极性，古典自由体系是建立在适当的法律和秩序框架的基础之上（Robbins，1978：190）。因此，大森郁夫认为，"斯图亚特属于一个修正过的经济自由主义阵营，因为他认可自由竞争市场。（斯图亚特的）《政治经济学》和（斯密的）《国富论》之间的差异可能并不如通常被认为的那么大"（Omori，2003：115）。不仅如此，就伦理价值而言，古典和凯恩斯经济学并没有实质性的区别，休谟、斯密和凯恩斯等都认为，政策精英们理性制定的政策能够确保资本主义平稳地度过经济的起伏波动（霍尔和艾坎伯雷，2007年，第113页），且凯恩斯阐述的扩大了政府职能后能更好地保护经济自由主义与19世纪70年代以来的所有著名经济学者的态度是一致的（狄蒙德等，2012年，第59页）。那种仅将政府视作为"运作社会体系的一个必要工具"（米塞斯，2013年，第307页）的说法，可能有些低估了当代政府的作用。

另外，斯图亚特关于经济发展史的观念使得他认为经济发展促进自由的增加（Aspromourgos，2009：25）。这种观点和凯恩斯是一样的（斯基德尔斯基，2006年，第417-418页）。

（二）现实的政策主张：两者大体相同

对斯图亚特而言，经济政策可分为两个方面：

首先是一般性或通用性的政策原则。斯图亚特并不认可通用的政策主张，他坚信，政策必须要同经济发展的特定阶段相联系，以及同传统、制度、不同国家的环境和人的条件相联系。斯图亚特在理论和教义问题上的谨慎与谦和有别于重农学派教条式的自我证明的确定性。在其《政治经济学原理》前言的结尾部分，他警告追求建立在明白确定的经济理论之上的自大狂妄的经济政策教义所带来的政治幻灭的危险。他持续关注过分简化的危险，这种关注使他倾向于过于冗长与模糊陈述而受到指责（Hutchison，1988：337-338）。这一点和斯密相同。Hutchison（1988：361）认为，"斯密的方法论研究暗示了一种非常不同于魁奈和李嘉图的狭隘的抽象的演绎的和严密的自由放任的政策态度。斯密指责魁奈，运用绝对的或完美的最佳标准是不相关和误导性的，设想一下，只有在确定的精确的治国之道，即完美的自由和完美的公正的精确的治国之道条件下，一个经济和政治体将会繁荣昌盛……假如一个国家因为没有享有完美自由和完美公正而不能繁荣，那么在这个世界上就不会有一个国家可能已经享有繁荣昌盛。在他的自由市场的理论与政策倡议中，斯密并没有将自己与乌托邦的完美最优联系起来。"罗宾斯（2008年，第174-177页）认为，从斯密所确定国家的所有各种职能，就能真正把他同那些把自由放任主义看作教条的人区别开来。因此 Magnusson（1994：8）认为，将所有重商主义者视为是保护主义者肯定是错误的。而把斯密归结为科布登意义上的一个教条式的自由贸易者也是错误的。斯密和重商主义者肯定存在重要的不同，但是在19世纪期间这些不同肯定被过分强调了。

其次是应用领域中具体的政策主张。Skinner 教授认为，斯图亚特更关注经济福利目标而不是权力目标（军事能力）（Hutchison, 1988：348）。斯图亚特认为，市场不能出清，因此他主张国家干预经济来增加财富、福利和就业，例如，保护本国工业、实行出口补贴，举办公共工程、高税收、倡导国家银行发行货币等。例如，他所提出的"幼稚产业"保护政策，更多的是从更小规模和更不发达的苏格兰或德国得出的政策，他的主要理由是，这些地方的技能学习需要时间，学习者需要保护以应对熟练的专家。然而一旦经济迈入下一个阶段，幼稚产业保护的对外贸易政策就该被移除①。总体来看，斯图亚特"主张在更为极端的重商主义和重农主义观点之间实现平衡。这两种观点，一个支持工业，另一个支持农业"（巴克豪斯，2007年，第125页）。这和古典学者是相同的（罗宾斯，1997年，第9页）。斯密从未将他的自然的自由体系观点等同于所谓的自由主义（见第三章）。"斯密的经济自由主义，追随的是英国古典自由主义的潮流，常常更加强调具体经济状况的重要性，绝对没有否定政府政策的重要作用"（Omori, 2003：114）。因此，斯图亚特在政策问题上的态度甚至更接近古典学派的政策主张，而斯密则比以前被承认的更多地类似于他的重商主义前辈。19世纪特别明显地努力模糊这一事实，不仅扭曲了斯密和斯图亚特的形象，他们观点上的不同也被模糊（Magnusson, 1994：7）。

另外，两人在具体实施政策上也都持谨慎态度。例如，为避免社会革命而导致的社会失序，Steuart（1767）就认为，有必要采取渐进的步骤。"对

---

① 就幼稚产业而言，罗宾斯（2008年，第272页）就认为，斯密部分地谈到过某些政府干预。汉密尔顿的《制造业报告》的例证，也曾被约翰·穆勒接受，也被 Sidgwick 和马歇尔接受。但在 Hutchison（1988：349）看来，代表全体人民利益的政治家，在需要废除保护某些特定经济利益的政策时，就愿意且能够废除，这种假设有些过分乐观，甚至有些天真。

于斯图亚特来说，似乎更重要的是在自由社会中逐步进行社会改革"（Omori，2003：113）。同样斯密也讨厌智识和政治上的狂热行为（Aspromourgos，2009：241；246）。

自斯密以来关于重商主义的争论一直严肃地被困扰在一个特殊系列的经济政策，如保护主义，垄断策略和腐败的经济政策。然而，恰恰相反，许多重商主义作家高度批判这种政策，例如 Barbon、Child、Davenant 和 Petty，因为他的自由贸易倾向而被 McCulloch 高度赞赏（Magnusson，1994：16-17）。古典经济政策只在程度上，而非类别与目的上有别于重商主义，它更强调较少的管制与更多的市场（马格努松，2001年，第105页）。因此在熊彼特看来，19世纪的自由贸易教条主义并不比重商主义的任何教条具有更多的科学洞察力。至少就经济分析而言，"重商主义者"和"自由主义者"之间并不存在任何鸿沟（1991年，第550页和555页）。存在裂痕的观念起因于重商主义不能被古典经济学家，尤其是不能被亚当·斯密所理解。正是在这个意义上，Schumpeter（1914，1954）、Heckscher（1935）和 Judges（1939）都认为，不能精确地谈及一个重商主义学派的存在，一是他们更为差异化，二是没有一个一致的体系（容卡格利亚，2009年，第38页）。因此，笔者也认为，"慎用重商主义"的观点是正确的。

四、两者使用的方法论相近

容卡格利亚（2009年，第18-19页）认为，政治经济学是作为一门道德科学和关于社会的科学而产生的。16世纪和17世纪早期英国就开始更多地强调财富的生产而不是财富在道德上合理的分配（受中世纪基督教经济的影响）。他们注重不再从宗教教义的道德标准上判断事物的对错，如高利贷问题。按照这种观点，经济财富是贸易和制造业的函数。从米塞尔登（Misselden）和托马斯·孟（Thomas Mun）开始，经济问题，例如一个假设的对外支付逆差开始被认为是"实际经济因素（出口与进口的差额）"的一个后果而不是邪恶的投机与高利贷的结果（Magnusson，1994：9-10）。当然，不仅英国的重商主义者，而且法国的重商主义者也不再将道德凌驾于国家的基本利益之上。虽然法国更强调自给自足，而英国更强调对外贸易，但其本质都建立在国家的经济利益之上（Magnusson，1994：178-179）。从这个意义上说，重商主义者是最早开启现代的科学经济学探索的先行者,至少他们怀有一种面向事实和经验世界的态度(Magnusson,1994:10)。

当然,这并不意味着,重商主义者已经认识到了实证与规范的严格区分。如前所述,至少斯密也没有完全认识到这种区分。因此,这里并不讨论这一方法论内容,而是简要讨论更常见的归纳法和演绎法的使用问题。

在重商主义时代,配第最早受培根的经验主义影响,他"为反驳某些评论家对国民经济衰落的哀叹而写的《政治算术》,显而易见地企图把培根的方法论运用于经济分析。"培根在其《新工具》一书中写道:"人类力量之路和人类智慧之路靠得很近,几乎是同一条路。由于人们长期以来形成沉湎于抽象的习惯是有害的,所以要开创一门科学必须从与实践有关的这些基础开始。让实践行为作为一枚图章,加盖于你所考虑的问题之上,并决定你的思想。"(迪恩,1996年,第964页)。而配第不仅在政策领域,且为政策提供了明确的方法论标准或认识论标准,进而影响了洛克、诺斯、格里高利·金等(Hutchison,1988:7)。重商主义者追随培根的理性的科学框架,也将其经济论据建立在逻辑原理之上,特别强调因果机制,远离了偏见和价值判断,这肯定暗示了一种新态度和新方法(Magnusson,1994:10-11)。

当然这种经验主义的研究方法也影响到了休谟。休谟的历史方法就与其经验主义原则紧密相关。然而,真正在政治经济学中充分运用历史原则的是斯图亚特和斯密(Hutchison,1988:332)。由此可见两人在研究方法上,特别是在历史归纳法上,拥有相似之处。

在经济思想史中,第一个试图使用演绎模型的是重农学派,特别是魁奈的《经济表》。斯图亚特不反对演绎法,至少他也以热心公益的政治家为假设前提进行了推理。大森郁夫认为,斯图亚特的经济学被认为是第一个科学的经济学的原因是他的方法论和技能,将特殊的经济理论整合进一个具有一致性的"规律性的科学"。这个方法论包括三部分,一是从现实归纳进行抽象,二是通过演绎推理回到现实,三是建立政治经济学的艺术和科学体系,通过可行的原则进行合并与安排(Omori,2003:108)。

斯密的《国富论》在方法论领域是综合和均衡的,他既使用演绎法也使用归纳的推理模式。Cliffe Leslie 是首先指明这种斯密二元论的学者之一(Milonakis and Fine,2009:18)。当然,《国富论》中"抽象的推理"大多保持在一个非常有限的范围内(Hutchison,1988:357-358)。Blaug(1980,1992)

追随 Skinner（1974：180-181）认为，斯密分别在《道德情操论》和《国富论》中将"牛顿的方法应用到伦理学，接着又应用到了经济学"（Aspromourgos，2009：17 尾注），而牛顿的方法就是综合的。马歇尔也认为，斯密"展示了归纳和演绎是多么的不可分……他经常是归纳的，但又绝不仅仅是归纳的"（Hutchison，1998：45）。

第三节 整体评价

综上，相比于斯密来说，斯图亚特在研究对象或范围上，更偏重于国家层面的考察，而斯密则更注重社会层面的研究；就理论分析而言，斯图亚特侧重的是宏观分析，而斯密则受自然法哲学的影响，更多地进行了微观经济学的研究，尽管两者在规范判断和政策主张以及研究方法方面差异并不大。下面分别从人物和学派两个不同层面进行总结性评价，然后就政治经济学的归属做出判断。

一、对斯图亚特和斯密的评价

在对斯图亚特和斯密进行评价之前，有必要先对威廉·配第进行简要点评，毕竟他是这里要点评的两位后来者的前辈，也或多或少对他们有所影响，尽管一个偏正面，另一个有些负面（见前述部分的讨论）。在 Hutchison（1988：3）看来，马克思关于配第是"最具才华和原创性的经济研究者之一"的判断似乎完全合理，因为马克思强调配第著作的原创性和重要性，以及强调他的后继者对下一个世纪的贡献价值，不仅对配第来说是公平的，而且也充分认识到，配第及其后继者的著作有可能使我们能够更加均衡和清晰地认识 1776 年之前经济思想的历史——和这门学科的整个历史，特别是，暗示了对萨伊和穆勒声称的，至今仍十分流行的观点的否定[①]。

[①] 哈奇森还谈到，在 1986 年的牛津，有人提出了这样的观点，"现代意义上的经济学实际上是仅仅在 200 年前在一个国家（苏格兰）被发明的"（Bliss，1986：368 quoted in Hutchison，1988：384）。

第六章 18世纪政治经济学的发展：前古典与古典的争议

就后人对斯图亚特的评价来看，尽管古典学者忽略甚至否定了他（很大程度上与斯密对他有意识地冷淡处理有关），但却被后来许多思想史学家给予了高度的评价。就古典学者的负面评价，在此借用 Hutchison（1988：349 - 350）的总结，经济思想史一直是胜利者的版本。"失败者的版本或观点很大程度上被抛弃。詹姆斯·斯图亚特爵士已经成为这门学科历史上最完美、最杰出的失败者之一。随着十九世纪英国古典经济学取得正统地位，尽管 McCulloch 部分地认可了他，认为他的著作实际上是'第一本有各种理由被视为是这一学科系统和完整观点的英国著作'，但他和他的著作在英国几乎完全消失殆尽，并时不时被嘲讽。斯图亚特作为'最后的重商主义者'被诸如 Sir Leslie Stephen 之类的十九世纪的权威专家耻辱地扫进了垃圾堆，被贬谪到'所有最讨厌文字类作品中最令人厌恶的个人中的一员——一个低劣的政治经济学家'的地步。尽管这种忽略可能是因为斯图亚特《政治经济学原理》的杂乱无序的、冗长拖沓和缺乏组织等本身的原因而承担部分责任——斯图亚特自己也承认存在不必要的重复，但瑕不掩瑜，这种文体上的缺陷被其智识上的优点和他比他的顶级竞争对手和批评者更持续抵制过分简单化的做法所抵消。"实际上，斯图亚特的著作出版之后的几年，曾被广泛接受。休谟欢迎这本书，连英国政府都寻求斯图亚特的建议。但很快被斯密的《国富论》所超越，从而被英国所遗忘，但却在德国找到了更多的读者，巴克豪斯（2007年，第127页）写道："他的书依然有人看，他对供求关系的讨论在19世纪早期依然得到了广泛的关注。"

然而，近些年来，随着对斯图亚特著作的进一步研究，这种负面评价的风向已开始逆转。在罗宾斯看来，斯图亚特的《政治经济学原理》"从多方面看，它是一种知识，是一本严谨而论述优美的著作，以某种方式综合了重商主义体系的许多原理——不是斯密使用过的狭义的重商主义概念以及它的普及名字；而是广义的重商主义概念……在某种程度上，它是经济文献中广重商主义的最好的表述"（罗宾斯，2008年，第146页）。埃尔蒂斯认为，斯图亚特为经济学论点应用到范围庞大的问题，"提供了一个详尽的全面的和经常是独创性地说明"。"马克思给予斯图亚特以应有的评价，在《资本论》第一卷中有13处提到他……但对斯图亚特贡献的丰富性和独创性的绝大部分赞誉，只是在凯恩斯革命之后才出现"。"他的货币理论和就业理论获得了相当大的赞赏……Hutchison（1978）和 Schumpeter（1954）也承认他预见到了凯恩斯的理论。""除了对农业实行补贴降低出口成本,从而努力避免农业收益递减的影响外,斯图亚特实际上还提出在'英格兰共同市场'上确定一种'谷物政策'。"这就"已经富于预见性地描画出20世纪70年代和80年代欧洲经济共同体实行的农业政策的草图"。"斯图亚特也预见到第二次世界大战后的产业政策因为他认为政治家不应对直接干预他认为有经济潜力的任何新企业的融资和管理犹豫不决。""可以毫不夸张地说,A. P. Lerner有关功能财政的那一章似乎完全是斯图亚特的释义。""显而易见,20世纪对詹姆斯·斯图亚特爵士的干预主义政治经济学的反响,要比在他那个时代更为广泛"(埃尔蒂斯,1996年,第534-536页)。哈奇森也认为,斯图亚特在经济理论分析方面对许多核心问题,特别是需求分析和货币理论做出了重要而巨大的贡献。因为讨厌斯图亚特的政治倾向而拒绝承认这种积极的贡献,几乎是当今严肃的经济学者态度的典型特征(Hutchison, 1988:350-351)。关于斯图亚特的《政治经济学原理》,熊彼特认为:"除《国富论》外,英国严格说来只有一本系统性著作,即斯图亚特的《原理》,但此书却具有头等重要意义。""该书在许多方面要比《国富论》更有创见,思想也更为深刻",该书"在人口、价格、货币和税收等理论方面,斯图亚特的论述所达到的深度,远远超过了斯密所达到的深度"(1991年,第267-268页)。Sen(1957)认为,斯图亚特受到了Beecher、Schroder和von Hornigk以及孟德斯鸠、休谟、配第和罗的影响,通过这种组合,斯图亚特建立了明显有别于斯密的而属于他自己的综合体系(Magnusson, 1994:7)。大森认为,斯图亚特和斯密应该是处在"一种竞争的关系而不是相互排斥的替代关系"(Omori, 2003:116),"他将作为非均衡的动态理论的宏观经济学和作为均衡价格理论的微观经济学的理论结合了起来"(Omori, 2003:108-109)。

当然,对于斯密,古典和新古典学者给予了高度的评价,甚至将其视为政治经济学的源头。在此借用马歇尔的高度评价佐证。"斯密的讨论范围足以包括了他当时英法同辈著作中的全部精华。虽然他无疑地从别人承袭了不少东西,但是我们越拿他和他的前辈和后继者相比较,我们觉得他越有才华,知识越渊博,判断越公正。……还有他那非凡的观察力、判断力和推理力。结果是,凡他和他的前辈有意见分歧的地方,他比他们差不多是更正确一些。而现在所知道的经济学上的真理,几乎没有一个不是他所涉猎过的,因为他是头一个就其各个主要社会方面论述财富的人,单凭这个理由,他也许有权被视作现代经济学的奠基者。"同时,马歇尔也为斯密的部分错误开脱,"但是他所开辟的领域太大,……引证他以确证许多错误是可能的;虽然在检查以后,他总是向着真理迈进的"(1965年,第403页)。

然而,熊彼特却对斯密给予的评价却不高。"《国富论》中所包含的分析思想,分析原则或分析方法,没有一个在1776年是全新的","即使斯密所鼓吹的政策与本书的论题有关,也不会因此而得出与上面不同的结论"。"斯密的观点并非很特殊,而是当时流行的观点"(熊彼特,1991年,第279-282页)①。另外斯密的传记作家Dugald Stewart(1811:322-323)也认为,斯密作为现存经济观点的系统集成者的贡献要多于他作为一个原创性的天才,这种观点后来被广泛接受(Aspromourgos,2009:16-17)。

当然,对于熊彼特低评斯密的做法,罗宾斯(2008年,第152页)认为,"熊彼特并没有谨慎地对待一些事实,像他应该做的那样。"另外,Hutchison认为,熊彼特没有注意到斯密在《国富论》中有两点理论上的创新,一个在微观经济学,另一个在宏观经济学,"不仅他之前的学者论述得相对较少,而且在随后的一个世纪中在英国发挥了强有力的影响"(Hutchison,1988:362-363)。然而,许多作者反对这种观点(Magnusson,1994:1注释4的文献)。Magnusson认为,经济学作为一个特别的知识领域不是在18世纪突然冒出来的"孩子"。同时他对重商主义评价是有缺陷的(Defective)。另外,为主权国家和人民提供或保持富裕的目标不仅被许多"重商主义者"(例如斯图亚特)也被18世纪中欧的官房学者(例如Justi)所共享。Magnusson认为,斯密更接近17世纪和18世纪早期的政治学和道德哲学,而不是19世纪古典正统的观点。当自我利益统治世界时,立法者就变成了一个特殊的研究对象,而且他的手变得非常明显可见(Visible)。因此"斯密的为促进贸易、公正和平等,一个富有道德的立法者应该做什么的建议可能已经被许多的早期作家所提出。"自然权利作家格劳修斯和普芬多夫以及曼德威尔和休谟,主张私人的恶习(Private Vices)在某种特定的情况下可以服务于公共利益的观点就已经很平常了。专制国家的腐败需要立法者处理(Magnusson,1994:1-5)。

在此,笔者认同Magnusson的观点,正如前文谈到的,当代微观经济学的

---

① 当然,熊彼特还认为,《国富论》"仍是一部伟大的著作,仍无愧于它所取得的成功。……除了讲究方法的教授外,谁也无法完成这一工作"。

许多重要观点已被经院学者和自然法哲学家论证过，而 Hutchison 谈到的宏观革命，也如笔者前文中所谈到，这种宏观定义是有争议的，是不是宏观分析还可进一步讨论。但无论如何，问题在于斯密（萨伊）将两者混合在一起，将研究社会层面的市场经济问题与研究政治层面的国家经济问题相混淆，最终导致新古典经济学家抛弃了政治经济学。如此看来，Hutchison 所指称的宏观与微观问题，也被斯密混淆了，他一方面继承了经院学者和自然法哲学家的社会经济学思路，另一方面又沿用了重商主义的政治经济学术语，这种混合型研究可行吗？有理有据吗？当然，笔者的这种观点可能是有争议的，但无论如何，笔者希望更多人参与这项研究，以便更清晰地得出结论。

当然，Hutchison 还认为，对于斯密之前学者们的贡献被斯密之后的古典正统学派所排斥和抛弃，严重地低估或因为存在错误而被明显拒绝，"在不同程度上"，斯密是要负责的（Hutchison，1988：372-373）。在笔者看来，斯密的这种草率的举动，可能是，或至少是《国富论》产生混乱的原因之一。

斯密的不足，并非仅限于此。除前文分析的理论体系矛盾外，我们还可以列出很多，如斯密在《国富论》对当时中国的误读（如他有时将中国视为一个富裕的国家，有时又将中国视为是一个经济停滞的范例），他对机器使用问题的认识不足（Magnusson，2009：6），他对即将到来的工业革命缺乏敏感[①]，他对公司模式的认知错误遭到罗宾斯的批判，以及他对经济民族主义分析模棱两可的态度（格林菲尔德，2004 年，第 40 页）等。当然这里并不是否认斯密对经济分析的巨大贡献，而是想指出他在政治经济学的发展史中的不足，及对后续发展所造成的困扰。毕竟政治经济学的术语和概念都不是他提出来的。"斯密在其一生中从头至尾一直是一位哲学家。他从未从整体上将他的著作看作主要是经济学的。他将经济学，或政治经济学，仅仅视为是其中的一章，而且不是最重要的一章"（Hutchison，1988：354）。对于学科发展初期的先哲，我们不能指望他不会犯错。

下面，笔者再从整个学派的角度，对重商主义与古典学派进行评价。

[①] 斯密在格拉斯哥大学任教时，蒸汽机的发明者瓦特，现代技术创始人之一的约瑟夫·布拉克，都曾在这所大学工作，而且是斯密的朋友（阿尼金，2007 年，第 142 页）。可斯密却对工业革命的前景未表示任何意见，只是大谈分工这一老生常谈的话题，而且还用相对较为落后的法国制针工厂为例。

二、对重商主义和古典体系的评价

如前文关于重商主义的起源和定义所述,米拉波和其他重农学派学者使用重商主义是以描绘直接政府干预为特征的一种经济政策体制……这一体制通常被称为"柯尔贝尔主义"(马格努松,2003年,第46页)。斯密在批判柯尔贝尔的重商主义体制时也认为,"这种学说就其性质及实质而言,是限制和管理的学说"(斯密,2005年,第472页)。这里需要澄清的是,柯尔贝尔的管理经济,主要是宏观意义上的国家经济,和斯密在自然法思想基础上的社会经济并非一回事。斯密从社会(个人)的角度分析,只能和重农学派一样在理论上鼓吹自由放任和自由贸易。可他规范的经济政策目标又是人民和国家的富裕,在这种情况下,他又在具体实践中不像重农学者那样教条式地鼓吹自由放任,并基于国家理由,主张例外式的干预。考虑到他忽视失业问题、忽视货币问题、忽视统计核算等,意味着他并不关注宏观问题。很容易让人疑问,他们讨论的是否是同样的问题。下面我们根据主流经济学界对重商主义攻击的各种理由分别进行考察这种攻击的正确性。

1. 古典对重商主义的攻击是错误的

通常,重商主义的主要错误被认为主要集中于以下三点:一是重商主义者坚持财富由货币构成的流行见解,并且没有意识到货币的超额供给会导致物价上涨;二是重商主义主张贸易保护,反对自由贸易;三是重商主义者的目的是为了寻租,反对自由放任。

重商主义混淆了货币与财富吗?亚当·斯密在《国富论》中认为,重商主义不过是"商人和制造业主"向贪财的国会兜售的一套保护贸易的谬论,而这些谬论又是建立在"财富由货币构成的流行见解"之上的。后来这种观点被主流经济学家所继承,例如 Heckscher(1935)和 Viner(1937)等。

但在马格努松看来,斯密将混淆货币与财富的流行观念或财富来自国际贸易的错误理论作为和他的生产劳动理论相比较,主要是为凸显他的正确性。斯密的策略是,通过批判重商主义的"财富来源于对外贸易"和重农学派的"财富来源于农业",凸显他的"财富来源于生产劳动"的正确性。斯密的这种战略长期来看非常成功(马格努松,2001年,第3页;第72页)。

"重商主义"作家后来充分注意到了过分强调货币的危险和过多货币的有

害性，以至于他们自己提出了识别财富和货币的口号（熊彼特，1996年，第539页）。例如英国人Charles Davenant很早就认为过多的金银也是有害的（布鲁，2003年，第20页）。

即使斯密的重商主义文献可以通过"追求对外贸易的剩余余额，因而增加金银的政策预设"来区分（Aspromourgos，2009：274页尾注），也不意味着重商主义者将货币与财富混在了一起。早在1516年，托马斯·莫尔就在其《乌托邦》中明确表示反对赋予金银过度的重要性。安东尼·赛拉在1613年的著作中就认为一国的财富等同于该国的产品，而不是等同于其居民拥有的贵金属的数量。托马斯·孟也遵循了与赛拉相同的思路（容卡格利亚，2009年，第36-37页），但这不是将货币混同于财富的依据和证据。更别说，前文提到的亚里士多德时代这一点就已被澄清。斯密自己承认，洛克并没有将财富等同于货币（Aspromourgos，2009：283）。虽然许多重商主义者并没有理解产出的增加可能来自分工和专业化，也常用"零和博弈"看待贸易结果，采取贸易保护和"以邻为壑"的政策，但其目的却是国家财富的增加，追求的是总体的贸易顺差。这在当时很正常，在没有国际收支核算的时代，如果可行，有什么不妥吗？更何况斯密也认为，两种情况下征收进口税是有利的，即一是征税可诱致外国减少对英国货物征税，二是关税迅速而完全的废除会造成大量的人口失业。他也建议，应渐进地、有保留地、审慎地降低关税。

哈奇森认为，斯密攻击重商主义时，自由贸易还是一种异端的或少数的观点。哈奇森认为，"即使斯密在政策和目标方面是极端批判和革命式的，但他在实施时间和方式选择上却倾向于温和和渐进式的。作为一个经验主义的经济史学家，斯密带有某种历史相对主义的东西，在批判和评估经济制度和政策时，他并没有求助于抽象的绝对的最适宜和最佳方式——这种高度抽象的标准可能且经常被经济学家以这种误导和引发质疑（Question-begging）的方式使用"（Hutchison，1988：360-361）。斯密是个爱国者。他支持自由市场和自由贸易，只是因为他认为这对英国有益，这可从前述他对《航海法案》——最明显的"市场扭曲型"管制措施的赞许中看出来，他认为这是"英国所有商业管制措施中最明智的"（张夏准，2009）。他建议的措施是限制性的，其中最有意义的是限制那些会损害英国军事力量的贸易。斯密的传记作家罗斯（2013年，第498页）就认为，斯密"意识到政治秩序给经济运行带来的益处就足以解释斯密之所以会愿意管理和实行重商主义体系的原因了，尽管他认为这一体系的一些学说不够明智和公正,如禁止某些商品的进口和严厉地惩罚走私者。"

关于重商主义和"寻租"社会的讨论,斯密特别从人的角度强调自我本位的自利,人的利益从来不会完全像重商体系将服务公共利益作为一个强有力的推动力量。Robert E. Ekelund 和 Robert Tollison 就认为,"通过国家机器的垄断权利的供给与需求被认为是重商主义的本质"。他们提供的是源自芝加哥的公共选择的"实证经济学",涉及的主要变量是理性的寻求获取利润,方法论个人主义和演化的制度约束。"寻租"被认为是比获取利润更特殊的东西:它是一种"为获取一种纯粹转移的稀缺资源的"支出。但在 Magnusson 看来,除了提供非常可怜的历史证据和循环论证,他们也似乎对重商主义作家实际所说的东西完全不感兴趣。他们研究中一个重要的弱点是没有提供关于为什么重商主义讨论贸易余额等问题的线索(Magnusson,1994:49-51)。

从上述分析来看,斯密主义对重商主义的批判并非能完全成立,他对重商主义评价是有缺陷的(Magnusson,1994:3)。斯密建构的重商主义在何种程度上有正当的历史根据是极端不确定的(马格努松,2001年,第74页)。

按照熊彼特的观点,"十九世纪的绝大多数作家,不仅不赞同而且很轻蔑'重商主义作家'对那些题目所持的见解——就他们持有一致的见解而言。他们看到的只是这些见解的错误,而且在论述其前辈时,养成了一种作风,即只要认为某一种著作具有一丁点儿'重商主义'气味,就几乎足以判处这部著作的死刑。"(熊彼特,1991年,第515页)。如果说斯密对重商主义和重农主义的评价有失水准,那么,萨伊、西尼尔和穆勒对重商主义的攻击则存在明显错误。在萨伊看来,重商主义者均是一些没有"较高的理解力和少见的思考能力"的人士,"这就是我们必须不断接受管束的一个原因"(萨伊,2014年,第7页注释)。萨伊还批判了重商主义者的"流通使国家致富""奢侈有利于产业的发展,而节俭则招致商业各部门的衰败"的观点(萨伊,2014年,第8页)。西尼尔也将重商主义理论斥责为"人类非常值得记住的荒唐话""财富由金银构成,并可以通过强制性限制进口和维护它们出口的方式而得以增加的观点,一个已经引起并仍在引起比其他所有错误加在一起所产生的邪恶、痛苦和战争还要多的理论。"从 1840 年以后,这种观点又被 Richard Cobden 和曼彻斯特学派在内的其他自由贸易者用来反对贸易保护主义(Magnusson,2004:4)。在穆勒看来,"许多世纪以来,概念的混乱引导欧洲的政策走上一条彻头彻尾错误的道路。我指的是从亚当·斯密的时代以来被称为重商主义的一套学说。""重商主义流行时,在国家全部政策中都或明或暗地将财富看成只由货币或贵金属(没有铸成货币的贵金属是能够直接转变为货币的)组成。""只有获得了货币,才能对欲望对象拥有无限的而又即时的支配权,这便是重商主义者对财富观念所做的最好解释。然而,谬论终归还是谬论……增加一个国家的货币流通量,不会增加货币的用处。货币所能做到的事并不因流通量的多寡而有所不同。……货币本身不能满足任何需要……把货币误认为财富,就如同把通往你家住房或土地最便捷的道路误认为房屋和土地本身那样,是大错而特错的。……在政治经济学所使用的术语中,凡是不能用来交换的东西,不论它们多么有用或不可缺少,都不是财富"(穆勒,1991年,第14-19页)。由此可见,斯密的误导对后来的古典学者产生了很大的错误影响,不仅重商主义者没有混同货币与财富,而且也使货币问题根本未得到古典学者的重视,直到维克塞尔和凯恩斯时代,情况才真正有所改观。

前文提到,罗宾斯(1997年,第9页)认为古典在拒绝集权和无政府两种极端倾向的另外一种政策选择模式,即"古典自由主义的观点"。因为罗宾斯(1997年,第8页)对古典之前的政治经济学的评价,忽略的问题是,为什么重商主义者总是讨论国家行为?为什么他们关注的核心问题是国际贸易问题,而不是国内问题?而且更重要的问题是,重商主义者为什么更关注就业、国际收支等在今天看来完全是宏观经济的问题,而古典学者几乎都没有涉及?这既说明重商主义者关注的是宏观经济问题,也说明宏观经济问题同国家行为相关,这与古典的重点完全不同。如果罗宾斯的确是像古典学者一样,在两者之间寻求平衡,那么为什么古典基于个体的自由主义可以建构理论就是合理的?难道不能基于重商主义关于国家行为的论述建构理论?这合理吗?逻辑对称吗?

其实,前古典的重商主义者不仅认识到国家干预的重要性,也注重市场的发展。例如从配第开始就"清晰地、有意识地讨论诸如价格、商品和市场等概念"(容卡格利亚,2009年,第19页),尽管他没有像魁奈那样从生产的角度理解城乡或工农业之间存在的相互关系(容卡格利亚,2009年,第51页)。斯图亚特的政治经济学著作是第一本使用"供求"二字来解释价格决定原因的书(巴克豪斯,2007年,第123页)。另外,斯图亚特主张利率由市场决定,他批判了Child爵士的权力当局有权压低利率来促进贸易的主张。政府不能强制固定利率,但可通过影响信贷规模和流通中的纸币数量来影响利率。而且,在价值和价格问题上,斯图亚特拒绝了绝对价值的观点,强调主观估计,即价值是依赖于对事物的主观估计,包括人们对事物的需要、想象和反复无常等态度综合过程,不可能是永久不变的。价值测度不是事物的正向价值,而是不同事物相互比较后的相对价值。按照哈奇森的解读,斯图亚特认为,由于存在无知,需求和供给只能不精确和模糊地进行估计。而且他还认识到了价格弹性的观点。由于存在大量的竞争者,所以市场存在供给和需求的双重竞争。当双重竞争扩展开来,均衡就是完美的,贸易和产业繁荣。但有益的双重竞争易于受到障碍或特权的腐蚀,或被垄断所取代(Hutchison,1988:344-347)。按照 Magnusson 的解读,到 17 世纪,经济就被逐渐视为一部机器中可交易部分的一个机制。相信许多重商主义者没有政治和国家之外的独立的经济领域的观念,完全是一种误导。这不仅模糊了他们的要点(信息),它也可以作为道歉,即适应于科布登和 19 世纪历史学派经济学家的浪漫化的重商主义观点——这完全是错误的(Magnusson,1994:10)。

基于以上分析,很难说斯图亚特和重商主义不是像古典学者那样在集权和放任之间寻找政策出路的。"除非他故意让他的目的来歪曲他的事实或推理过程,我们就不能因为不赞成他的目的而拒绝接受他的成果或否认其科学性"(熊彼特,1991 年,第 27 页)。在这种情况下,斯密的重商主义不仅遭到研究斯密的专家 Aspromourgos 的批评,也遭到罗宾斯的怀疑。在 Aspromourgos(2009:38)看来,斯密的问题是,他对重商体系具体批判集中在狭隘的概念上,即国家干预经济行为,特别是国际贸易和为国际贸易而进行的生产。与此同时,他又希望据此来暗示对更广泛的经济思想和实践的否定。斯密反对在封闭经济中的国家干预。也就是说,他排除了国际贸易和国际收支的问题,但他又赞成国家在外汇问题上的干预。实际上,国际贸易和国际收支余额是相关的。按照 Aspromourgos 的观点,斯密的重商主义体系的概念至少在两个方面不能令人满意:假如狭义的重商主义是指国家干预国际贸易和为国际贸易而生产是合意的,并且国际收支顺差(或至少非逆差)是合意的,那么在斯密之前有大量的非重商主义文献;假如是广义的重商主义,即不仅包括狭义的,而且是包括国家对一般的经济活动干预也是合意的,那么这个问题就变成了在前斯密时代经济文献中的经济自由主义的程度问题。……考虑到私营经济活动,这些早期的文献并非完全是非自由的。而且,在前面规范的命题中没有一个需要坚信金银构成了国民财富的唯一内容,这种积累也不是国家经济政策的首要目标。积累金银存量,确保国家对外安全,货币化交易中促进国内生产等并不是愚蠢的目标，它与 Nation-building 相联系。说他们完全没有优点是令人怀疑的。经济学教义不像是宗教信仰，他们有义务面对现实。如果对重商主义进行限定，仅局限于一个相对狭窄的范围，那么就可以让这个术语能服务于历史解释中的任何有用的目的（Aspromourgos, 2009：39）①。

对于斯密的重商主义，罗宾斯也认为，"重商主义是一个模糊的概念"（罗宾斯，2008 年，第 54 页）。他怀疑，斯密赋予了重商主义一种独一无二的含义，即有利于贸易余额的政策体系——刺激出口，不鼓励进口，对殖民贸易施加管制。"在整个十九世纪古典主义时期，人们追随了亚当·斯密的实践，某些古典经济学家，尤其是 Senior 和 McCulloch，采用了把重商主义的本质看作财富是由贵金属构成的信条的看法。但我特别不相信，他们的内心会认为这是大多数被描述为重商主义者的学者们的追求。毕竟，所谓米达斯谬误——假定财富仅仅由金银构成的谬误——已经被除了亚里士多德以外的不止一人揭露了……事实上，我并不特别看重对财富是由贵金属构成的谴责"（罗宾斯，2008 年，第 66-67 页）②。实际上，更早时期，马歇尔在其经典的《经济学原理》教科书中，对重商主义就进行了较为客观的评价，特别是能结合重商主义的时代背景来客观地看待当时的管制政策及其合理的政策目标等。"他们主要关怀的一点是贵金属的供给，而他们认为这种贵金属，无论对个人或对国家，都是富的指标，如果不是它的主要原因的话。……关于贵金属的重要性和获得贵金属供应的良方的理论，在某种程度上成了足以决定战争与和平以及引起国家兴亡的那种结盟的公共政策裁决者。有时，这类理论还大大影响了各民族在地球上的迁徙"（马歇尔，1965 年，第 400-401 页）。

2. 对重商主义的积极评价

在这种情况下，很难认为斯密和古典学者对重商主义的忽视和评价是客观的。对凯恩斯来说，在 1923 年他还作为古典学派（自由贸易论）的一名忠实信徒批判重商主义，"宣称可以医治失业却是保护主义谬论中的最赤裸裸和粗

---

① 在此 Aspromourgos（2009：39 尾注 42）还提到了更多的相关文献：例如 Heckscher（1955）或多或少同斯密的观点一致，Viner（1955）也认同斯密对重商主义的观点，但并非没有批判（特别是关于将货币与财富相等同的观点）。对重商主义有价值的更积极的评价见 Coleman（1969）、Appleby（1978）、Grice-Hutchinson（1978）、Hutchison（1988：87-96, 149-155）、Magnusson（1993, 1994）、Perrotta（2004：112-178, 204-222）和 Roncaglia（2005：41-52）。关于英国的重商主义实践明显不同于大陆政策的讨论见 Morgan（2002）。

② 此处译文笔者略做改动。

劣的形式",但在《就业、利息与货币通论》中,凯恩斯认为,作为对涉及经济体系整体以及确保体系整体资源的最优利用和管理国家的理论的一个贡献,经济思想的早期开拓者的方法在16世纪和17世纪可能就已经取得了部分的实践智慧,而这种方法却被李嘉图的不现实的抽象方法首先忘记,然后又被抛弃。凯恩斯不仅攻击古典学派把数千年来管理国家的一个有现实意义的主要目标当作无聊的盲目信念,而且还赞赏其明智之处,并称"大多数国家的多数政治家和现实主义者仍然相信那个古老的学说(重商主义);甚至在相反意见发源地的英国,也有约为一半的政治家和现实主义者仍然相信它"(凯恩斯,1999年,第344-349页)。在阿尼金看来,重商主义的理论是由意大利的经济学家成功推出的。对分散的意大利来说,货币问题以及货币在各个小国之间的交换问题具有极其重要的意义。在德意志,重商主义(以所谓的官房学形式出现)直至19世纪初都是官方的经济理论。马克思也认为,"不应当像后来的庸俗自由贸易论者那样,把这些重商主义者说的那么愚蠢"。"重商主义在当时就是科学的重要成就,这些经济思想开拓者中的最杰出者,同17世纪最伟大的思想家们(哲学家、数学家、自然科学家)是并驾齐驱的。"资本主义的急剧发展只有在国家的范围内才有可能实现,而且它多半还要依靠国家政权,后者影响资本积累,从而影响经济增长。重商主义者的看法反映了经济发展真实的规律性和要求。他们的许多经验性结论和建议被事实证明是正确的,从这个意义上讲这些结论和建议是科学的(阿尼金,2007年,第27-28页)。经济史专家Magnusson(1994:8)也高度评价了重商主义的贡献。17世纪和18世纪早期的经济学研究——重商主义,确实提出了不少新的和革命性的东西,对经济学的未来至关重要。容卡格利亚(2009年,第36页)认为,"在一个几乎没有关于一国年度生产值的统计信息的时代,作为货币的贵金属存量可能被用作国民财富的指标,这一事实表明重商主义学派对货币问题的极度关注是有一定道理的。此外,货币的充裕可以刺激贸易。作为一项规则,货币资本的积累通常先于或伴随实际资本的积累"。在容卡格利亚(2009年,第38页)看来,"重商主义"(他像熊彼特一样谨慎使用该词)文献在民族国家的崛起中起到了非常重要的文化支持作用。一方面他反对了天主教教会提倡的普救说和中世纪帝国,另一方面他也反对封建权力结构中的地方主义。在这样的框架下,政治权威对经济事务的积极干预所起的积极作用是因为他所关心的是刺激国民生产活动以便与他国竞争,这一做法是适宜的。从对外贸易领域存在的歧视，到通过关税制度对原材料出口和制成品进口征税，以此为国内制造业提供支持，直到国有制造业的创立。Heckscher（1935）认为，重商主义的经济政策逻辑是国家的形成。如果这种观点正确，那么为了国家权力的目标，重商主义开发的一系列民族主义的经济政策工具，如关税、英国的航海法，建立国家的度量衡标准和国家的货币体系，就没有什么错误。Aspromourgos（2009：38-39）也认为，重商主义者提出的一些描述性的理论陈述今天依然有效，即固定汇率条件下，国际收支余额导致国内货币存量的增加，而这种增加是增加国内生产的工具或刺激物，尽管后来（以及今天）被广泛质疑，但并非完全荒谬的观点。还可参见熊彼特（1991）、布劳格（2009）、马格努松（2001）等对重商主义的积极评价。

除此之外，还有两个关于重商主义的问题需要进一步讨论：首先是重商主义流派是否存在？其次是重商主义是一套权力体系还是一套财富体系？

首先是重商主义是否存在的争议。熊彼特（1991年，第550页；第555页）、Heckscher（1935, Vol.Ⅱ, Part Ⅴ, Ch.Ⅰ）和 Judges（1939）都对使用"重商主义"一词持谨慎态度。他们都认为，不能精确地谈及一个重商主义学派的存在，一是他们更为差异化，二是没有一致的体系（容卡格利亚，2009年，第38页）。例如经济史学家 Judges（1939）就认为，重商主义是个稻草人，是由18世纪寻求维护其对自然法体系的信仰的人士建构的。D. C. Coleman 认为，发明重商主义是个障眼法（Red-herring）（布劳格，2009年，第2页）。

Hutchison 也认为，重商主义术语应尽可能避免使用，因为它已经变得太宽泛和一般。按照 Hutchison 的观点，马克思对配第的评价清除了许多由于过多地和不加选择地使用"重商主义"的术语所造成的混淆。"重商主义"术语从斯密开始就已经混淆了经济思想和经济政策的历史，斯密主要出于辩论的目的，将"重商主义体系"指称为一个对他的前辈各种政策的全面描述。当然，Hutchison 并不认为重商主义这个术语没必要，或因如此致命的混淆因而是完全没有用的。"我们不按照后来的 T. S. Ashton（1955）的做法将这个词从他的关于十八世纪的经济史的书中完全删除。然而，的确存在着一种风险，即假如'重商主义'的术语被用来总结经济思想和理论的历史，而且没有限定在关于经济政策或政策建议的话，那么就会得出高度不充分和误导性的结论。"对于 Heckscher（1955：1，20）将重商主义描述为"在中世纪和自由放任时代之间的那个时代的经济政策"，Hutchison 就质疑，根据简单的重商主义和自由放任,来描述中世纪后期几个世纪出现在无数政权的经济政策是否适合。但Hutchison肯定的是,"这种二分法如果运用于17世纪、18世纪的经济思想和理论,则是非常令人不满意的简化"。特别是用在1662~1776年这段政治经济学正在形成的时期,其文献和理论太复杂多样,不能简单地要么归属重商主义末端要么归属自由放任的早期。许多,甚至大多数主要作家,从配第,经曼德维尔和坎梯隆,到斯图亚特,根本就不能按照这种术语来进行简单的归类(Hutchison,1988:4-5)[①]。哈奇森不想涉及关于重商主义的总结和争论,因为用一种简短和特殊的反驳语言集中攻击涉及两三个世纪不同国家的思想和政策的归纳,以及将诸如配第、坎梯隆和斯图亚特等具有原创性和严肃的作家观点和论据整合在一起,存在不同的理解(Hutchison,1988:149)。另外,Magnusson(1994:41)也不反对继续使用该词,假如这个词有启发价值,可以被用作一种韦伯意义上的理想类型,它就可以至少在某种程度上反映某种可能的现实。

在笔者看来,尽管斯密将重商主义泛指他之前的所有非重农学派的经济学者有所不妥,但考虑到这一术语被使用的广泛性和持久性,不用它代价太大,还是不弃用为上,只是需要将之进行准确界定即可。第一,要肯定重商主义的正面意义,除了前述部分的阐述外,马歇尔(1965年,第401页)也认为,重商主义衍生出了自由主义的经济学和国家主义的经济学,而且这种后果并非总是负面的(只能在具体条件下才能评价)。第二,重商主义对货币重要性的强调,并非错误的。古典学派不恰当地负面评价了(无论在理论上还是在实践中)自己的"异己"。双方看待问题的视角不同,并不意味着异己方必然是错的。马歇尔认为,"总的说来,它们(重商主义)可以被当作对货币的职能理解不清而引起的思想混乱;它的错误倒不在于由于它们故意做出的假设条件而得到的结论;该假设条件为,只有通过贵金属的储存量,一国才能增加它的净财富"(转引自凯恩斯,1999年,第345页注释2)。思想混乱的原因不在于马歇尔所谓的"对货币的职能理解不清",而在于包括马歇尔在内的古典学派及其追随者单一化地理解了货币。就如同不能因为古典及其追随者未能理解和发展宏观经济学,就否定了古典及其追随者的分析性的贡献。第三,不能因

[①] Hutchison在此提到了E. A. J. Johnson(1937:3)和Wilhelm Roscher(1851:122)的观点,说明了这个术语的误导性质。

为经济学发展的早期探索者仅因为理论分析不足，就否定其在政策实践中的功绩。由于发展阶段不同，英国和欧陆国家的重商主义政策也并不完全相同（Magnusson，1994：177），但这并不意味着它们不存在相似之处。特别是斯密在讨论柯尔贝尔时所说的"限制和管理的学说"（2005年，第472页）。当时大多数欧洲政府坚定奉行柯尔贝尔的学说（萨伊，2014年，第22页），但英国的重商主义也没有排除管制，更别说斯图亚特的政治经济学了。就如同Magnusson（1994：174）所说，"在重商主义时代……所有的欧洲国家都在推动贸易保护政策来建立制造业，颁布法律来禁止贵金属和原材料的出口。"

其次是重商主义是一套权力体系还是财富的体系？如果将重商主义的本质定位在国家管理，即亚里士多德意义上的国家管理（State Housekeeping），那么国家管理追求的是什么呢？重商主义到底是历史学派的权力体系还是斯密意义上的财富（经济）体系呢？

在历史学派的施穆勒看来，重商主义"体系的本质不在于某种货币学说或贸易余额；不在于关税壁垒，受保护的关税，或航海法；而在很大程度上在于这样一些情形：即社会及其组织的总的转变，国家及其制度的总的转变，地方的经济政策被国家的经济政策所取代"（Schmoller，1902：51，转引自罗宾斯，2008年，第67页，译文略作改动）。Von Heyking 也将重商主义定义为为获取民族国家权力的一套经济体系（Magnusson，1994：28-29）。同样，英国历史学派的坎宁安也将重商主义描述为一套追求权力而非富裕的体系。同施穆勒一样，坎宁安也不特别关注重商主义者的特殊观点，对他来说，这些观点是次要的，尽管有些观点也如斯密所说，是荒唐的（Magnusson，1994：30-31）[①]。

在笔者看来，在现实中国家的意图既有权力方面的考量，也有经济或财富方面的追求，两者相互联系，密不可分。Magnusson（1994：213）也认为，获取国家财富和权力的目标经常是相互等同的，至少对于重商主义作家自己来说，很明显，国家强大是以经济富裕为前提条件。然而，在理论分析层面，本可以通过行为假设加以隔离研究，并通过经验结果加以检验，当然可以将重商主义视为是一个国家追求财富经济体系。而 Heckscher（1935）尽管自认为赞

[①] 在罗宾斯（2008年，第67页）看来，不仅英国经济史学家坎宁安（Cuuningham）和阿什利（Ashley）追随了施穆勒的观点，而且研究重商主义的著名瑞典学者赫克歇尔（EliF Heckscher）也是如此。对于 Heckscher（1935）的著作，罗宾斯就认为，"由于在概念、广度和观点上都追随施穆勒，他把重商主义概念看作是涉及民族国家建立——中世纪制度转变成为民族国家制度——的思想体系。"

成斯密的立场并认为是历史学派的一个坚定反对者,但他的巨著却由于他自己的过错又常被视为是历史学派捍卫者。他认为重商主义政策的最终目的是强化国家的对外能力,这明显与斯密和自由主义经济学相冲突,后者偏好将个人财富置于国家财富之前。

总体上,斯密和重商主义的主要区别在于是否怀疑"看不见的手"的存在(Magnusson,1994:32-36)。这种观点也和本书前述分析的结果一致。即尽管斯密没有否定国家干预的必要性,但他更强调发挥"看不见的手"的作用,而重商主义者尽管也没有否定市场的作用,但他们并不相信市场总是能稳定地发挥作用,因而他们也就更偏向权力当局的干预。在Magnusson看来,至少在17世纪和18世纪的重商主义者的眼里,获取经济财富的手段是不断增长的国家贸易、大量的人口、更多的制造业和不断增加的劳动分工。只有执行良好的法律与制度才能使贸易和制造业增长。而且他们也认为,太多的干预市场的供求法则将是有害的,可能导致经济混乱和毁灭。不仅如此,他们的不少研究为后来痛斥他们的古典和新古典经济学提供了基础,因此,认为斯密和李嘉图的经济学源自18世纪启蒙运动的自然自由是非常错误的。正是重商主义革命奠定了现代经济学的基础(Magnusson,1994:213-216)[①]。罗德里克(2018年,第134页,第137页)就认为,"实际上,重商主义仍然存在,它与自由主义的持续冲突很可能是塑造未来全球经济的主要力量。""发达国家实施重商主义的概率可能也会加大",因为增长和失业问题。考虑到历史学派是一种应用性的政策研究体系,其将追求权力的因素纳入进来是很自然的,具体分析见下一章。另外还可参见胡明(2008)和胡明、方敏(2009)。

三、对两种政治经济学的评价

对于政治经济学的起源,Aspromourgos(2009:9)正确地认为,"当代的陈腐观念认为斯密是政治经济学的创始人,当然是错。政治经济学的术语和概念都非起源于他。"但是Aspromourgos又认为,"然而,至少在一种特定的意义上,他肯定可以被认为是这门学科的创立者。"至少在笔者看来,后一种

[①] 关于重商主义者在市场机制重要性的认识、供求机制对价格形成的影响、对经验主义的理解及对"好像"(AS iF)的理论化模式认识的贡献,参见Magnusson(1994:214-216)。

观点很难说是正确的。其错误的依据在于，Aspromourgos 既认为斯密对重商主义的批判是错误的，又认为斯密使用重商主义的政治经济学术语是正确的，明显不合逻辑。他没有认识到重商主义和斯密体系的不同是由于他们研究的不是一类问题。我们既不能用同样的术语指代不同的学科现象或问题，也不能用不同的术语指代同样的学科现象和问题。熊彼特认为，"对于带有意识形态偏见的陈述和价值判断所作的区分，不应解释为对它们之间同源关系的否定"（1991年，第65页）。当然，熊彼特在此指的是，从经济思想史的角度，古典学派不能否定重商主义的学术贡献。

然而，令人遗憾的是，熊彼特依然认为斯密《国富论》"从事实上和意愿上说"，都属于政治经济学体系。尽管他肯定了斯密的分析成就是伟大的，但他作为"分析成就外套"的政治原则和方案"只是他的时代和国家的意识形态的表述"，并"没有什么价值"（1991年，第66页）。在熊彼特看来，和重商主义的政策相比，"在经济政策或其他任何政策问题上，'进步'这个名词是没有客观意义的，因为人与人之间在比较时没有一个适当的标准"（1991年，第69页）。很明显，熊彼特的政治经济学是从政策角度看待的，这同前述的罗宾斯的观点一致。可重商主义就没有分析性的贡献吗？对此，熊彼特的答案应该是"有"，因为他认为，"如果斯密及其后继者没有抛弃'重商主义'命题，而是精炼和发展它们，那么本来在1848年以前是可以提出一种远为正确、远为丰富的国际经济关系理论的——该理论也就不会被一派人所放弃，而被另一派人所轻视"（熊彼特，1991年，第555-556页）。这既说明斯密体系和重商主义体系的不同，也说明在重商主义的基础上可以建构一套分析框架或理论体系的。

另外，熊彼特还认为，"纯"经济学实际上却完全是经院学者自己创造出来的，他们也将这种纯经济学传给了其世俗后继者。正是经院学者的道德神学和道德法规体系内，经济学才获得了即使不是独立的也是确定无疑的存在，正是他们比任何其他人都更接近于"创立"科学经济学。不仅如此，他们为确立一整套配合得很好的有用的分析工具和命题而奠定的基础，似乎要比后来人们力图为此而奠定的基础牢固得多。也就是说，后来19世纪的很大一部分经济学，本来可以从这些基础上更快、更容易地发展起来，因而可以这么说，后来的一些分析工作实际上走了弯路，白白浪费了时间和精力（1991年，第

151-152 页)①。在笔者看来,这种观点非常值得进一步讨论。如果古典经济学的很多主张不过是后期经院学者的翻版,那么罗宾斯对英国古典经济学理论贡献的赞美就要大打折扣了。当然这不是我们关注的重点。而我们关注的重点反倒是,经院学者没有关注的而又被重商主义者努力研究的至少两方面的创新:首先是,"经院学者关心的主要不是与民族国家有关的问题,也不是与民族国家的强权政治有关的问题。这正是他们与十八世纪甚至十九世纪的'自由主义者'最重要的联系之一"(熊彼特,1991年,第151页)。熊彼特的这一总结反映出了经院学者和古典学者忽略了与民族国家有关的问题,反倒说明了第一波民族国家独立浪潮中的重商主义者的核心本质——国家建设本身,才是他们经济学的核心,也是他们将其称为政治经济学的原因。Hutchison 认为,"从前古典政治经济学转向英国古典经济学的过程中还有另一种损失……这涉及政治经济学中的政治因素,或投入。只要 Cantillon、Senior 和许多新古典经济学家宣扬和实践的一个更加狭隘的实证经济学框架被诚实地坚持,那么就不会,将来也不会给政治因素留下多少空间。然而只要这门学科明确地按照'政治经济学'进行宣传和实践,那么政治投入要素的质量对于要解释的政治经济学说的质量来说就至关重要,而且正是这种政治性因素可能或常常比技术性的经济学影响更广泛更深刻……事实上,可能是,自从 1776 年以来,政治经济学中的政治因素的质量一直没有超越十八世纪的水平,更多的情况是它已经远远低于过去的水平"(Hutchison,1988:381-382)。古典理论体系没有讨论国家或政治因素,何来的政治问题?尽管在他们的规范目标上或明或暗地提到了国家,这既是前述罗宾斯为斯密的经济民族主义辩护的依据,也是斯密使用政治经济学术语的依据。

其次是经院学者和古典学者都没有提出 17 世纪的商人所讨论关于货币的理论。他们的金属货币论所预示的实物分析与重商主义者的货币分析存在明显的区别。前者与自然法哲学有关,而后者则与其国家视角有关。正是这种区别凸显了斯图亚特和斯密的核心区别。基于这两点原因,如果我们将研究重心聚焦在斯密应该讨论而没有讨论的问题时,就会发现,斯密不仅错误地攻击了别人做了他自己没有做的事情,而且错误地使用了政治经济学术语。在此,需要指出的是,熊彼特曾对政治经济学进行过多次辨析。例如他曾认为,

---

① 更多关于经院学者和 19 世纪古典经济学的联系,参见熊彼特(1991年,第152-154页)。

孟克列钦的政治经济学是与国家经济和经济性的公共政策相联系，德文中的国家科学把这种看法强调得更加明显，而这个词通常是作为政治经济学的同义词来使用的。它和商业经济学之间存在区别。两者均属于一个广义的经济学范围内（1991年，第42页）。另外，熊彼特还认为，某些德国作家所使用的"国家经济学"一词与后来的"国民经济学"一词或在后来在德国流行的社会经济学（后两者都是和英国古典政治经济学意义相同的）也是不同的（熊彼特，1992年，第243页注释2）。在这种情况下，熊彼特依然将《国富论》视为政治经济学令人疑惑，是否说明他可能失去了清晰辨明政治经济学的一个好时机？

对斯密来说，用自然法哲学的方法或理念提出一套关于国家经济的理论（National Economy）当然不适当。如前所述，在斯密的眼中，个人与社会优先于国家，国家是工具，是辅助性的，政策原则自然是少干预，这就是他的富国策。尽管有许多例外政策，尽管也存在逻辑困境，但他仍将《国富论》视为是对政治经济科学的一个贡献（Aspromourgos，2009：11），的确让人困惑。他为何不追随魁奈的《经济表》将其著作称为经济学呢？考虑到《国富论》中明确提到了魁奈和他的追随者被称为"经济学家"的事实，再考虑到斯图亚特已将经济学与政治经济学区分开来的事实，在此笔者认为，至少在学科术语的命名上，斯图亚特要比斯密更有远见。如果不是斯密错用了政治经济学术语，就没有后来新古典学者抛弃政治经济学历史事实了。

按照罗宾斯的政治经济学定义，重商主义和古典理论都因为涉及了规范的政策建议（这是他们的共同之处），因而可以被称为是政治经济学。但是在评价古典理论时，却又认为，"当代政治经济学思潮，常会倾向于两个极端：或者是完全的集体主义，或者是完全的无政府状态；即或者是在高压强迫下的全面顺从，或者是普遍性的对抗。依我看来，这两种倾向都与一个既有自由又有秩序的社会理想不相容。古典体系的优点，就在于它提供了拒绝前两种倾向的另外一种选择"（罗宾斯，1997年，第9页）。整体看来，罗宾斯在政策问题上的价值判断倾向于他所说的"古典自由主义的观点"。因为斯密的"自然的自由制度"是个人选择的自由和生产组织的自由成为古典政治经济学中全新的学说（罗宾斯，1997年，第10页）[①]。这里，罗宾斯没有认识到，重商主义

[①] 注意此处的自由包括企业的自由，与罗宾斯的个人主义方法论并不能完全吻合，见后续分析。

者也像古典学者一样,在两者之间寻求平衡(见前述关于重商主义的自由主义倾向)。然而,他又认为亚当·斯密的有关统治者作用的论述中所表露的概念,和约翰·梅纳德·凯恩斯在其著名的小册子《自由放任主义的终结》中所做的系统阐述在实质上是一样的。这是"自由主义学术传统中的连续性"。当然其中也存在差别,"一方面所面临的具体问题不同,另一方面解决问题的处理方式也有所不同"(参见罗宾斯,1997年,第13-14页)。罗宾斯为什么只看到了斯密和凯恩斯的一致性,而没有看到斯密同孟克列钦、斯图亚特的一致性呢?其实他们也都非完全的自由放任,就如同罗宾斯评价斯密和凯恩斯之间的差异时所说的,仅是程度上的,而非质的不同(罗宾斯,1997年,第13页)。另外他们也都像罗宾斯(1997年,第178页)主张的那样:"国家的行动范围应有限制,应限于如果政府不做就根本不会做的那些范围。"

另外,在罗宾斯的眼中,只承认基于个体的自由主义建构的古典理论是合理的。这里的问题是,为什么不能基于重商主义的政治家行为假设建构国家的或政治的经济理论?或者如此建构就必然是不合理的?前述分析指出,斯密没有做这种工作,因而常常用例外论为其进行不成功的辩护。"在一种具有一般规则和惯例的适宜的体制之中,会自然而然地形成某种自我保持的也可称之为'秩序'的关系;并且只要是在这些规则的范围之内,此种关系的延续并不需要详尽和特殊的自上而下的指令。如果真的认为在任何情况下都不需要这种直接的指令,那就成为很不明智的观点了——只有在盲目追随者和过激分子中有时会发现这类愚昧。但是无论如何,认为需要直接命令的情况只是例外而不是必然的规律,的确是这里所讲的观点和显著特点"(罗宾斯,1997年,第13页)。前述我们分析过,如果是例外,那么例外背后的理论基础是什么呢?这可是备受罗宾斯尊敬的穆勒的观点。罗宾斯是否有意回避这个问题呢?

再者,罗宾斯认为,古典主义经济学中,"具有强制手段的国家的存在,是社会自由的带有根本性的前提条件"。也就是说,在斯密所说的"自然秩序"中,在自由主义的政策规定里自始至终都假定有法律和秩序手段的存在。而且"如果对这些强制手段施加适当限制,也同样具有'自然的'意义"(罗宾斯,1997年,第11页)。这里的"自然的"是否意味着国家干预也具有"自然的"属性呢?很明显,巴苏(2014年,第170页)就是这么认为的。如果罗宾斯接受巴苏的观点,是否能证明罗宾斯在逻辑上存在矛盾呢?亚里士多德著作中的自然因素当然包含城邦是个有机体的观点,城邦可以像人一样这也是自然的。麦德马和萨缪尔斯认为，罗宾斯接受冈纳·缪尔达尔（Gunnar Myrdal）的"显露某种偏好，人们便认识这种偏好"的命题（罗宾斯，2008年，导论，第3页）。很明显，罗宾斯对古典经济学偏好的论述遗漏了斯密和穆勒的经济民族主义倾向。如果考虑到 Hutchison（1988：382）所说的，《国富论》中"多重问题和选项被放弃，多重复杂性被忽略，多重可能性没有被贯彻到底"，那么，罗宾斯的这种遗漏肯定是有意识的或带有偏见的结果。

如果重商主义是干预性经济政策的总结是正确的，那么按照罗宾斯的政治经济学定义，则可以肯定，重商主义经济学属于政治经济学。同时，将斯密视为是现代政治经济学的创始人的断言就不能成立。如果考虑到斯密在经济政策方面从来就不是个教条主义的自由放任派，那么从经济政策上区分重商主义和古典经济学就没有意义。因此，熊彼特和罗宾斯从政策上定位政治经济学的标准是不完善的。

结 论

总之，按照政治经济学的原始含义，古典理论不是政治经济学，古典学者错误地使用政治经济学术语的根源在于"重商主义不能被古典经济学家，尤其是不能被亚当·斯密所理解"（马格努松，2001年，第112-113页）。实际上，斯密探讨的是自然法基础上的经济世界，不同于斯图亚特的由实证法支持的重商主义政府框架（Omori，2003：104-105）。斯密在其《国富论》中没有使用政治经济学做标题，也没有提到斯图亚特，且正面攻击了重商主义。Hutchison（1988：372）认为："这种对待十七和十八世纪的经济学家的方式，对于二十世纪政治经济学史的严肃的学生来说是完全不恰当的和误导的。"因此政治经济学术语被误用，斯密负有部分责任。当然萨伊也负有部分责任，而穆勒虽然部分厘清了社会经济学，但却继续使用了政治经济学的术语。奇怪的是，边际革命时代，政治经济学被抛弃，社会经济学获得了广泛的认可，并获马克斯·韦伯力推，但社会经济学没有流行开来，原因值得深思。一个可能的原因是，社会经济学研究的私人自治领域，在哈耶克看来，社会是不存在的，只有个人是真实的，因此社会经济学中，采用个人主义方法论。关于方法论的问题，将在下一章重点讨论。

　　Aspromourgos（1996：124）曾提出了以下非常值得关注的问题，为什么早期的经济解释多涉及货币和对外贸易，为什么先有国际"经济"之后才有国家"经济"，为什么17世纪的伦敦同阿姆斯特丹在经济上联系要比它同英格兰的大部分地区要多（Aspromourgos，2009：20）。在本书笔者看来，贸易余额的主体和货币调控的主体是国家，因此强调国家建设的重商主义者首先提出政治经济学就不足为奇了。而魁奈和斯密等受自然法哲学影响，重点从个人等微观主体视角分析社会经济问题，并最终演化出了社会经济学。尽管双方都曾踏入过对方的领地，但却做了次要的分析。斯密（2005年，第307页）提出的政治经济学的"富国裕民"两个目标，混淆了社会经济学和政治经济学。而斯密基于自然体系的政策主张，主要涉及了微观经济政策，吻合了他的裕民目标①。但他肯定没有完成他的富国目标，而重商主义的富国策则由后来的历史学派接续下来，演变出了后来的国家经济学。基于此，下一章本书将进一步考察斯图亚特学说的传承者——历史学派。考虑到历史学派曾与奥地利学派进行过著名的"方法论之争"，所以关于政治经济学的方法论问题的讨论，也将会放在下一章。另外，从粗线条的学科演变史看，古典和新古典理论最终导致了现代微观经济学的产生，而重商主义—历史学派—制度学派—凯恩斯主义的流变最终促使了现代宏观经济学的诞生，因此，在后续部分我们也将就政治经济学退出主流学科前的19世纪的历史绩效进行考察，为本书的结束做最后的经验总结。

---

① 罗宾斯承认，"经济学和我所说的政治经济学却走了不同的道路"，而且他对论述约翰·斯图亚特·穆勒的《政治经济学原理》所奠定基础的问题产生了较大的兴趣（不同于萨缪尔森的教科书《经济学》[1948]），虽然他也指出了穆勒的政治经济学所没有处理的某些问题，但他认为就政治经济学这个词的严格意义和狭义来说是经济学（麦德马和萨缪尔森，导论，第4页，载罗宾斯，2008年）。如果这种观点成立，那么从斯密到穆勒都错失了区分（社会）经济学和政治经济学的机会。

第七章　19世纪政治经济学的传承：国家经济学及其争议

1870年，经济思想史开始了挑战或强化英国古典正统的运动。如果说古典的学术传承是新古典经济学，那么前古典的承继者又是谁呢？幸运的是，前古典政治经济学并不因斯密的失误而消失，斯图亚特的重商主义思想在德国找到了更乐于接受的读者。古典的实物分析忽视了统计与非实物因素（如非生产性劳动在宏观层面也创造财富）的作用，德国历史学派则相反。下面我们将继续考察受斯图亚特影响的德国历史学派的发展，以便为论证政治经济学的后续发展提供依据。

第一节　政治经济学的学术传承：历史学派的国家经济学

斯图亚特的著作受到德国人的喜爱是有原因的。首先，他自己流亡德国多年，深受德国官房学派的影响①；其次，作为苏格兰历史学派三剑客，斯图亚特的历史方法比较契合注重历史研究的德国人的偏好；与第二点相关的是，相比于英国更加落后的德国的经济学研究更注重应用性研究，而应用性研究更注重历史的、归纳的方法。

---

① 斯图亚特受到了德国官房学派 Beecher、Schroder 和 von Hornigk 等人的深刻影响（Magnusson，1994：7）。

第七章　19世纪政治经济学的传承：国家经济学及其争议

一、关于历史学派

按照 Hodgson（2001：57-9）的观点，历史学派始于罗雪尔 1843 年出版著作《历史方法的国民经济学讲义大纲》，到 1941 年桑巴特之死最终落下帷幕（引自 Milonakis and Fine, 2009：74）。实际上，关于历史学派实际上并没有一个严格意义上的明确划分，对以罗雪尔为代表的旧历史学派和以施穆勒为代表的新历史学派没有疑问，主要争议在于罗雪尔之前的李斯特和施穆勒之后的马克斯·韦伯、波拉尼等是否列入其中。在笔者看来，从李斯特早期所受教育及其离开德国之前的社会活动看，也不能否定其所受德国本土史观的影响，特别是他强调国家的重要性，以及其个人要实现自我必须透过国家去实现等观点，似乎更具有德国的特色。作为历史学派的先驱，其经济学说强调政治经济学的民族性，他极力要建立一种新的学说体系，即"国家经济学"，就是以德国的历史教训和国家需要为依据的。因此，笔者视李斯特为历史学派的一员。另外，按照盐谷佑一的说法，虽然韦伯创建了自己的思想体系，但也深受历史学派的影响，且其自己也多次自称是该学派的学生，也是可以位列其中（Shionoya, 2005：导言）。布鲁（2003 年，第 144 页）也将李斯特、韦伯和桑巴特纳入其中。据此，本书也将历史学派之范围限定在李斯特以降，至韦伯和桑巴特结束。

按照凯恩斯（2001 年，第 14 页）的观点，之所以被称为历史学派是由于其强调历史资料的意义和研究经济变革的过程，即按照历史主义的方法研究经济学或将经济学建立在历史经验基础上。德国历史观的核心是假设自然现象和历史现象间存在根本差异，因而人文和社会科学应使用不同于自然科学的研究方法。他主张自然现象本身缺乏有意识的目的，而历史则由具有意志力和目的的、独特的、不可重复的人类行为所组成。人的世界处于不断变化的状态中，尽管其中有一些稳定的中心（个人、制度、国家、时代），但每一个都拥有内部结构、特点，而且每一个都处于与其自身内部发展原则相一致的不断的转变过程之中。没有任何个人、制度或历史行为能够通过外在于其产生环境的标准来加以评判，而是必须依据其自身的内在价值来加以判断。因此不存在可以应用于各种不同人类制度理性的价值标准（伊格尔斯，2006 年，第 7 页）。其特点只有通过自身的发展才显现出来，因此历史成为理解人类事物的唯一指南。

为了更清晰地说明历史学派的实质与方法，我们先简要地考察历史学派分别受官房学派的国家经济学和重商主义政治经济学的影响。

二、历史学派与德国官房学派

官房学（Cameralism）出现在 16 世纪和 17 世纪。从 18 世纪开始，它渐成长为一个体系——警察、官房学和经济学的科学。在民族国家形成和上升阶段，官房学者作为君主谋士和智囊团成员为君主处理经济问题。官房学也被称为 Haushaltungskunst，即管理国家（National Household）的艺术（Aspromourgos，2009：61）[①]。这一术语是在亚里士多德的希腊语原意的 House-keeping（House-holding）基础上演化出来的，例如 1727 年德国历史学家 Dithmar 的经济学 Haushaltung 就是根据亚里士多德的 House-holding 定义的（Magnusson，1994：187）。

"Cameralism"一词源于德语"Kameral-wissenschaft"，"Kammer"在官房学者 Schroder 的著作中是财政（Treasury）的意思，因此中文学术界也有人将之译为"财政学派"。但这里的财政研究明显比英法的政治经济学的研究范围要窄。多数学者将官房学定义为主要涉及国家行政管理的研究。例如 Small 认为，"官房学者基本上不是经济学家，他们主要是政治科学家"，Tribe 强调了 Hausvater 文献的作用，并强烈坚持亚里士多德 House-holding 的经济学概念（Magnusson，1994：189）。这样他所涉及的"行政和政策研究"又比简单的政治经济学或经济政策包含得更多，不仅包括经济政策和公共财政，而且包括所有的国家政策领域，如政治制度、宪法和教育政策。到 19 世纪，它构成了德国的国家经济学（Nationalökonomie）的基础（Magnusson，1994：187-188）[②]。

[①] 荷兰也是如此。甚至"二战"结束以后很长的时间，荷兰人依然谈论的是国家管理（State Housekeeping）教授而不是经济学教授（Maas，2014：31）。

[②] "国民经济学这个词出现于'重商主义'时代，当时的职责之一就是对个人事务施加多方面的影响，而后者只能在国家的指导和控制下享有非常有限的自由。因此，在那个时候说国民经济学充分地代表了构成这个词的概念是适当的。"但是，"它的适宜性随着重农思想、不受限制的自由观念的取胜以及自由贸易的出现而减弱了，特别是后者的观点是国家应尽可能少地干预经济事务，除了某些明确界定的情况外，应听任个人自由地照管自己的事务。因此，根据这种观点，国民经济学的基本原理，即它的主题国家'家务'，根本不存在"（维克塞尔，2017 年，第 18-19 页）。这恐怕是国民（家）经济学没有在西方流行开来的原因。

第七章 19世纪政治经济学的传承：国家经济学及其争议

总体来看，该学派重实用，轻理论。Aspromourgos（2009：27）认为，官房学不同于法国、意大利和苏格兰的政治经济学，后三者有着重农学派的共同根基，而德国的思想流派并没有形成一套经济社会理论。德国关注的是政策科学——没人把经济学设想为一个纯粹理论的工作——而法英则把政策挖掘到更深层次，即根据启蒙运动的意识框架设计体制或制定法律。当然，在笔者看来，这仅是一方面原因。另一方面，可能也与其管理国家的研究目标有关。正是这一原因，官房学更强调人口和统计学的重要性。在哈奇森看来，官房学派的传统深受父爱主义、国家主义和公共"福利"政策的影响，持续到了19世纪的德国，却没有被广泛流行于英法的自由主义及自由市场观点完全渗透（Hutchison，1988：253）。

德国存在一种统计学的传统，统计学家被那时的公国委托从事极端详细的社会经济研究。"统计一词包含着国家这个词（拉丁语的Status），既指明了这个词的词源，也意指这种研究是用来描述国家的事实。国王可以运用它来尽可能完善他的内外政策，并最大化他对其子民和资源的控制。"统计对国家管理来说非常具有重要性。他们的统计研究的目的在于：首先是服务于提供对国家总产出和人口的有用研究，以确定税收基础；其次是对国家的详细描述为国王使用权力提供洞察，并不限于说明国王希望提升的军力规模。德国的国家学（State）或官房学专家使用的是国家间的比较研究方法，目的在于向国家提供可用的政策，而不像英国的古典政治经济学家的研究，后者"自亚当·斯密以来就已将捍卫商业的自由视为其主要目标。英国政治经济学者反对（Averse）政治算术家，或德国人所称的统计学家，反感统计学家将国家的利益置于对自由贸易的祝福之上的态度。"大陆经济学和民族主义及保护主义存在紧密的联系，如19世纪的政治经济学家李斯特（Maas，2014：30-31）[①]。

官房学派的经济政策同重商主义的经济政策有一些相似之处，但又有些德国的特性。就德国特性来说，官房学者大多不是大国且强国的高级行政官员，如法国的柯尔贝尔，也不是富有且有影响力的商人，如英国的重商主义者托马斯·孟和蔡尔德。甚至某些法国和德国的重商主义者非常不喜欢商人，如Schroder。德奥的官房学者被熊彼特描述为顾问行政官，帮助他们的国王像父

[①] 关于德奥的人口统计学和官房学，参见Hutchison（1988）第四章和第十四章，特别是Hutchison（1988：249）关于Johann Peter Süssmilch（1707-1767）的论述。

爱主义者管理商业帝国一样管理其公司型国家（Corporate State）（Hutchison，1988：90-91）①。

就其和重商主义之间的关系而言，官房学的确有明显的重商主义因素。下面先从官房学的几个代表人物作简要讨论。官房学者 Becher 认为，消费是政策的首要任务（Hutchison，1988：93），这和重商主义者，特别是斯图亚特重视需求相似。Joseph von Sonnenfels 1763 年的著作也有某些重商主义的东西（鼓吹人口增加应作为政策目标，赞成出口，限制进口，坚持提供就业是政府的职责等），当然，他的政策建议也显示了某些自由主义的倾向，如支持国内谷物交易的自由和谷物的自由出口，反对货币出口禁令，因为它既无必要也没有用。反对垄断和基尔特，因为他们限制了就业。在哈奇森看来，他关于货币及其流通的讨论今天看来依然非常有趣。通过货币与商品的均衡可以修复货币膨胀或贬值的结果与过程。暗示了可交易商品和货币总量之间的数量关系。然而，他坚持认为，想要决定一个国家需要多少货币流通的数量是不可能的，因为它依赖于多重因素，包括信贷状况，人们的习惯，公共债务的规模和真实政治状况等。他也注意到太多的货币流入可能会产生价格上升的危险，但他并没有进一步暗示说，贸易余额会通过自动调节机制进行调整（Hutchison，1988：252-253）。这种观点也同斯图亚特的观点类似。最后我们再看官房学代表人物 Justi 的观点②。尽管尤斯蒂不是一个具有独创性的作家，但却是官房学原理的清晰的、系统化的典型人物。他从他的德国前辈及一些法国作家，包括著名的孟德斯鸠汲取知识。他也分享了大多数重商主义者的政治原则，那就是，他赞成许多父爱主义措施，但又将之同许多自由主义的观点相结合。他坚信统治者和其臣民的利益通常是一致的，但又坚持"最高权力当局只能通过社会全部个体成员的自由意愿才能建立"（Monroe，1924：383）。他也认同 Becher 的人口和消费在经济中优先地位的观点。必须通过各种措施来增加货币及其流通，但在他看来，货币不是财富，而仅是一种价值度量，方便人们的经济活动。他最擅长的是公共财政，他赞成累进税，而不是数字化的比例税。尤斯蒂的税收原则和他对公共财政的处理方式，同他反对高税收和高政府开支的告诫，加上他对持续发展的理性讨论，一起为政治经济学的这一分支在德国的处理方式设

---

① 当然，笔者认为，《国富论》中也能找到部分这类观点。
② 尤斯蒂最重要的著作是他的 Staatswirtschaft（1755），19 世纪出现的国民经济学（Nationalökonomie 是这本书的自然结果（或生长物），详细内容见 Magnusson（1994：188）。

定了高标准。当有人谈到德国官房学留下了过多的国家干预的遗产时，要记着尤斯蒂强力反对高税收和高政府开支的态度（Hutchison，1988：249-252）。

熊彼特也认为，尤斯蒂"是从政府的观点出发来考察经济问题的，这种政府完全与现代政府一样……然而，尽管他坚信政府全面规划的原则，但他却……没有得出我们可能依据这一原则得出的实际结论。与此相反，他并没有对经济现象的固有逻辑视而不见，并不希望用政府命令来取代这种逻辑。……实际上，尽管他赞成政府管制，甚至认为有时应通过政府命令来强制生产某些物品，但他却指出，工商业所真正需要的是自由与安全，并认为这是一条一般性的原则。……虽然他教导说高额保护性关税甚或禁止进口和强迫人们购买国内产品'有时'也许是符合公众利益的，但他宣称他认为，'一般说来'，除了百分之十的从价税外，不应再对进口设置任何其他障碍——这实际上与不受限制的自由贸易没有什么两样。""他与 A. 斯密同样清楚地看到了实行自由放任的实际理由，而且他所说的官僚机构虽然在需要时可以提供指导和帮助，但在不需要指导和帮助时，随时都准备让位。不过，他远比 A. 斯密更加关心政府为阻止当时德国经济的短期波动而采取行动所遇到的实际问题，也更关心在当时德国的那种工业条件下发挥个人主动性所遇到的特殊困难。他的自由放任是政府监护下的自由放任，他的私人企业经济是这样一部机器，这部机器虽然从逻辑上说是自动的，但却经常出毛病，需要政府随时加以修理……对于我们这些观点更接近于尤斯蒂而不是接近 A. 斯密的人来，尤斯蒂的经济政策主张看起来像是去除了糟粕的自由放任主义"（熊彼特，1991 年，第 260-263 页）[1]。

另外，在论述重商主义时，马歇尔（1965 年，第 401 页注释 1）也特别提到了德国的官房学派[2]。容卡格利亚（2009 年，第 35 页）也是如此[3]。阿尼

---

[1] 需要注意的是，熊彼特是在讨论斯图亚特时提到了尤斯蒂，由此也能看出两者之间的联系。不过有几个令人感兴趣的问题：斯图亚特既了解法国的政治经济学（他将这一术语引入了英语中），其政治经济学写作主要是在德国完成的，他为什么不用德国的国家经济学术语，而选用法国的政治经济学术语？斯密为什么选用法国人提出的重商主义术语（用来描述柯尔贝尔的干预主义）指称自己本国的重商主义者呢？如果再将重商主义的术语反过来指称欧洲大陆这段时期的经济学思想是否适当呢？桑巴特和赫克歇尔将重商主义定义为一种更广形式的"国家建构"（State-making），就可能不会有这么多的问题。德国的官房学和英国的重商主义以及意大利的贸易研究有许多联系，尽管总体背景和智识传统这期间有很多明显的不同（Magnusson，1994：175），但强调国家管理却是共同的。

[2] 马歇尔认为，德国"官房学派"发展了对于国家事务的科学分析，最初只是就财政方面；但自 1750 年以后，日益着重于和人的因素相区别的国家财富的物质状况。

[3] 容卡格利亚认为，官房学派"国家财富的观点在经济学思考中起到了重要作用"。

金（2007年，第274页）也认为官房学的经济理论是重商主义①。更多关于重商主义和官房学派异同的讨论，参见 Magnusson（2016）。

后来的历史学派不仅继承了德国本土的官房学（胡明，2008），而且也吸收了重商主义的思想学说。下面我们考察历史学派眼中的重商主义。

三、历史学派与重商主义

在德国和英国的历史学派学者看来，古典学者斥责重商主义者的"米达斯谬误"是错误的，他们认为，重商主义强调贸易余额的理论，如果从更广泛意义上的国家形成过程看的话，实际上有一个理性的基础。这样，在历史学派的眼中，重商主义不仅变成了一个更宽广的概念，致力于研究前现代时期国家的政策制定和经济管理的特定形式，而且也严肃地质疑斯密所坚持认为的重商主义必须被视为是一套为获取特定集团利益所追求的学说。相反，这些修正者反而认为，究其本质来看，重商主义代表的是民族国家的利益（Magnusson，1994：28）。也就是说，历史学派肯定了重商主义的经济民族主义。

历史学派的先驱李斯特就明显继承了重商主义的衣钵。在其《政治经济学的国民体系》中，尽管李斯特就对古典学派诽谤他想恢复所谓重商主义加以了驳斥。他自称只是采纳了重商主义体系中有价值的部分，摒弃了谬误，并声言他的学说体系"是以历史与事物本质为依据的"（李斯特，1997年b，第7-8页）。需要指出的是，李斯特所指的重商主义的谬误应该是货币与财富的混同，这一点对我们理解历史学派和重商主义之间的关系至关重要，下面我们对此进行较为详细的讨论。

李斯特在其最著名的《政治经济学的国民体系》的"学派"章节探讨了五种学说，其中他对意大利的国家经济学和斯图亚特的重商主义给予了较多的肯定，而对重农学派及与其相关的斯密和萨伊的学说给予了较多的负面评价。首先就国家经济学和重商主义关系来看，李斯特的正面评价主要表现在，他对马基雅维利关于意大利希望统一的论述（第278-279页）、塞拉对财富起因的

---

① 不过阿尼金又依据马克思的"各种知识的杂拌"和恩格斯的"这是一种浇上了一些折衷主义经济学调味汁的无所不包的大杂烩"的判断，将官房学视为是"一种斯密主义和陈腐的重商主义的特殊混合物"。

叙述以及斯图亚特对工业问题的重视。例如对于塞拉，李斯特认为，他的政治经济学是"意大利关于专论政治经济学的最早著作"。塞拉"当然是把采矿放在贵金属直接来源的第一位的；但是关于取得贵金属的间接手段却说得很有理。依他看来，农工商业和海运事业是国家财富的主要来源"。除此之外，塞拉还强调了"比这些更重要的是政体、公共秩序、城市自治自由、政治保障与法律的稳定性"。"这就是这一经济学说的精粹。"李斯特认为，塞拉的目的"虽然显得只是在于贵金属的取得"，但整体看，"这样的见解正确而自然，这是值得注意的"。相反，李斯特认为，萨伊和麦克洛克都对塞拉的著作过于马虎，"说它只是讨论货币问题的"。如果萨伊能对塞拉"关于正确估计政治环境对国家财富的影响"的观点给予重视的话，他就不会说出"在政治经济学里是不能考虑国家政体问题"的观点。"萨伊要从他的学说中把政治这个因素除去"，而塞拉"是从实际存在的事物本质来看问题的；不是以已有学说的一些推论为依据，或以事前已经决定要宣传与实行的某些原则为依据，然后在这样的角度上来看问题的……有了广大的商业，才会在财富上有最大的累积，而大规模商业是从充分发展的工业而来的，工业又是以公民自由为出发点，然后由此获得发展的"（李斯特，1997年b，第279-282页）。尽管如此，在笔者看来，李斯特关于塞拉"陷入了以金银充裕为财富表征的错误观点"并不正确，原因如前分析，现代的经济思想史专家已经广泛否认了这一点。严格来说，李斯特并没有认识到货币的实质及其真正的重要性。

再如，对于斯图亚特的重商主义，李斯特就正确地认识到了重商主义术语的局限性，而将其称为"工业主义"。"所谓工业主义，原来并没有书面上的明确定义，也不是作家们设想出来的一套理论，只是在事实上执行着的，这种情况直到斯图尔特（斯图亚特，本书作者注）的时候为止；斯图尔特（同上）的学说大部分是从英国的实际情况推演而来的，正同舍拉（塞拉）（本书作者注）的学说是从威尼斯的情况推演而来的一样。"在李斯特看来，斯图亚特的著作能基于英国的实际状况和法国柯尔贝尔具体政策，"清楚地认识到国内工业的价值，认识到工业对本国农业、商业、海运以及对国家文化与力量的影响；而且毫不含糊地表明它在这方面的认识"。"它指出了一个有条件建立工业的国家要达到建成工业的目的时在大体上应采取哪些正确的方法。""它是以'国家'这个概念为基础的，把国家看做各个实体，处处所考虑的是国家利益与国家情况。"另外，李斯特还驳斥了流行学派对工业主义做出的错误的指责，认为它"只是把贵金属作为财富的唯一要素"和它"所要求的只是对别的国家应尽可能地多卖出，尽可能地少买进""并不能获得事实上的印证""这种荒谬说法是随后的学派硬加在工业主义头上的"。英国的国家政策就是因为"遵守了这个（工业主义，本书作者注）准则，一直到今天，由此达到了富强地位"。"这实在是一个唯一正确的准则"（李斯特，1997年b，第283-287页）。当然，在笔者看来，李斯特虽然指出工业主义者没有注意到发达国家和不发达国家、农业和工业方面的关税准则差异，以及没有看到"世界主义"经济学，特别是贸易自由的未来方向，但他对斯图亚特著作的点评，也显示出了他的局限性，即他没有认识到现代宏观经济学的一些核心问题。

后来的历史学派接受重商主义的经济民族主义，既与19世纪中叶以来欧洲又一波民族独立浪潮有关，也与19世纪德国的特殊背景有关。19世纪德国的民族主义却更为特殊，它扮演着民族统一进程中的推动力量（伊格尔斯，2006）。需要通过历史研究寻找德意志文化的独特性，以激发民族意识和爱国主义精神，所以19世纪历史研究在德国比在英法更具必要性和紧迫性，其民族主义主张较之英法更加明确直率，甚至可以说是它的精髓。当时德国的民族主义不仅得到了大学、知识精英阶层以及官僚政治上层的极有影响力和改革意识的官员的支持，而且在关税同盟形成后又得到了整个普鲁士和当时德国政府机构的支持（格林菲尔德，2004年，第208-209页）。同时这种历史观也吸收了黑格尔的国家主义学说，认为国家拥有"个体整体性"，有自身的发展规律。国家具有客观现实性，独立于公民之外而存在，现存的权威体制代表着道德力量。构成渗透社会方方面面的伦理秩序的核心制度，乃是奠基于权力之上的国家。权力因而就反映了道德，而国家就像他们所声称的那样，在扩展其权力以凌驾于其他各种号称来自上帝的权力之上时，它的所作所为都是正当的（伊格尔斯，2006年，第7页）。很明显，历史学派通过这种国家学说，试图将一种特定的政治和社会现状合法化的历史哲学结合在了一起。这种民族主义以国家主义为载体，迥然有别于19世纪英法的自由的民族主义（当然英法的这种民族主义也有别于他们自身在16~17世纪的绝对主义的民族主义）[1]。当然这种民族（国家）主义观点也与前述的官房学说和英法的重商主义政治经

---

[1] 由此也能看出来德国的历史主义伦理观与英国的功利主义伦理观的区别，与之相伴的实证法哲学与自然法哲学的区别。

济学能很好地相容和结合，形成了其国家经济学思想。

另外，就研究对象而言，历史学派也较古典经济学而言，更偏向重商主义的政治经济学。例如，按照 Roscher（1884，1898）的定义，"政治经济学主要处理的是各个国家的物质利益。它探究的是，一个国家人民的各种需要，特别是食物、衣着、住房和生理本能等如何得到满足，那些需要得到满足的如何影响整体国家生活，以及，他们又如何被国家生活进一步影响……我们的目标仅仅是描述人的经济本质和需要，研究被用来满足这些需要的法律和制度特征"（Milonakis and Fine, 2009: 81）。这和斯图亚特（1767）的政治经济学定义非常接近（quoted in Magnusson, 1994: 28-29）。

实际上，在对待重商主义的态度上，新历史学派也与古典经济学存在明显的不同。例如，在施穆勒（Schmoller, 1884; 1898）看来，重商主义可以用来描述在 1680~1786 年普鲁士行政当局追求国家统一和权力集中化政策的术语。他相信，在不同的历史发展阶段，对民族和国家生活非常重要的社会和政治生活的控制机构已经发展起来，从村庄到市镇乃至到更大的区域，最终发展到民族国家。施穆勒和斯密非常的不同之处在于，即首先且最重要的是，重商主义表达的是"整个国家的经济利益……在特定的被广泛接受的假设中（它）建立了一个接力点。"

最后在对待统计、人口、国家和国民经济核算等问题上，历史学派明显追随了重商主义。配第的统计学和斯图亚特的人口学等也被历史学派和美国的制度学派所继承，从而诞生出了统计分析和国民经济核算，为后来的凯恩斯宏观经济学的发展创造了条件，尽管这也和官房学派的传统有关。具体见后续分析。

第二节　国家经济学的理论体系的争议

按照熊彼特（2003: 176-180）的标准，德国历史学派具有以下几个基本特点：① 对社会生活的整体性和各组成要素之间不可孤立的相互联系的信念；② 对发展的关注；③ 对社会有机的、整体的视角；④ 对人类动机多样性的认识；⑤ 对事件具体的、个别的而非一般本质的兴趣；⑥ 历史相对性（Shionoya, 2005: 19）。在笔者看来，上述总结主要涵盖了历史学派国家经济学的特色和方法论特点。按照布鲁（2003 年，第 144-145 页）的观点，历史学派经济学思想包含四个基本原则：演进的方法；强调国家干预经济的必要性；归纳/历史的方法（研究一个经济现象的所有因素，经济学只有和其他社会科学的分支结合在一起才能得到充分的讨论）；提倡保守的改革（政治经济学必然会确定适当的生产标准和财富的分配办法，以便满足公平与道德的要求）。在笔者看来，这种总结也涉及国家经济学及其方法论，所以笔者在此将历史学派的经济观点简化为两个方面，历史学派的国家经济学和动态演化及历史的归纳方法。在这种情况下，本书在此将围绕历史学派的这两点，进行针对性论述，并将与古典和奥地利学派的相关观点进行对比讨论，以便更清晰地展现这种政治经济学的实质。在此，首先考察这种国家经济学的实质，并讨论其与古典或奥地利学派的争论与差异。

一、历史学派对政治经济学的再辨析

如前所述，历史学派是在继承了官房学、重商主义和批判重农学派及古典经济学的基础上，提出了他们的国家经济学体系。

（一）国家经济学的成形

胡企林先生认为，李斯特的理论对于德国后来经济思想的发展具有重大的影响（李斯特，1997 年 b，中译本序言，第 5-6 页）[①]。同时，李斯特被柏林大学的杜林（Dühring）称为 19 世纪最伟大的天才，其见解是《国富论》以来经济学"第一个真正的发展"（格林菲尔德，2004 年，第 283 页）。鉴于李斯特对政治经济学做了更为清晰的界定，并对国家经济学产生了更大的影响，在此就先从李斯特对政治经济学或国家经济学的解读和分析开始，探讨历史学派的国家经济学的发展。

在李斯特看来，古典理论尽管有其正确性，但这种"流行学派并没有考虑到国家，它所顾到的，一方面是全人类，另一方面只是单独的个人"，与政治经济学是有区别的（1997 年 b，第 4-5 页）。李斯特认为，"政治经济这门科学，过去由于学者们的过分夸张，由于其间的矛盾百出，由于名词使用的全不正确，人类的正常意识曾被它所迷惑。"他批判了古典学派"意带双关的名

[①] 准确地说该书译为《政治经济学的国家体系》可能更妥帖，因为全书通篇描述和比较了不同国家经济发展史，说明不同国家有不同的发展道路，很明显这里强调的是政治经济学的国别或民族差异性，和亚当·斯密的政治经济学的世界主义倾向明显不同。

词的使用"。而他的"学说体系中一个主要特征的是国家"。"国家的性质是处于个人与整个人类之间的中介体,我的理论体系的整个结构就是以这一点为基础的。"①(李斯特提出的)"这个体系,不管它可能还显得怎样的不够完整,却并不是建立在空洞的世界主义之上的,而是以事物本质、历史教训和国家需要为依据的。它提供了使理论与实际相一致的手段,使政治经济学能够为每一个有教育的人所理解"(1997年b,第7页)。在李斯特看来,"假使科尔伯特(柯尔贝尔,本书作者注)的伟大事业能够让它一帆风顺地进行下去;假使南特敕令的撤销,路易十四的酷慕虚荣,好大喜功,及其后代的骄奢淫逸,没有把科尔伯特所播下的种子在萌芽时就加以摧残,结果在法国竟出现了欣欣向荣的工商事业;假使侥幸得很,法国教会的巨大财产竟转让给了大众;假使由于这样的演变,产生了强有力的议会下院,靠了它的势力使封建贵族获得了改进——假使处于这样的情况,就绝对不会出现所谓重农主义。"而重农主义者"有些是国王或宫廷的御医,朝内的宠幸,有些是贵族和教士的心腹或知交",他们不能也不会公开反抗"专制势力或贵族和教士",只好"把他们的改革计划隐藏在一种奥妙的学理之下""在博爱主义与世界主义的广泛范围内求得安慰""抓住了普遍自由贸易的世界主义思想,作为可医百病的万应灵丹"。他们发现了土地产生"净收入"的论点,进而主张"只有土地能产生净收入,因此农业是财富的唯一根源"基本准则。由此提出了铲除封建制度,征收土地租税,取消贵族与教会享有的免税特权,把工商从业者看成是非生产的阶级,"它不应当负担纳税义务,可是也不应当受到国家保护,因此关税就必须取消"。"关于国家、战争以及国外商业政策这些问题,就一概不必再加考虑,历史和经验尽可置之度外,或任意加以曲解"。在李斯特看来,魁奈的理论与法国当时流行的博爱主义与世界主义思想相符合,这也是他的长处,但却忽略了柯尔贝尔以来法国才首次建立了大工业和"南特敕令的废除、路易十四无目的、无理由的战争、路易十五的胡乱花费等"事实(1997年b,第287-290页)。

在李斯特看来,"亚当·斯密的学说,关于国家及国际情况的方面,只是重农主义的延续。这一学说与重农学派一样,并不顾到国家的本质,几乎要把政治和国家力量这些因素完全丢开;它事先假定了一个持久和平与世界联合的局

---

① 对此李斯特曾一度想将其学说体系称作自然体系政治经济学,但经人劝阻说这个名称易于造成同重农主义的误解(1997年b,第7页)。

面，它低估了国家工业力量以及如何取得这种力量的手段的价值，主张贸易绝对自由。"他犯了同重农学派一样的根本错误，他们的自由贸易准则"并不是彻底研究了历史对这一观念支持到如何程度以后形成的"。斯密认为，"要使一个国家从野蛮阶段的深渊中上升到最高度富裕，所需要的只是和平、适度的税收与完善的司法制度，其他的一切就会在自然趋势下按照它们自己的意向循序而进。任何政府行动时违反了这种自然趋势，要想把资本引向别的途径，或者是要限制社会按自然程序进展，就是逆天行事，这时政府为了维持自己的地位，就会成为专制暴虐的政府"。对此，李斯特认为，这是"将国家与政权一笔抹杀"。"这一学说的缺点在于，它在实际上只是一种私人经济学说，所涉及的只是一国中或全人类中的个人，这种私人经济将在某种局势下自然形成，自然发展；这里所假定的某种局势是这样的，其间并没有各自界限分明的国家民族或国家利益，没有彼此分得清清楚楚的政治组织或文化阶段，也没有战争或国与国之间的仇恨。说来说去，这个学说不过是一个价值理论，不过是一个店老板或商人个人的理论；它并不是一种科学的学说，并没有说明，为了国家的文化、福利、权力、存续与独立自主的特殊利益，怎样使一个完整国家的生产力得以产生、增长并得以继续保持"。在李斯特看来，斯密的学说才是"地地道道的'重商主义'"；而柯尔贝尔的"工业主义"的"唯一目标是在于建立国家工业、国家商业，对于交换价值一时的得失并不在意"，却被冠之以"重商主义"这个名称，"实在有些费解"。李斯特认为，斯密体系缺陷产生的原因在于，斯密"没有就社会全体作完整的观察，没有能把个人利益合并成一个和谐的整体，没有把国家放在个人的前面来考虑，当他急于要顾到各个生产者行动自由这一点时就忘记了整个国家的利益"。当然，李斯特也对斯密给予了高度评价，认为"他是第一个成功地将分析法应用到政治经济学的。他凭借这个方法和惊人的智慧，阐明了科学的一些最重要部门，这些部门原来几乎完全是不清楚的，在亚当·斯密以前，存在的只是例有的成法；通过他的著述，才使政治经济学成为一门科学有了可能，他对这门科学所贡献的材料，在数量上超过了他以前或以后的任何人"（李斯特，1997 年 b，第 290-294 页）。在笔者看来，这种高度评价是中肯的。但把斯密的著作说成是政治经济学的科学论著却还可以争论。既然本书的主题在于讨论政治经济学的定义与实质，那么笔者认为，斯密的贡献不在于政治经济学，而在于社会经济学或市场经济学。如果李斯特的政治经济学同前述的罗宾斯的观点一致，那么就意味着李斯特也没有准确定位政治经济学术语的内涵与实质。

　　同样的问题也发生在萨伊身上。李斯特认为，萨伊"只是把亚当·斯密在一种不够完整的方式下搜集起来的材料加以阐述，加以系统化、通俗化而已。……在他的著作里，除了确认亚当·斯密所否认的精神劳动的生产力这一点以外，并没有什么新的或独创的见解"。在萨伊的理论体系中，"政府什么也不能管并不应当管；认为个人是最重要的，政府是无足轻重的。""政治是同政治经济学没有关系的"。李斯特还认为，萨伊唯一独创性的东西是"替政治经济学所下的定义是表明物质财富怎样生产、分配与消费的科学"①。当然，李斯特对斯密、萨伊及李嘉图的批评，按照他自己的话来说，"所涉及的只是著述内容有关国家的和国际的方面"，但他并不否认他们对一些次要问题的学理解释的价值（1997年b，第295-303页）。

　　另外，在《政治经济学的国民体系》的理论部分，李斯特又对政治经济学的理论体系进行了更明确的阐发。他认为，魁奈以前的学者只是在实际地运用着政治经济学（由公务人员或行政官来执行），但他们"关于财富的起因这类问题是不加分析的，关于全人类利益这类问题是绝对不予考虑的"。在笔者看来，李斯特有点轻视了前古典学者的贡献，特别是他们在宏观经济学方面的贡献。然而，考虑到时代的局限性，李斯特的这种低估也是可以理解的。

　　在李斯特看来，在魁奈的经济学中，"所有各个国家的商人是处于一个商业联邦之下的……它与政治经济学，即以研究如何使某一指定国家（在世界当前形势下）凭农工商业取得富强、文化和力量的那种科学是对立的。"而斯密与魁奈一样，"对于真正的政治经济，也就是各个国家为了改进它的经济状况所应当遵行的政策这方面，却极少过问"。正如斯密的传记作者斯图尔特所说，斯密的研究原则是"为促进公共福利而订立的国家规章大部分是多余的"。萨伊在其《实用政治经济学》说道："我们考虑的范围可以是属于以族长为首的一个家族的经济利益，有关这方面的观察和原则所构成的是私人经济。但是属于整个国家、不论是对这些国家本身或与别的国家有关的那些原则，它们所构成的是公共经济。归根结底，政治经济学所研究的是一切国家的利益，是全体人类社会的利益。"对此，李斯特就指出，"首先，萨伊承认在

---

① 在李斯特时代，斯密和萨伊的交换价值理论已经完全失去势力，"以致他所从事研究的几乎仅在地租的性质这方面，因此李嘉图在他的《政治经济学原理》里会这样说，'政治经济学的主要目的是确定土地生产物在地主、农场主和劳动者之间应如何分配的法则'"（李斯特，1997年b，第302页）。

他所使用的'公共经济'这个名词下,国家经济或政治经济是存在的,但他在他的著作里并没有谈到这些;其次,他把在政治经济这个名词下所包含的内容归纳到一种学说,这种学说显然是世界主义性质的;结果他在这个学说中所谈的始终只是以整个人类社会的利益为唯一对象的经济,并不顾到各个国家的不同利益"。"他用政治经济的名称来称呼他的世界主义经济时,在这一点上并没有做出说明,由于这种名词上的移动,跟着就发生了意义上的移动,这样就掩蔽了一系列最严重的理论错误。"在李斯特看来,"一切后来的作家都陷入了这个错误,不能自拔"。例如马尔萨斯、托伦斯、西斯蒙第等。另外,李斯特还特别批判了斯密在美国的信徒——哥伦比亚学院院长托马斯·库柏的观点。库柏"把国家说成是出于'字面上的创造',只是为了避免表达时的多所周折而设的,除了存在于政治家的头脑以外,并没有实际的存在"。对此,李斯特认为,库柏的态度"比他的前辈和老师们还要彻底得多……如果承认了各个国家以及它们各个性质和利益的存在这一点,这就立刻有必要按照这些各自不同的利益来考虑修改属于人类社会的经济学,如果库柏的意向所在是要把这类修改说成是错误的,那么在他的一方面最聪明的做法就莫过于从头否认国家的存在了"。李斯特还认为,"政治经济,或者像萨伊所说的'公共经济',也应当科学地加以发展;可是我们还认为对事物应当给予正确的名称,这样总比使用意义相反的名称要好些。"李斯特建议,"我们如果想对于逻辑、对于自然法则信守不渝,那就必须使个人经济不与社会经济相混淆,关于后一项,又必须把政治经济或国家经济与世界主义经济划分开来。政治经济或国家经济是由国家的概念和本质出发的,它所教导的是,某一国家,处于世界目前形势以及它自己的特有国际关系下,怎样来维持并改进它的经济状况;而世界主义经济产生时所依据的假定是,世界上一切国家所组成的只是一个社会,而且是生存在持久和平局势之下的"(李斯特,1997年b,第106-117页)。

李斯特认为,历史已经证明"国家的统一是国家长期发展的基本条件……只有个人利益服从国家利益,只有世世代代地向同一个目标努力,国家生产力才能获得均衡发展,如果没有当代和后代各个个人对于一个共同目标的努力,私人工业就很少有发展机会"。而"流行学派把私人经济原则与国家经济原则相混淆"也就"掩盖了它对国家利益的误解以及对国家力量联合的作用的误解"。他批判了斯密的"凡是在私人家庭中看上去是有智虑的行动,施之于国家时也绝不会是愚蠢的"的观点和自由放任原则,也批判了斯密的信徒托马斯·库柏的更加极端的观点。在库柏看来,"政治经济与一切个人的私人经济差不多是一件东西;政治并不是政治经济里的主要成分;说社会与社会所赖以组成的个人,两者完全不同,那是荒谬的。每一个人都完全懂得怎样来利用他的劳力和资本。社会的财富无非是所有各个成员财富的综合;既然每个人都能为他自己作出最妥善的安排,那么尽量听任每个人自己做主时,国家就必然是最富裕的。"库柏反对关税保护,"无论如何,为了海外贸易而引起海军战争总是不值得的;可以让商人自己去保护他们自己。"对此,李斯特认为,流行学派不仅"抹煞了国家和国家利益的原则",而且"完全否认了国家和国家利益的存在,一切都要听任个人安排,要单靠他们自己的个人力量来进行保卫"[1]。在李斯特看来,这种见解是完全错误的。他认为,"有些在私人经济中也许是愚蠢的事,但在国家经济中却变成了聪明的事,反过来也是这样;理由极为简单,缝衣匠并不是一个国家,国家也并不是一个缝衣匠,一个家族与数以百万家族计的一个社会是大不相同的,一所屋子与一片广大的国家疆土在性质上是有极大区别的。一个个人知道得最清楚的只是他自己的利益,他所竭力要促进的也就是这一点,但这并不等于说,由他自行设法,他一定总会促进社会的利益。国家为了民族的最高利益,不但有理由而且有责任对商业(它本身是无害的)也加以某种约束和限制"(李斯特,1997 年 b,第 143-146 页)[2]。当然李斯特并没有否定"流行学派把一切生产者的自由竞争说成是促进人类繁荣的最有效方法"的观点,只是反对他们"在世界联盟的假定下,对各个国家之间正当的商品交换加以任何限制"都是有害的论断,更何况他也提到了萨伊认同对国内工业有条件保护的主张(李斯特,1997 年 b,第 151-152 页)。

在李斯特(1997 年 b,第 158 页)看来,"独立和权力的概念,就是从'国家'那个概念而来的。流行学派从来就没有考虑到这一点,因为作为它的研究对象的并不是各个国家的经济,而是一般社会或全人类的经济。"李斯特认为,德国的经济科学以前被人们称作"国家行政",后来又被称为"国家经济""政治经济"或"人民经济",始终没有人清楚地了解到这些理论体系的根本错误。"由于人们到处把'国家'这个清楚、明确的名词用'社会'这个

---

[1] 在笔者看来,虽然罗宾斯在为古典经济学进行辩护时,强调了古典和重农学派的分析和政策主张方面的差异,特别是他强调古典承认政府存在的必要性,但他并没有回答国家利益是否存在的问题。因此,李斯特关于国家利益问题的阐述仍具有重要的意义。

[2] 在笔者看来,国家这种共同体的利益是存在的,也是符合善的伦理学。具体分析见后续部分。

笼统、含糊的名词来代替，而后一名词的概念可以适用于全人类，或一个小国，或一个小城市，也可以适用于国家，因此就无法认识国家经济的真正概念和特征"（李斯特，1997年b，第170页）。

从上述分析来看，笔者认为，李斯特应该是较早认识到前古典和古典学派的差异，并对前古典政治经济学给予了正面肯定的学者。而且李斯特的国家经济学很大程度上与孟克列钦和斯图亚特的政治经济学有更多的共同点，而和重农学派及古典体系的差异性更大。

另外，从后续发展来看，后来的历史学派无疑将国家作为其经济学的核心研究对象。在罗雪尔看来，"对财产的维持、增加和利用的持续行为叫做经济"，"国民经济学是关于国民经济发展规律的科学"。"从思想上的动机来说，经济是以自私心和集体观念为基础的。若只是自私心，则在各个私有经济之间势必引起破坏一切的永恒的斗争，而集体观念则使这种斗争在一个更高的有机体中，即国民经济中得到调和。……国民性、文化阶段等体现于国民经济之中"（1981年，第14页）。施穆勒也认为，"国家是这些活动当中的一环。没有一个坚强组织的国家权力并具备充分的经济功用，没有一个'国家经济'构成其余一切经济的中心，那就很难设想有一个高度发展的国民经济。……企图设想有一个自然的国民经济，设想它超然存在国家之外，完全脱离一切国家的影响，那纯粹不过是一个幻想罢了"（季陶达，1963年，第344-345页）。当然，施穆勒还认为，"联系每一个经济个人或民族的共同因素不仅是国家，而且是某种更深层的东西：共同的语言、历史、记忆、道德和观念……它是一个共同的、希腊人将共同体的精神—道德意识称之为的'民族精神'，它被具体化为道德和法律，并影响所有的人类行为，包括经济行为"（Koslowski, 2002 quoted in Milonakis and Fine, 2009：81）。桑巴特认为，欧洲的国家虽脱胎于"专制君主"，但旋即超越自己个人，扩大到国家的观念。君主的利益扩大为国家的利益，正是欧洲国家发达中的特点所在，而不同于一切东方的专制政治（此部分胡明改写）。"当国家的观念从君主个人分离出来时——他只是这种观念有形的指导者，只是它的'化身的现象形态'，并且是独立的——长上的思想也使国家成为一种稍微不同于人民的东西。国家的观念因此才真正获得它的扩大的力量；它才真正能够将那对权力的无限的追求作为规正的原则，同时替后者开辟一条活动的道路。"现代国家生命和现代经济生命两者出于同一根源，并相互形成，互相决定（桑巴特，1958年，第220页）。

对此，熊彼特（1991年，第42页）就认为，自孟克列钦提出政治经济学概念后，"就有意无意地产生了一种看法，似乎我们这门科学唯一关心的就是国家的经济……德文中有一个名词叫做国家科学，把这种看法强调得更加明显，而这个词通常是作为政治经济学的同义词来使用的"①。德国作家所使用的国家经济学与英美使用的（斯密意义上的）政治经济学意义并不相同（熊彼特，1992年，第243页注释2）②。下面我们继续对德国历史学派的国家经济学的特点和实质进行分析。

（二）国家经济学的整体论和跨学科分析

很明显，从现代视角看，这种国家经济学似乎更偏向一种整体论意义上的研究和跨学科意义上的分析。博斯塔菲就认为，历史学者或历史主义方法论者"将政治经济学看成一门主要研究国家整体的经济发展过程的学科"（门格尔，2007年，第246页）。在此笔者根据Milonakis和Fine（2009：78-82）所提供的文献综述就历史学派的整体论和跨学科分析做简要介绍。

在罗雪尔看来，"政治学是关于国家发展规律的科学。国民经济学是其中特别重要、因而被特别详细地创造出来的一个部门"（1981年，第15页）。Roscher（1882a，91）指出了"政治学和政治经济学之间的紧密联系"，既然如此，"就像所有的政治科学，或国家生活的科学，一方面，它涉及单个人的考虑，而另一方面，它将其研究范围扩展至整个人类"（Roscher，1882a：88）。然后是有机的类比："如果不了解他的头部，那么心理学家就不能了解人身体的行为；如果我们将国家置于思考之外，那么我们就不能够掌握国家经济的有机整体"（Roscher，1882a：91-92）。就如Ashley（1894：102）所观察的，罗雪尔的归纳或历史的政治经济学就纳入了整体主义立场，更接近于马尔萨斯而不是李嘉图的方法。Ashley（1894：101-102）对罗雪尔历史方法宣言给出了如下总结：第一，政治经济学的基本目标是表述各国在经济领域所思所想所发现的。第二，只有通过结合和平行（同步）地对法律史、政体史和文明史进行研究，这样的

---

① 当然，熊彼特还认为，"它把经济学的范围看得过于狭窄了。同时，它又过于强调了经济学与现今所谓的商业经济学之间的区别，而这种区别大体说来是没有意义的。"

② 在维克塞尔看来，"国民经济学"这个词在重商主义时代"是适当的"。但在"重农思想、不受限制的自由观念的取胜以及自由贸易的出现"后这一术语就不适用了，因为"国家应尽可能少地干预经济事务，除了某些明确界定的情况外，应听任个人自由地照管自己的事务"，"国家'家务'，根本不存在"。按照维克塞尔的观点，现代的国民经济学研究的是个人选择，并能使他人及下一代人受益，"在这种情况下，个人和国家的经济利益相符"（维克塞尔，2017年，第18-20页）。

表述才有可能。第三，因为一个国家不仅是个人的聚合，仅考察当前的状况是不够的。必须通过对早期阶段文明的研究对它加以补充。第四，从经济的角度对所有各国的观点进行比较才能有所了解（Milonakis and Fine，2009：78）。

Milford（1990：17）认为，德国历史经济学的科学和历史理论依托其代表人物以理论的社会科学是某种历史理论的观念；它的集体主义理论赋予他们国家、人民或其他的社会组织必须被视为是真实存在的"整体"（Wholes）；它的有机的理论赋予他们以社会"整体"作为实体（Entities）拥有着精神或意志（Spirit or Will），它们作为个人行动的前提而发挥作用。Koot（1987：35）认为，德国的历史经济学者寻求建立一个经济学团体，这种经济学是国家的、有机的和历史的及国家中心的，作为他们所称的世界的、个人的、演绎的和自由放任的英国传统的替代（转引自 Milonakis and Fine，2009：79）。历史研究方法的有机要素（Element）意味着，每一个集体性的实体被视为一个有生命的有机体，被赋予了"追求特定共同目"的意愿。因此，"需要了解经济的社会结构和它的各个组成部分（家庭、协会、公司、国家等）之间的结构以及它的共同目的的复杂性"（Betz，1993：335；1988：412-413）。用一种有机的方式处理社会实体意味着那些社会整体是在一种持续变化、不断增长和发展的状态中。因此，这种发展的观念就是将社会视为一个有生命的有机体的一个必然的推论（Milonakis and Fine，2009：80-81）。

将主观主义同他们研究方法中的整体论和集体性要素相结合意味着，对历史学者来说，个体的动机受到社会伦理文化的意愿、道德和伦理规范的文化中介结构的深刻影响，——后者作为因果机制对经济行为产生影响（Koslowski，1995：5）。因此需要探究的东西就是那些伦理文化价值因素同人类行为主体的经济效用之间的结合方式（Koslowski，1995：5）。"正是通过个人与社会之间的这种相互联系，心理变化转化成了社会经济和政治的组织中所反映的伦理的、共同的民族精神和目标等级"（Betz，1993：342-343）。这样，理论经济学中的经济人就被社会人（Homo Sociologicus）所取代。这同历史学者定义他们的学科主题的方式有关。施穆勒自称他的科学是历史伦理的，并在他的政治经济学中强调伦理因素的重要性（Schumpeter，1994：812）。因此，人的行为是由经济的制度框架所塑造，而这种制度框架是由包括习俗、法律和道德的伦理因素所组成。在这种情况下，"如果不了解这三方面的历史演变的知识，那么，就不可能理解经济生活"（Shionoya，1995：60，71）。因此在施穆勒的经济学中，制度的历史演化的中心地位预示了后来逐渐被知晓的演化或制度经济学的东西（Shionoya，1995：71，78）。很明显这种分析不可能在纯经济术语中进行，而必须包含社会生活的所有不同的方面。就像 Roscher（1882a：88）所言，"国家生活就像所有的生活一样，是一个整体，它的各种现象是彼此紧密联系的。因此，如果想科学地研究它的一个方面，就必须要了解它的所有方面，特别是，需要将个人的注意力集中在以下七个方面：语言、宗教、艺术、科学、法律、国家和经济。Roscher 和 Schmoller 均强调了经济研究中的跨学科研究方法"（Milonakis and Fine，2009：81-82）。

历史学派坚持国家利益的优先和反对古典经济学很大程度上与其实用性的政策研究导向有关。米塞斯就认为，历史学派产生于反对古典政治经济学的运动，且在一定程度上是具有政治动机的（Mises，2003：7）。历史经济学的政策导向特征反映在其试图为一项适当的经济政策构造基础，目标是为了促进产业增长，国际竞争力和社会改革，对当时一个在国家构建和发展中的后来者具有至关重要作用的东西。他们强调"历史的具体性"和"国家的特殊性"分析（Milonakis and Fine，2009：73-76）。当然这种应用型的实用主义倾向有其深厚的德国背景。严格意义上的历史学派主要集中于普鲁士德国国家体制内的学者，尤其是大学教授。由于当时德国的大学主要由官方资助建立或支持，且当时的经济学属于政治学科之范畴，要负责普鲁士官员的培训，因此其研究主要定位于如何服务与国家经济政策的目标，为官方谏言或替其政策辩护。从制定政策和注重实用的角度看，这是合理的。历史学派基于德国的特殊发展阶段和国家利益的长远考虑，主张工业化和贸易保护主义，强调政府综合协调经济发展，强调和谐和秩序，强调教育和工人的培训，防止社会矛盾激化，这在 19 世纪的德国比斯密的自由主义主张更具有现实意义。该学派也是当前发展经济学的直接来源之一，该学派不同时期不同代表所提出的经济发展阶段论对 20 世纪 50 年代发展经济学的经典理论——罗斯托的经济发展阶段论产生了重要的影响（胡明，2008；胡明、方敏，2009）。

（三）批判原子论

基于这种有机整体论的观念，历史学派批判古典的原子理论也就自然而然了。如前所述，历史学派将其道德目标建基于经济民族主义之上，而倡导国家经济学①。这种浪漫主义和民族主义与古典学派的理性主义和个人主义的观点明显不同（胡明，2008）。很明显，李斯特的公共利益同前述的孟克列钦，特别是斯图亚特的相关观点非常接近，而且他们对待个人的自私行为的态度也很接近，他们都不反对个人主义。在李斯特看来，"巨大财富的占有，以及与这一点结合在一起的体面外表与生活作风对于文明社会也会发生鼓励作用"，"社会大部分的生产力就是因这种诱因而产生的"（1997年b，第257页）。他们都强调鼓励私人利己心的重要性。如前文所述，这和斯密的相关观点也差异不大。李斯特反对的是流行学派只主张个人主义。在李斯特（1997年b，第152页）看来，流行学派的理论体系存在三个主要缺点。一是它不承认国家原则，也不考虑如何满足国家利益。二是死板的唯物主义，它处处只是顾到事物的单纯交换价值，没有考虑到国家的精神和政治利益，眼前和长远的利益以及国家的生产力。三是支离破碎的狭隘的本位主义和个人主义，只是把人类想象成处于没有分裂为各个国家的情况下与社会（全人类）进行着自由交换，只是在这种情况下来考虑自然而然发展起来的私人事业。对此，熊彼特（1992年，第196页）也认为，李斯特反对古典经济学的世界主义之说并不意味着他反对自由主义。需要指出的是，旧历史学派代表人物罗雪尔尊重国民经济的自然法则，并不反对英国的古典经济学和自由主义（胡明，2008）。实际上就其分析工具而论，他应当列为英国古典经济学的一个非常有功绩的信徒（熊彼特，1992年，第201页）。而韦伯不仅在方法论之争中站在门格尔一方，认同新古典经济学，且其所发动的"价值判断之争"主要针对的就是施穆勒。从这一点看，真正的反古典经济学的历史学派只有对施穆勒的学说而言才是成立的。Schmoller（1897：2）认为，"考虑到人类文明的全部阶段，经济生活一直就是一个主要依赖于个体行为的过程的观念——建立在它主要涉及满足个人需要的方法的印象之上的观念——就是错误的"（Milonakis and Fine, 2009：71）。在施穆勒（Schmoller, 1875：42）看来，在人的行为中，不管是在一般性行为还是在经济性行为中，都并不是只受一种动机指引。"除了自利——它至多只是人类经济活动的动机——之外，还有公共精神，对于同胞、习俗之爱、正义感等等因素来决定人的经济活动。因此，斯密学派的经济学家的出发点——即自利的教条——是错误的。"其研究是没有经验依据的，是违背事实

---

① 当然，这种经济民族主义不仅为历史学派所推崇，也被亚当·斯密等古典学者或明或暗地倡导。

真相的（门格尔，2007年，第67页）。按照门格尔的解读，历史学派的经济学家将国民经济视为一个有别于人的经济之单个现象的特殊整体。从而他们认为，"国家的特性将是理论性的国民经济学进行科学研究的唯一对象，人的经济的单个现象，应当被排除在这一研究之外。……对于国民经济现象的研究，乃是理论经济学的唯一任务。而对于人的经济之单个现象的一般性质和一般性关系的研究，将被排除在我们的学科领域之外。而试图将考察个人经济的某种模式，与考察国民经济的某种模式混合，甚至试图将人的经济之国民经济现象还原为单个现象的抱负，就被称为'原子论'"（门格尔，2007年，第76-77页）。

对于有人将"自利的教条"理解为"不受政府的政治—经济措施之影响而从事经济性活动的单个个体对于私人利益之追求所形成的结果，必然等于一个社会在其所处之时空条件下所能实现之最高程度的公共福利"，他认为，"这样笼统地说是错误的"（门格尔，2007年，第66页）。在门格尔看来，斯密的《道德情操论》除了自利之外，斯密"也把公共精神视为他的研究的一个关键论旨，而对于政治经济学而言，这具有划时代的性质"。斯密"从来没有犯下下面这种认识上的错误：他从来不认为，从人的自利之心在不受其他因素影响下自由发挥的角度进行理论探究，就等于承认人性自利的教条乃是人类活动的唯一真正的动力"（门格尔，2007年，第71、73页）。因为，从理论上说，经济现象最终可以还原为个人的经济活动或其最简单的构成因素，因而是可以解释的（详见门格尔，2007年，第74-76页）。

另外，在历史学派看来，人并不只是受自利戒律之指引。从经验的角度看，经济人会无数次弄错自己的经济利益或者对经济现状懵然无知。因此理论经济学永恒自利的教条及经济人"不可能出错""全知全能"、完全不受外部强制之教条之前提是错误的（门格尔，2007年，第67-68页）。在历史学派看来，人存在多重动机。

如何协调主观主义因素和他们方法中的集体主义和有机主义的特征呢？一方面，他们的主观主义涉及的是对许多个人的多重动机的关注，这不同于边际主义和新古典经济学的效用最大化的主观主义和工具性的方法论个人主义。Cliffe Leslie（1875：92）在讨论德国历史学派时认为，在历史的或现实的学派的眼中，人是实际的，历史和周围环境塑造了他的需求、激情和缺陷①。"个

---

① 具体还可参见 Roscher（1882a：104）和 Schmoller（1893）。

人，换句话说，应该被视为一个不可分割的整体，一个带有许多不同动机和欲望的复杂的有机物。"但这种动机和欲望常受到其所在群体的影响，如家庭、教会或者更大的社会组织，而这些整体论和集体主义意义上的群体"被视为是超越了其个体成员简单加和的某种东西，作为自主的实体是真实和实际的存在"。事实上，对于历史经济学者来说，分析的基本单位不是个人，而是作为一个整体的社会或"国家经济"。Roscher（1882a：111）宣称，"我们的任务是……说明，社会或国家经济的解剖学和生理学"（Milonakis and Fine，2009：79-80）。这是他们及其追随者在宏观经济学取得进展的原因。这也是他们的统计及计量研究至今已成为宏观研究的主流方法的保证和依据。当然问题的根本就在于，门格尔与历史学派在关于国民经济的真正性质的最终根源认识的不同，或者是两者在"国民经济与组成它的单个经济现象关系"认识上的不同。

历史学派指责古典经济学仅通过主要的经济决策者的性格和个人好恶来解释国家经济政策的事实当然是有道理的，因为国家经济政策的制定更多的是基于国家经济所面对的问题的属性和重要性而决策的，这种决策应该具有科学性和一致性，否则决策者就是失职。从这个意义上讲，国民经济的决策者是一种决策机器，不应有太多的个人好恶。受历史学派影响，马歇尔认为，"道德的力量也是包括在经济学家必须考虑的那些力量之内的。的确，曾经有过这样的打算，以一个'经济人'的活动为内容，建立一种抽象的经济学，所谓经济人就是他不受道德的影响，而是机械地和利己地孜孜为利。但是，这种打算却没有获得成功，甚至也没有彻底实行过。因为，他们从没有把经济人真正当作是完全利己的"。在马歇尔眼中，要考虑的是活生生的人。"大自然的作用是复杂的：如果把这种作用说成是简单的，并设法以一系列的基本命题来阐明它，毕竟没有什么好处"（1964年，原著第一版序言，第11-15页）。"经济动机不全是利己的。对金钱的欲望并不排斥金钱以外的影响。这种欲望本身也许出于高尚的动机。经济衡量的范围可以逐步扩大到包括许多利人的活动在内。"因此以下观点是错误的，"相信经济学除了研究对财富的利己欲望之外，与任何动机无关，甚至认为经济学强调了一种卑鄙的利己政策。""全部的活动诚然是由它的构成部分所组成的；在研究大多数的经济问题时，最好的出发点诚然是在于影响个人的那些动机，个人并非被当作是一个孤立的分子，而是被当作某一特殊行业或产业团体的一员；但是，正如德国学者所极力主张的那样，经济学对于有关财产共同所有，与共同追求重要目的的动机，加以重大的和日见增长的注意,也是确实的。当代日益增长的热诚、大多数人的日益增长的智慧以及电报、印刷物和其他交通工具的日益增长的威力,不断地扩大为公众利益的共同活动的范围;这些变化以及合作运动的推广和其他各种自愿组织的团体,正在金钱利益影响以外的各种动机的影响之下发展起来:它们常为经济学家不断地开辟衡量种种动机的新机会,而这些动机的作用似乎不能被归纳为任何规律的"(马歇尔,1964年,第42-46页)。穆勒的"政治经济学把人看作是专门从事获得财富并消费财富的人",但他又认为:"一个人的一生中,既不受除了追求财富以外的任何动机的直接影响也不受它的间接影响的行动,也许是没有的。"不过马歇尔认为,穆勒"对经济动机的讨论,不论在本质上或方法上,都不及他当时的德国经济学家,尤其是赫尔曼"。马歇尔特别提到了瓦格纳把经济动机分为利己动机和利他动机两类。利他动机是"内心命令善行的冲动力和责任感的压力,以及畏惧个人内心的谴责。也就是说,畏惧良心的谴责。在它的纯粹形态上,这个动机表现为'绝对命令',人之遵从它是因为人在内心感觉有照这样或那样的方式行事的命令,并且感觉这种命令是对的……遵从这种命令无疑会产生快感,而违反这种命令则感到苦痛。这些感觉在驱使我们或参加驱使我们继续或停止行动方面,往往有和无上命令同样强烈的作用,甚或有过之而无不及。就这点而论,这个动机本身也具有利己因素,或至少使它消融成一体"(马歇尔,1965年,第426页)。

另外考德维尔(2007年,第83-84页)也认为,门格尔捍卫的"原子论",即后来被称为"方法论个人主义",是否是唯一建构理论的方法,或是解决社会科学可能面对的一切问题的最佳方法,是"未得到确证"的。很明显这是一个视研究对象情况而定的问题,同时也是一个如何定义方法论个人主义的问题。

总体来看,历史学派的国家经济学坚持国家利益优先有其合理性。国家经济学就是政治经济学,"个人经济学并非政治经济学",而"政治经济学并非世界主义经济学"(李斯特,1997年a,第28页;第233页;第237页)。威权主义是发展中国家发展的必经阶段,特殊的历史背景、特殊的国家利益、特别的民族振兴之需要,个人利益服从于国家利益。在李斯特看来,"个人应该随时准备为国家利益而牺牲个人利益。这种牺牲是正当而崇高的"。"个人的幸福全系于国家的独立和进步""个人应该接受出于国家整体利益而采取的限制"(1997年a,第29-31页)。在李斯特看来,国家作为一个政治实体是由道德的纽带连接起来的。"国家通过爱国主义的纽带将其成员结为一体"（1997年a，第234页）。基于这种民族主义，李斯特对古典的个体主义（原子主义）的方法进行了批评。在李斯特看来，古典的功利主义的个人主义把社会分解为多个单独的个人，把个人视为自足的实体，由此基于个人主义的"经济人"假设，作为经济学的基本假设和逻辑起点。在《美国政治经济学大纲》中，李斯特就对美国的古典代表人物库柏的国家"只是一种拟人化的道德存在———一种文字称谓而已"提出了反驳。他认为，国家是一个道德的存在，不同于把国家视为一个文字称谓。国家是真实存在的"独立自主的政治实体"，而"个人都是他所在的国家的一个成员"。"国家介于个人和人类之间，是由这样一些个人组成的单独的社会，这些人拥有共同的政府、共同的法律、共同的利益、共同的历史、共同的荣誉、共同的防御和保护他们的权利、财富、生命的共同制度，他们组成一个自由和独立的实体"（1997年a，第235-236页；第208页）。个人受国家影响，并与国家荣辱与共（1997年a，第28-31页）。另外，李斯特也对斯密的"自利导致公善"的公益合成论命题进行了批驳。李斯特认为，"只有个人利益和国家利益绝不冲突时，这一原则才行得通"（1997年a，第234页）。但两者之间经常发生矛盾。"个人只需要满足自己及其家庭的，不管他人或子孙后代……而国家要满足其大多数成员的社会需要，个人是不可能靠自己努力满足这些需要的……个人在促进其利益时可能会损害公共利益；国家在促进公共福利时可能会抑制一部分国民的利益"（1997年a，第233-234页）。

李斯特和斯密都具有经济民族主义倾向。在李斯特看来，"国家是一个独立自主的政治实体"（1997年a，第29页）。"一个国家在自由、文明和工业方面比其他国家越进步，就越怕丧失独立，竭尽全力提高生产力以增强其政治力量的动机就越强烈"（1997年a，第238页）。而对于那些落后国家的文明进步而言，"最大的障碍莫过于世界上各种互相竞争的国家所奉行的自私而贪婪的政策"（1997年a，第49页）。"所以完全有理由认为，国家不应该为了试图促进人类未来经济进步而牺牲自己为实现国家经济独立所取得的进步。牺牲国家利益的政策，绝不会有利于全人类，只可能有利于经济上占优势的国家"（1997年a，第47页）。

在此，笔者之所以认为，历史学派国家经济学的国家利益优先是正确的，主要在于，不仅这种集体主义的伦理观可以弥补功利主义的个体伦理观的不足，而且有机整体的论述也可以补充个体演绎的论述的不足。就其集体主义伦理观而言，共同体主义的积极价值在于立足于社会伦理关系，揭示道德自我的社会、历史和文化的根源，以遏制由自由主义的过分发展所带来的个人主义的消极影响。在西方社会，过分的自由导致了社会分裂。泰勒就指出，一个分裂的社会就是其成员越来越难以与他们生活于其中的政治社会相认同。这种认同的缺乏反映了社会成员纯工具性地看待社会的原子主义观点，为了捍卫社会自由的基础，共同体主义者提出，必须用社群组织的道德价值来修正自由主义的弊端（唐文明等，2006年，第749-750页）。

很明显，坚持国家利益优先的国家经济学同早期的孟克列钦，特别是斯图亚特的经济民族主义有相似之处。对于德国的这种"有组织的资本主义"理论，马歇尔给予了很高的评价。马歇尔对德国的国家科学抱有深深的认可。在政府行动方面德国领先。"在德国绝大部分本国的高级知识分子都在政府任职，也许没有其他政府，它本身容纳了这样多的有才华的人。……在德国可以看到政府管理工业的最好和最吸引人的形式。同时私营工业的种种特长，它的活力，它的弹性和它的方法也开始在德国得到充分的发展。因此关于政府经济职能的问题在德国已加以仔细的、有成效的研究，而这些对讲英语的民族来说也许是很有教益的。""但总体来看，近代大陆上所曾做的最重要的经济研究工作是在德国"（马歇尔，1965年，第399-411页）。当然马歇尔并未将其褒奖在他的经济学中加以发挥。在阿尼金（2007年，第281页）看来，"资本按其本性来说是世界性的，但是这个特点是在同富有战斗精神的民族主义的辩证统一中发挥作用的，而民族主义在本质上也是资本主义所固有的，正如歌德在《浮士德》（第一部第二场，译者注）中所写的：'啊！我的胸中有两个灵魂！'这种统一和冲突伴随着资本主义的全部发展过程，在今天条件下它们起着作用。如果说古典派大力发挥的是第一种倾向的话，那么李斯特发挥的就是第二种倾向。"

当然这种合理性并不意味着他们反对古典主义的原子论也是合理的。相反，在笔者看来，这是错误的。在此，笔者认同门格尔（2007年，第70-73页）为全知全能的教条辩护。在笔者（胡明，2016）看来，当前的实验经济学就是错误地理解了主流经济学的这种思想，他们对主流的攻击并没有什么道理。罗宾斯（2008年，第282页）也认为，历史学派抨击古典经济学的"假设尚未得到证实""忽略了制度因素和资本与劳动流动的速度""不是普遍的真理""方法是从简单要求而进行的演绎"等,是"基于一个完全错误的概念"。

笔者之所以采取上述不同的态度,主要原因在于,经济学到底应该坚持方法论个人主义还是方法论整体主义?如果社会科学家关注社会实体,就会立刻使人想到是个人主义还是整体主义哪个重要的问题。重视个人还是重视社会本身涉及重要的价值选择问题,给予两者之一的优先的本体论考虑不可避免地涉及其政治主张。主张个人主义为社会选择的最优先目标,或将社会整体利益视为是社会选择的首选目标,虽然存在着巨大的价值分歧,但也是社会选择中的事实问题。故而不必对追求国家干预主义耿耿于怀,这仅是经济学家认识人类社会的一个视角、一个理想类型、一种意识形态的主张。这与传统和现代无关,与高尚和邪恶无关,只与学术研究是否方便与适当有关。它的选择只说明使用这种方法或选择这种"价值"能更好地说明资本主义发展初期重商主义的基本事实和实质。相关分析见本章后续部分的讨论。

另外,李斯特指责以斯密为代表英国古典经济学把个人经济动机作用无限夸大的做法,也显示了李斯特的局限性。这种观点尽管有其正确的一面,例如当前的经济学的确存在李斯特所说的这种情况,但也有错误的一面。很明显,李斯特并不了解科学研究的理想类型方法和价值中立原则,尽管对于19世纪上半叶的李斯特来说,提出这种要求并非妥当。

二、关于奥地利学派对国家经济学研究批判的讨论

如前所述,历史学派继承了官房学和重商主义的观点。例如"历史学派的一个明显特征是统计和历史方法结合在一起"(Maas,2014:33)。这种结合即使在现在看来也是研究国家的经济问题不可或缺的方法,毕竟熟知国家历史和统计资料是了解一国综合状况的有效方式,毕竟统计学的词根是国家,国家属性隐藏在其历史之中。然而,这种方式并非是建构理论的最佳方式。对此,凡勃伦(2012年,第52页)就认为,历史学派主张"数据才是惟一的效力","但他们自己却满足于数据资料的一种罗列,以及对产业发展的一种描述性说明,没有敢于提供任何一种理论。"韦伯和米塞斯也认为,经验的统计研究不是分析手段目的情景问题的正确方法(Maas,2014:34)。相反美国制度主义学派

第七章 19世纪政治经济学的传承：国家经济学及其争议

的米切尔认为，主流经济学的理性经济人是非现实主义的假设，而他主张制度主义研究的是群体行为，而对这种现象的研究最好采取量化的方法，更关注对经济现象解释的客观有效性（Mitchell，1924，1930：27，转引自考德维尔，2007年，第220页）。米切尔的观点似乎接近于历史学派的施穆勒，他预言，更普遍地运用数量分析最终将导致各种新理论的建立（考德维尔，2007年，第221页）。考虑到历史学派存在没有隔离和缺乏理论这两个最重要缺陷（Milonakis and Fine，2009：111），下面本节将围绕这方面的内容展开分析。考虑到门格尔较早面对这一问题，下面我们将重点分析门格尔的相关观点及问题①。

门格尔认为，涉及人类经济的这门完整的科学，即这种最宽泛意义上的经济科学，可划分为三大类，对应的是在研究经济现象时人的心智可能为自己设定的三大任务：①历史的；②理论的；③实践的（门格尔，2007年，第202页）②。在门格尔看来，经济领域会面临"个别的和一般性的知识，相应地，也存在关于现象之个别方面的科学，和关于现象的一般性方面的科学。前者属于经济史学和经济统计，后者则属于理论经济学；因为前两者的任务是探究个别的"（门格尔，2007年，第17页）③。另外，"没有一门精确科学能够对于现实世界的哪怕是最微小的一部分给出全面的理论性理解"。"只有综合全部社会科学，才能向我们呈现出对于社会现象的完整的精确理解。""历史学的任务确实是让我们理解某一现象之各个方面，而精确性理论的任务却只需让我们以其特有的方法理解全部现象之某一方面即可。""经济中的'实在的类型'和'经验性规律'也绝不是对包罗国家生活之方方面面的社会现象进行考察的结果"，否则就没有经济史这门学科了。"一心想在实在主义取向的理论性

---

① 由于统计分析和宏观经济学产生于非主流经济学，以及当前宏观经济学面临的困境，本部分的分析将有助于理解宏观经济问题的核心实质。

② 对于当时的理论经济学，门格尔指出，"这门学科所呈现出来的知识尚缺乏严格的形式上的统一性，因而，也缺乏某种严格的系统性的研究方法。但是，我们估计，随着社会科学的不断发展，逐步分化出不同的分支，……这些分支的每一个都将展示出某种程度的——起码是相对的——独立性"（2007年，第204页）。

③ 门格尔认为，"个别的"（Individual）和"单个的"（Singular）不同，因为"个别的"是与"一般的"（General）相对应，而"单个现象"则与"集体性现象"对应。具体的国家属于个别现象，"但却不是单个现象（相反，它们都属于集体性现象）；而尽管商品、使用价值和企业家等的现象形态是一般性的现象，却不是集体性现象。有关经济的历史性科学反映的是经济的个别现象，但这并不排斥我们从集体性的视角来认识这些现象。不过，关于人类的个别方面与一般性方面的探究与描述之对立，一般能使我们将历史性的社会科学与理论性的社会科学区分开来"（门格尔，2007年，第17页注释2）。

研究中考察非经济因素的抱负,其实是多余的,这是由这种取向的固有性质所决定的"(门格尔,2007年,第60-64页)①。对于门格尔来说,实用的经济科学包括经济政策(研究公共权力当局改进"国民经济"的恰当做法的基本原理的学科)和个别经济的实践理论(研究个别经济体赖以最完美地实现其经济目标的基本原理的学科)。在门格尔看来,后者不仅包括财政科学,也包括私人经济的实用科学,而理论经济学乃是"私人经济的实践科学的理论基础,就如同它是财政科学和经济政策的基础一样"(门格尔,2007年,第204-205页注释2)②。

在门格尔看来,经济科学包括精确和实在两种科学取向,其中理论经济学遵循的是精确的研究取向。"理论经济学的任务是探究经济现象的一般性质和一般联系,而不是分析经济学概念并从这种分析中得出逻辑的结论。经济领域的理论研究的对象是经济现象或它的某一方面,而不是它们的语言反映——概念。在某些情况下,对于概念的分析会对于呈现有关经济的理论知识具有一定意义,但理论经济学领域的研究目标只能是确定经济诸现象的一般性质和一般联系。有迹象表明,有些人,尤其是德国历史学派的代表人物,对于理论研究的目标却不大理解,他们以为,探究商品的性质,经济的性质、价值、价格等类似东西的性质,只要进行一番概念的分析就可以了,他们又认为,'建立概念与判断体系'就等于获得了关于经济现象的精确理论"(门格尔,2007年,第17页注释3)③。

在笔者看来,李斯特尽管对斯密的分析方法表达了赞赏,但我们却很难说他应用演绎法进行建构他的国家经济学理论体系。尽管他也使用了分析法,但他没有采取隔离法和抽象法进行严密的逻辑推理来构造理论命题。Milonakis 和 Fine(2009:11)就提到了现代学术界关于历史方法的两个最重要缺陷,

---

① 罗宾斯(2000年,第37页及注释)也认为,"经济理论描述形式,经济史描述内容"。"经济史要描述的是不断变化的经济关系网,是目的的变化和达到目的所需的技术和社会环境的变化对经济意义上的价值产生的影响。""经济史同经济理论一样,过去并非总是能成功地清除外来因素。尤其明显的是,在德国历史学派的影响下,各种社会学和伦理学因素侵入了经济史,即便从最广的意义上说,也不能把这些因素算作经济史的研究对象。"

② 然而,在李斯特看来,财政经济与人民经济(在特定情况下等于国家经济)不同,这两者"与国家的财政经济共同构成国家的政治经济"。但是,"人民经济"与"私人经济"或"国家财政经济"直接对立(李斯特,1997年b,第169-170页)。

③ 在门格尔看来,"很多法国经济学家也犯了同样的错误,他们对于'理论'与'理论体系'形成了错误的认识,因此,他们认为,这些东西无非就是从先验的公理体系中演绎出来的定理而已。"

即没有隔离和缺乏理论,尽管他们认为,这种总结既不全面也不准确。

(一) 历史学派没有理论分析

门格尔认为,理论经济学是"作为一门依附性学科",它"是由于政治经济学的实践科学需要理论基础才形成的"。这种观点也是正确的,与前述穆勒和罗宾斯的观点相一致。需要指出的是,门格尔的实践科学指的是"对于国民经济现象的一般性质、普遍联系即规律的研究",它们"散见于有关政府治理艺术的最古老的文献中,也散见于后来研究经济政策和财政问题的论著中"。然而,门格尔又认为,"这些讨论从本质上有别于这些学科的'一般性'方面,显而易见,这些方面就其规范的性质而言,基本上还是实践性的。也就是说,它是由有关国民经济发展和财政活动的一般性的实践真理构成的,而不是由有关国民经济的理论性知识构成的"(门格尔,2007年,第197页)。这样,门格尔就将关于政策的实践真理排除在理论经济学的范围之外。在门格尔的眼中,应用科学可以"确定一些基本原则,根据这些原则,我们可以确定,在不同情况下,应当怎样做才最合适。它们教我们知道,人要实现自己的一定目标,需要什么样的条件。经济领域中的这类应用科学就是经济政策和财政科学"。但是仅有应用科学"并不能使我们认识现象","不能教导我们实然的知识"(门格尔,2007年,第18页)。Hodgson(2001)、Milonakis 和 Fine(2009)也认为,历史学派未能建立起一个替代性的经济学流派很大程度上归咎于它缺乏理论和一致性。

对此,Milonakis 和 Fine(2009:85-86)认为,历史学派并非反对理论或没有理论,例如施穆勒的研究尽管集中于历史描述和统计材料,然而历史学派坚持依赖于历史的抽象实在论已经被转换成了缺乏抽象的指控。Milonakis 和 Fine(2009:87)认为,罗雪尔(Roscher,1882a:212-214)的论述被认为预见了凯恩斯主义。Milonakis 和 Fine(2009:111)还认为,对历史学派的内容和解释受到了它同"经济学"争论的严重影响,其缺点被夸大而优势却被忽略。其实历史分析不是也不可能是完全非理论的。例如 Pearson(1999:551)就提到了 Knapp 的货币理论和运输经济学、Bucher 的产业组织理论、Lujo Brentano 的工资理论、甚至施穆勒自己的税收和保险理论,还有盐野谷佑一关于施穆勒的理论设想(Shionoya,2001a:11)。因此,历史学派不是非理论或反理论的,他们所强力反对的是无论何时何地都普遍成立的通用类型的理论(Milonakis and Fine,2009:112)。

在笔者看来，历史学派出于实用主义的动机，过于重视政策制定，的确没有建立起具有统一性的演绎化的理论体系，尽管不能说他们忽视了理论的重要性。尽管他们试图建构理论，或提出了某些理论设想，但前述 Pearson（1999：551）提到的历史学派的理论并非门格尔的精确研究取向的理论（这是一套演绎的体系，而不是历史学派的归纳体系），更没有系统化的理论体系。按照萨伊（2014年，第26页）的观点，学术性论著"不包括不应包括的东西，正如它包括应该包括的东西一样"。如果在建构理论的过程中，不将散在的、偶然的、非直接的因素隔离开来，就不可能建立抽象的理论。对此，熊彼特（1991年，第38页）就曾说道："有些人缺乏理论头脑，他们对于不直接与实际问题有关的任何东西都看不出有任何用处。或者比较不客气地说，他们缺乏评价分析工作的提高所必须具备的科学修养。"熊彼特将瓦尔拉斯一般均衡理论的经济学框架，视为是真正的科学方法的最佳范例，他认为德国历史学派对理论的许多反对意见根本是文不对题，误解了理论应该做什么（考德维尔，2007年，第130-132页）。即使不按照主流经济学的理论标准，历史学派依然没多少理论建树。

凡勃伦（2012年，第52页）认为，历史学派主张"没有敢于提供任何一种理论，或者把他们得到的结果详细阐述为一种一致的知识体系"①。在笔者看来，门格尔（2007年，第204-205页注释2）认为财政科学和私人经济都以理论经济学为基础的观点是正确的。

当然，笔者认为，历史学派没有建立理论很大程度上与其未能合理地运用有机的整体论有关。对于历史学派的社会的有机观念或社会现象与自然有机体间存在相似的观点，门格尔认为，早就由柏拉图和亚里士多德提出过。然而，只有一部分社会现象显示了其与自然有机体的相似性②，而且这种相似性是表面的相似，并不是全面的相似，也不是精确的相似。自然有机体"是纯粹的

---

① "历史学派试图对发展序列提供一种解释，但他们对发展的思考遵循的是前达尔文主义的思路。他们对现象所做的是一种叙述性的考察，而不是对发展的过程的一种演变解释。他们在这种工作中无疑已经取得了具有不朽价值的成果，但这些成果几乎不能被看作是经济理论"（凡勃伦，2012年，第64页）。

② 在门格尔看来，大量的社会构造物不是自然的"有机"过程的产物，而是人进行设计计算的结果，故其类似于机械装置，而非类似于有机体。他认为，"有机体区别于机械装置的地方在于：一、前者不是人设计计算的结果；二、前者的各个部分不仅要自己正常运转，还要以构成更高级单位的各个部分间的关系的正常性质为条件，以其他部分的正常性质为条件。而机械装置则不需要这样"（门格尔，2007年，第119页注释1）。

因果过程的产物，是自然力量机械地发挥作用的产物。相反，所谓的社会有机体，不能完全被视为、被解释为纯粹机械的力量发挥作用的产物。相反，它们是人们努力的结果，是有思想、有感情、行动着的人努力的结果"。"有些社会现象是人们旨在建立它的共同意志（协议、实证立法等）的产物，而另一些现象则是人们从根本上旨在实现个人目标的种种努力之非意图的后果（是这些目标的非意图的结果）。"在门格尔看来，只有后一种社会现象（非意图地出现的）才是有机的。这样，门格尔就认为，社会现象的有机体的起源与自然有机体的起源有着"根本性差异"（门格尔，2007年，第117-120页）。基于此，门格尔进一步认为：①对社会现象的有机的理解"只适用于那些不是作为协定、立法或民众共同意志之结果而出现的现象。有机观不可能是一种普遍适用的考察工具；……相反，要全面地理解所有的社会现象，因果性解释无论如何跟'有机的'解释一样地不可或缺"。②由于同自然有机体的相似不是普遍的，所以仅凭有机的解释，也不能提供对不能回溯到某种因果起源的有些社会现象的全面理解。③即使在显示出相似性的狭窄范围内，"也不应当机械地将解剖学和生理学的方法运用到社会科学中"（门格尔，2007年，第122-123页）。据之，门格尔指责历史学派经济学"仅仅由于生理学与解剖学与政治经济学有相似之处，就贸然运用生理学和解剖学研究的成果，是非常荒唐的，甚至没有一位受过方法论训练的人会认为这值得一驳"（门格尔，2007年，第123页）。当然门格尔并没有完全否定历史学派的这种研究方法，"我绝无意否认，确定自然有机体与社会现象间存在某种相似性，对于某种描述的目的而言，是具有一定价值的。……对于了解社会现象的某些阶段而言，它当然一直是很有用的。"他反对的是，将类比"作为一种研究方法，乃是一种偏离科学原则的做法"，或者是"将其作为一条原则和一个普适的研究方法"（门格尔，2007年，第124-125页）。在门格尔看来，对自然有机体的理解，既可以包括精确的理解（原子式的，化学—物理性的理解），也包括经验的—现实的理解（整体的特别是解剖学—生理学的理解），同样，社会科学领域也应该如此。"有一种理论认为，'有机体'是不可分割的完整的单位、其运转状态是作为整体的这些构造物的活生生的表现，但这样的理论并不能构成拒绝进行（原子式的）取向的理论研究的理由，不管是在自然有机体领域还是在所谓的社会有机体领域——社会研究的精确方法并不否认社会有机体的整体性，毋宁说，这种方法试图以更精确的方式来解释它的性质和起源——同样，这种方法也并不否认在上述现象领域中运用经验的—实在的方法的必要性"（门格尔，2007年，第126-127页）。门格尔发现，"近代社会科学文献中的那么多代表人物都认为，只有'有机的'观点——更准确地说是'集体主义的'观点——才是社会现象领域中正当的方法"。对此，门格尔认为，"在任何情况下，有机体呈现给我们的都是其整体，其功能也都体现为其对于维持生命整体的机能，但从这一事实并不能推论说，精确的研究方法完全不适合于用来研究这里所讨论的现象领域。也不能得出结论说，只有实在的—经验的理论研究才适合于研究这类现象"（门格尔，2007年，第130页）。整体来看，笔者同意门格尔的上述观点。也就是说，历史学派的整体论运用到了历史的、演化的方法，而没有运用精确的研究取向。

（二）国家经济学只能用还原论方法是错误的

门格尔将经济科学划分为三部分，历史的科学和经济统计、理论经济学、实践的科学。只有后两者包含在他的政治经济学定义中，历史研究被排除在外。"通过研究政治经济学，我们将了解国家经济学的理论与实践科学的全部（理论经济学、经济政策和财政科学）"（Milonakis and Fine，2009：106-107）。

门格尔时代，德国较为普遍的观点认为，"理论经济学是'在不考虑公共当局的干预的情况下提出有关国民的经济生活的规律'，而实践经济学则考虑到了进行这些干预的原理。"门格尔认为，"这种对于理论经济学的性质的看法是不正确的，原因很简单：理论经济学也把对于现实的国民经济现象——因而也包括受到国家影响的那些现象——的一般性质和规律的研究，囊括在其研究对象之中。那种看法之所以不正确，是因为，从国民的经济生活中抽掉政治的影响因素，实际上是不可想象的，至少就理论研究的经验取向而言是如此"（门格尔，2007年，第198页）。在此，笔者需要追问的问题是，为什么国家干预原理只能用理论的经验取向（即经济史）加以研究？难道这些历史经验事实就不能用精确的取向加以研究呢？这里的问题是，这些实践性的研究，既然集中在有关政府治理艺术和研究经济政策和财政问题的文献中，为何就不存在关于国家干预的科学理论呢？

门格尔认为，精确取向和实在主义取向"都是正当的"，"都是理解、预测、控制经济现象的手段，对于这些目标来说，每一种都会以自己的方式以我们的理解做出贡献"（门格尔，2007年，第46页），在笔者看来，门格尔划分历史性的社会科学与理论性的社会科学无疑是正确的，但他却排除了用精确取

第七章 19世纪政治经济学的传承：国家经济学及其争议

向研究经济政策和财政科学的可能性（只将它们归属于应用科学），却是有问题的①，更何况门格尔根本就没有注意到宏观经济学的存在。他对理论经济学的定位却是狭隘的，他只阐述了当前属于微观经济学的内容，而没有涉及宏观经济学，而宏观经济既是一种集体性现象，又是一种一般性现象。一国经济尽管是个别现象，但可以一般化，因为这种集体行为也是一般化的普遍现象。

虽然门格尔肯定了穆勒"将精确取向的理论研究与实在取向的理论研究分开"，但他又在指责穆勒"用实用和实在主义取向研究的方法论规定来要求社会科学领域的精确研究的结论"（门格尔，2007 年，第 105 页注释 1）。在门格尔看来，所有的实用科学显而易见的任务是"推进经济发展。它必须教给我们公共当局能够在考虑所有特殊的条件之后，借以推动经济发展的基本原则"（门格尔，2007 年，第 112 页）。如果不用穆勒的实用标准来考察这些条件，如何确定"基本原则"呢？

更为关键的是，"我们所得到的这类科学，确实没有一种能够让我们理解全部的经验实在，而只能理解实在的具体的一个方面"（门格尔，2007 年，第 43 页），这就意味着，可以构建多重理论体系。门格尔认为，"所有实用的经济科学都仰赖于理论的经济科学。但以为后者构成了前者唯一的理论基础，却是错误的。因为，实用的科学——不管是什么样的——并不仅仅以一门理论科学为依据。相反，通常情况下，会有多门理论科学构成前者的理论基础。……对于实用性经济科学来说，也同样如此。它们确实要依靠理论性经济科学，但并不是仅仅以它为基础"（门格尔，2007 年，第 204-205 页注释 2）。在笔者看来，这是正确的。然而，正如前述部分分析所指出，斯密、穆勒例外的公共政策不能从其个人主义经济学中推理出来，门格尔也如此。他们没有在精确取向的理论研究中讨论政府"是什么"，而仅从历史的整体的角度"描述过"政府的作用，又如何能够得出政府的"应该是什么"呢？尽管门格尔并没有排斥多重理论的可能性，但他也没有探讨过除个体主义经济学之外的其他可

---

① 门格尔的精确取向"会考察较为复杂的现象是如何从现实世界中最为简单的、在一定程度上甚至是非经验的因素中发育出来的，这种因素处于孤立状态，不受任何其他因素的影响（这同样是非经验的），并且是可以始终进行精确（也是理想的）测量的。……科学会从这些假设开始，因为没有别的办法可以令我们实现精确研究的目标，也即确认严格的规律。而依靠有关严格的典型因素、精确测量及这些因素完全孤立、不受其他因果因素影响的假设，精确科学确实是可能存在的"（门格尔，2007 年，第 43 页）。

能性。

1. 国民经济现象只能用个人主义还原论解释吗？

霍奇逊认为，德国历史学派在正统的宏观经济学产生之前的很长时间内，将对国民经济的研究作为这一学科的突出特征。他们的有机主义的本体论，即将国民经济看作一个组织，仿佛有其独立的意志和自身的想法，且这种意志和想法超越了组成它的个人的意志和想法，就像一个有机体的大脑和神经系统超越了它的个体器官和细胞。这样历史学派实际上是将集体而不是个体看作选择的单位，将分析的角度由个人转向整体，用集体主义的方法论代替个体主义的方法论（霍奇逊，2008 年，第 73-75 页）。但在门格尔看来，"'国民经济'现象不是像有些人所设想的那样是对一个国家的生活或一个'经济性国家'的直接成果之直接描述"。他认为，如果要从一个"虚幻"的角度，将其视为是一个整体，将"不能得到对于国民经济的理论性理解"。"相反，由于'国民经济'现象在现实中所呈现给我们的，就是无数个别经济活动之结果，因而，也必须从这样的角度对其进行理论性解释。"门格尔认为，如果想要从理论上理解"国民经济"现象，"就必须将这些现象追溯至其真正的元素，追溯至该国单个的经济活动中，探究从这些单个活动中形成国民经济现象的规律"（门格尔，2007 年，第 78 页）。在门格尔看来，经济学的实在主义研究取向，虽然"致力于确定人类经济中复杂的经验规律"，但它仍需坚持"将这些复杂现象还原至他们的构成要素，还原至单个的人之经济现象，还原至与实在主义研究相适应的某种程度和某种形态的构成要素"（门格尔，2007 年，第 79 页）。

在此，可以看出门格尔的方法论个人主义原则。对门格尔来说，个人既产生行动也解释行动（Milonakis and Fine, 2009: 103）。门格尔认为，严格意义上的国家经济只有在国家内的每一个经济主体都放弃其自己的经济目标和活动（经济主体地位）时，才会存在。这时一个大型的单个经济体"国家"才是需求、经济和消费的主体。他以此为标准，认为这些条件达不到，因此国家根本不是一个经济活动主体（国家机器也不是）。单个的或集体的经济体的领袖人物才是经济活动的主体。普遍使用的国民经济只能是个别经济体的综合体，或诸经济体（单个人和集体）的有机体，但其本身不是经济体（门格尔，2007 年，第 185-187 页）。"亚当·斯密及其学派一直没有把复杂的国民经济现象还原为个体活动，也没有教导我们如何从理论上将这种现象理解为个人活动的结果"，相反，他们的研究目的在于"让我们从虚构的国民经济的角度来对这些现象进行理论解释"（门格尔，2007年，第189页）①。

按照 Milonakis 和 Fine（2009：102）的解读，门格尔的观点更像其他两位边际主义者，他想揭示控制经济现象的原理，它类似于自然的法则，而且独立于人类的意志。他的"分析—综合的方法"将人类经济的复杂现象还原到服从于精确观察的最简单的因素，这被他称为是"经验的方法"（按现代的术语具有误导性）。这些最简单的因素不过是"经济化的个人"，同方法论个人主义相关。Ikeda（2006：7）认为，门格尔从早期阶段就遵循方法论个人主义。这是他严厉批判斯密和历史学派的基础，特别是指责他们相信存在一个独立于构成它的"个人经济学"的国民经济学（转引自 Milonakis and Fine，2009：102）。对于将"国民经济"与"个别的经济"混合在一起的做法，门格尔给出的辩解是，"如果我们不承认我们称之为'国民经济'的现象是由人的单个的经济现象组成的，我们就不可能将人的单个的经济现象视为'国民经济'的构成元素。而只要还想解决这个问题，则对于将个别经济与国民经济混合处理的做法心存疑问就是没有道理的"（门格尔，2007年，第79页）。很明显，门格尔批判的是历史学派将国民经济视为是一种整体的经济（相当于今天所说的宏观经济）现象，他将我们当前所说的宏观经济视为是虚幻的，也就意味着门格尔是最早否定宏观经济学的经济学家。如果再考虑到他希望从个体（个别）的角度研究国民经济，也就可以认为，门格尔是第一位要求将宏观经济学建立在微观基础之上的经济学家。

韦伯也反对历史学派将国民经济与有机体相类比的观点，并更强调方法论个体主义的观点。这主要是因为韦伯认为，解释社会和经济现象的最终阶段应当涉及对个人目的和行为的考察。但韦伯也经常考量结构和制度对人的目的和信念的塑造方式。因此，他没有将解释完全还原到个人层面（霍奇逊，2008年，第136-137页）。霍奇逊（2008年，第97页）认为，"正如国家是个人活动的结果一样，个人也部分地是国家结构和制度的结果。这个自私的经济人的假设，无论是正确的还是错误的，本身不能证明它在开始仅仅强调个人是正确的"。

---

① 罗宾斯（2008年，第306页）认为，门格尔"错误地解读了亚当·斯密。他针对历史学派捍卫了斯密，但是他没有从根本上去捍卫斯密"。

在笔者看来,虽然从整体的构成论(个体论)的角度看,门格尔的个人主义的经济学是有道理的,但如果从整体的生成论的角度看,他的观点就是有问题的。在生成论中,存在突生现象,即整体大于其各个组成部分之和。对"政府针对本国的经济活动主体所采取的有益的活动",虽然他认为不能将此视为他所理解的国民经济本身的观点(门格尔,2007年,第187页)在笔者看来也是对的,但它由此产生的突生现象门格尔却没有注意。不仅如此,他还认为,如果将国民经济理解为国家整体活动的结果,是利用国家所掌握手段的结果,虽是一种极端简化的解释(类似于个人经济体),但丧失了经济学的真正价值(门格尔,2007年,第188页)。这当然也是有问题的,且不说国家在经济中发挥着重要作用(这不同于门格尔所说的应用性的经济政策和财政科学),这当然应该也是精确取向的研究对象,还将排除市场经济中国家参与的积极作用。

2. 实用经济学科只能用实用取向的研究方法?

在门格尔看来,理论科学与实用科学,以及它们与国民经济的实践之间的关系是,"理论经济学必须向我们描述经济现象的一般性质和普遍联系(规律),而经济政策和财政科学则教给我们一些原则,再根据具体环境运用这些原则,可以最有效地推进国民经济,也可以最恰当地建立国家财政。而国民经济的实践就是由公共当局根据每个国家和民族的具体情况对国民经济的实用科学具体应用。理论经济学与经济政策和财政科学间的关系,及这两类科学与负责执行经济政策及建立财政的人士之间的关系,……类似于解剖学、生理学与外科学、具体治疗方法之间,这两门学科与受过科学训练的医生的实践活动之间的关系"(门格尔,2007年,第196页)[①]。所谓的实用科学(应用科学),"具体而言所谓的国民经济学实用科学(经济政策和财政科学),本身具有实践应用的能力,因而,必须对国民经济的实用科学与其实践应用之间做出严格的区分。前一种教导我们在不同情况下,能使国民经济受益的一般性原理、原则,及如何最恰当地建立国家财政的一般性原理、原则。而这些科学的实践应用则会表现为具体的立法活动、行政管理措施等"(门格尔,2007年,第196页)。

[①] 怀特认为,"强调生理学,仅仅是对门格尔的价值理论的一个补充而已,而不是其必要的组成部分,后来的奥地利学派经济学家毫不费力地就抛弃了这些"(门格尔,2007年,第302页)。

关于实用性学科，门格尔认为，"如果一个社会靠命令来管理，那么，在共同体经济之外，基本上就不存在私人经济，也不存在具体地推进国民经济的问题，甚至也不存在财政管理问题。……这时候，只存在唯一的一个经济体，真正意义上的国民经济。其经济活动主体将是国家（或者是其代表）；其目标是尽可能完整地满足社会所有成员的需求。于是，将只存在唯一的一门实践性学科，即研究在具体条件下能够最恰当地创建和管理共同体经济的基本原理的学科"（门格尔，2007年，第205页）。在门格尔（2007年，第78页）看来，"考察经济现象时的片面的集体主义，对于精确取向的理论性研究来说，是不适当的。"所以他只能将其称为实践的学科。在笔者看来，纯计划和纯市场都不存在。前述部分本书介绍过，门格尔曾批判约翰·穆勒未加分析就将家庭经济视为一门艺术，在此，我们也可以像门格尔一样，批评他未加分析就将真正的国民经济视为一门实践的学科。

对于"商业周期""企业"等经济现象，"只有在了解其整个发展过程的性质后，我们才能掌握其一般性质"。因此，在门格尔看来，历史的、动态的研究也是可取的。他将"有关经济领域之实在的理论研究取向称为'历史主义的视角'，与无视历史的研究取向相对立"（门格尔，2007年，第95页）。"历史学派经济学家对于经济学理论的'普遍性'和'永恒性'的大量研究，就其目前的表现来看，实际上跟对经济领域进行实在性理论研究之结果有关，而不关精确研究的事"（门格尔，2007年，第99页）。"历史学不可能通过对生活中无数单个现象进行探究和分类来解决它的问题。相反，正确的做法是从集体性现象的角度，把现实世界中的个别现象汇集起来，使我们认识到这样形成的、我们称之为民族、国家、社会的各种集体性现象的性质和关系。一个一个单个人的命运、他们的活动本身并不是历史学的研究对象，它的研究对象只能是民族的命运与活动。只有当单个人的命运及其活动对于整体，也即上述集体现象确实很重要的时候，才能成为历史学的恰当对象"（门格尔，2007年，第104页）。笔者对这种观点并没有异议，但问题是，宏观经济现象真不能用精确取向研究吗？下面笔者通过门格尔对整体现象的解释机制加以说明。

对于语言、宗教、法律，甚至国家本身，以及诸如市场、竞争、货币等经济社会现象，门格尔提出了一个他自认为社会科学最值得讨论的问题，即"那些服务于公共福利，并对公共福利之发展具有极端重要意义的诸多制度，何以能够在不存在旨在建立这些制度的某种公共意志的情况下形成"（门格尔，

2007 年，第 133-134 页）。在门格尔看来，法律、语言、国家、货币、市场等社会构造物"各有其自身的经验形态，并且在不断地发生变化，从某种不太小的程度上说，它们是社会发展的非意图的后果"。而且财货的价格、利率、土地租金、工资等具体经济现象也具有同样的特征。对它们的理解，门格认为，不能是"因果性的"而是"必然类似于对于非意图地形成的社会制度的理解"，即所谓的"有机的"取向①。门格尔对货币、国家、市场等高度有益于社会利益，而在大多数情况下其起源不能在实证性法律或有意图的共同意志之表达的诸项社会制度之生成过程中进行考察。

在门格尔看来，在货币这种社会现象中，我们很难找到个人（作为共同体成员）按照共同动机来行事的情况，自然人们就"将这种现象归功于某个协定或某个实证性立法活动的念头，确实是相当具有吸引力的尤其是对于后来出现的铸币"。他特别提到了柏拉图的货币是"一种一致同意的用于交换的象征性符号"和亚里士多德的"货币是借助协定形成的，不是自然出现的，而是由法律创制的"等观点。尽管门格尔认为上述看法有一定的道理，但他又认为"在大部分情况下，法律规定显然并不是旨在将某种东西规定为货币，相反，经常是对某种已经成为货币的东西予以承认而已"。因此这种"因果性解释理路无论如何是不恰当的"（门格尔，2007 年，第 141-142 页）。在门格尔看来，科学的任务是要"通过描述某种过程让我们理解货币的形成"。这一过程首先要从一个民族中通行的物物交换开始，大家互通有无。为消除交换过程中缺乏一般等价物所带来的不便，人们逐渐将最具可售性，最容易运输的，最耐用，最容易分割的东西作为交换手段，最终也就成为所有人所乐于交换的东西。这其中，"惯例和习俗功莫大矣"。虽然货币也可以跟其他制度一样通过立法而创制，然而在门格尔看来，"这却绝对不是货币萌芽的唯一途径。相反，这种原始形成途径只能在我们上面描述的过程中去追究。……显然，只有当我们学会将这里所讨论的社会制度理解为非意图的后果，理解为社会的每个

---

① 对于社会科学研究中的一种取向，即"理解社会现象的互相决定"，门格认为，"这种研究方法的基础是社会现象'互为因果'的认识。"由于其"已经差不多得到公认，因此，它确实有资格得到社会科学家的尊重，至少我们还没有获得对于更复杂的社会现象的精确理解的时候"。但门格尔认为，"仍然可以将其称为'有机的'或'生理学的—解剖学的'取向。只是我们必须时刻谨记，这里所用的词仅仅是象征性的"（门格尔，2007 年，第 139 页）。在笔者看来，这种象征性的用词倒也无所谓，因为本体在任何理论或模型中都是相对的。

成员分别努力的预料之外的产物,我们才能真正完整地搞清楚货币的起源"(门格尔,2007年,第145页)。

笔者认为,上述关于货币起源的论述,不过是门格尔的猜测而已。首先,人是一种群居类的"动物",这在人类的早期更是如此。如果按门格尔所设想的早期情况,群体居住在一起的人类(无论其组织化的程度如何),必然是依赖于一定的组织形式、惯例和习俗等,个人几乎不可能有什么自主性,而必须依赖于群体。其内部是否存在物物交换并不确定,是否更多的是通过内部分配来共享呢?可以想象,即使当时存在交换或许更多地发生在不同群体之间。但即便如此,由于缺乏现代国家形态和国际秩序,战争、抢劫等"丛林规则"是主流。但群体内部必然存在某种权力机关,对其内部的事务进行协调与管理。而门格尔所设想的自由的、平等的交换可能是难以想象的。也就是说,门格尔可能高估了原始人类的文明程度。在低水平文明程度的社会中,权力当局或决策者对影响群体公共利益的货币安排才可能是货币起源的重要因素。也就是说,在笔者看来,Knapp 的国家货币理论反倒更可信。其次,即使将群体的各个成员视为货币起源的主体,也不能忽略群体之中必然存在的等级制由上至下的权力因素。因此,就像熊彼特所说的,不能将族长、国王、教士等更具发言权的人士的因素。再者,就现在所知,没有哪个国家的货币不是由权力当局发行或授权发行的,这种安排与国家是否无关,只要人是作为群体或社会性的生存就必然存在权力、立法或命令,必然存在交税等经济活动。权力当局永远都是最大的经济主体,货币制度的安排对其利益影响最大,所以任何群体都有动机积极地创造和管理货币事项。最后,就如同霍奇逊所说,门格尔对货币的解释,也仅是"故事的一个方面"。如果按照影响因素的重要性判断,货币国定论更加可信,也更容易构建具有一致性的理论,而市场论或交易论则对货币材料的演化更具说服力。当然,这都是常识。另外对于更多货币起源的讨论,并不适合本书在此处详细展开,即使讨论也未必会有最终的答案,故在此,无须赘言。

门格尔对国家起源的论述,也同样如此,更多的是他自己的推测,而不是基于严格意义上人类学的证据。在他看来,对国家、市场价格、工资、利率等的理论性理解,只有通过"将它们还原至其组成因素,即还原至其因果关系中的个体因素,通过探究由这些因素一步一步形成这里所讨论的人类经济的这些复杂现象的规律,来获得对这些现象的理解。然而,不用说,这种方法就是我们上面曾经说过的适用于对一般的社会现象领域进行理论探究的那种精确的取向。对于'有机地'形成的社会构造物之起源进行精确理解的各种方法，与解决精确的经济学的主要研究课题的那些方法，究其本质而言是一回事"（门格尔，2007年，第148页）。

很明显，门格尔这种论调忽略了群体的经济现象中权力当局（或群体中必然拥有的决策主体）的作用，这当然不符合一般的事实。实际上任何群体，无论是原始形态的社会，还是当前社会，个体只能就其自身有关的事项进行决策，而对于涉及公共利益的决策，必然需要"公共部门"（无论何种名称）做出。任何正常社会都概莫能外。例如具有公共利益的货币，影响整体福利的经济增长和失业等，都必须由公共事务部门进行管理和维护。没有人会怀疑个体在群体中的作用，但门格尔仅指出了一种可能性，就将其当成全部的可能性，并不客观。在门格尔看来，在人类发展的早期，"法律只是存活于个人的头脑中，由个人（那些参与者及具有共同信念者）的能力予以保障，而只有在此之后，法律才真正成为统一的、有组织的国民意志的表达。只有到了这个时候，法律之践行才成为一定疆域内或一国之人民的事务，这时的人民已成为一个有组织的整体"（门格尔，2007年，第221页）。在笔者看来，门格尔所估计中的民主和自由出现得过早。

在笔者看来，门格尔批判历史学派只坚持历史的有机解释（反对原子论解释）是对的，但他的集体现象的精确取向的解释只能是原子论式的，也是有问题的。对于企业能否作为宏观层面投资的因果行为主体？如果按照企业的共同契约属性，企业不属于有机体，可以做因果性解释，对此，门格尔可能会赞同。但企业只能从历史演化的角度考察？当然不是，至少当前的主流经济学不是如此考虑的。如果企业属于有机体，那么企业只能用个人无共同目标的无意识的角度研究吗？可见门格尔的这种论述是不周延的，也是片面的。在笔者看来，门格尔的错误在于，他一方面似乎认为精确的理论研究只能从原子式的个人角度进行。这种错误导致的恶果是，近一百多年来，经济学无论对于宏观经济现象还是微观经济现象都只能采取原子式个人的研究角度，完全否认了从整体论因果解释的角度建构基于宏观总量的国家经济学体系。门格尔自己没有尝试，但并不意味着进行这方面的尝试或构造这种理论基础就是错误的。需要指出的是，门格尔（2007年，第18页）提到的应用性的"经济政策和财政科学"理论基础是什么，他并没有交代清楚，尽管他非常强调"实用的经济科学"的理论基础（门格尔，2007年，第204-205页注释2）。维克塞尔也认为，公共财政的科学"是国民经济学的一部分（一个重要组成部分），却绝不是国民经济学的全部。而且，到了近代，把公共财政作为一门单独的学科已经成为习惯"。然而，因为不承认国家有共同的家务，维克塞尔并没有给出公共财政的理论基础，他仅给出了"国家本身就形成了对一些公共事务的管理"的理由（维克塞尔，2017年，第18页）。在笔者看来，这种观点并不充分。

门格尔认为，对于由社会成员达成协定或者是实证立法的产物的大量社会现象，可以被视为"是一个独立的活动主体的社会有目的地进行集体活动的结果"。"适合用于解释这些事态的，应该是因果性（Pragmatic）解释——从社会共同体及其统治者的意图、意见、他们可以利用的手段的角度，来解释社会现象的性质和起源"（门格尔，2007年，133页）。"我们在因果地解释这些现象的时候，要探究在具体的情况下，指导社会共同体或其统治者创建和改进这里所讨论的社会现象的那些目的。我们要探究，在这种情况下，他们可以利用的种种手段，妨碍他们创建和发展这些社会现象的各种障碍，这些可以利用的手段以何种方式、通过何种途径被用于创建这些现象。我们越是能够搞清楚活动主体终极的真实目的，他们在这种情况下所能支配的最基本的手段，我们就能够更清楚地将这种可以回溯至某种因果性起源的该社会现象，理解为旨在实现上述目标的控制链条中的环节，从而我们就越是能够更完整地解决上面的那些问题。假如我们要运用上述这类解释社会现象的历史的—因果的方法（Historical-pragmatic），那么我们在每种具体情况下，就都得拿社会共同体或其统治者的真实目的与社会共同体的需求进行对照，考察各种手段在社会活动中的运用以及影响获得成功（即社会需求得到尽可能充分的满足）的种种制约因素发挥作用的情况"（门格尔，2007年，第133页）。遗憾的是，门格尔在这里不仅没有指出具体的这类现象，而且把语言、宗教、法律，甚至国家本身，以及诸如市场、竞争、货币等经济社会现象统统排除在外。他认为，这些社会构造物都不是共同体、统治者有目的地创建的结果，因为不存在共同体、统治者有目的地创建它们的活动（门格尔，2007年，第133-134页）。

同时，对于因果解释方法，门格尔承认，"确实具有一种好处，可以让人们从一种普遍的、容易理解的角度来解释一切社会制度，既包括那些确实属于社会中组织起来的人类之共同意志之产物的现象，也包括那些并非如此形成的社会现象。任何一位熟悉科学研究，并了解科学发展历史的人，都不会低估这种解释的好处"。但是他又认为，这种解释方法"不合乎实情，完全是非历史的"。对于一种广泛流行的理论，"在各种社会制度中，存在某些原始的东西，也就是说，它们不是发展形成的，而是人的生命与生俱来的东西"，门格尔认为，"这种理论（一些坚持这种理论的人借助某种独特的神秘主义，将这种理论运用于通过实证法律所创制的社会制度，在这些人看来，一套一致的原则要高于历史的真相或事物的逻辑）确实避免了那些将所有制度还原为实证的共同意志的那些人士的错误。但它显然并没有向我们提供解决这里讨论问题的办法，而是回避了问题本身"（门格尔，2007年，第136-137页）。但在笔者看来，这种方法当然是合理的，他们只是假设，无须更深入地讨论。例如人们会引述亚里士多德的观点，国家是某种"原始的"东西，是人本身一出现就形成的东西①。很明显，无论亚里士多德是否接受上述观点，也不能说上述做法就是错的。反而是，门格尔又指责，"他确实断言，制度是人的心智的非意图的结果，但他却没有说明，它们是如何形成的。"在门格尔看来，"不用说，社会现象如果不是社会成员的协定或实证性立法的产物，而是社会发展的非意图的后果的话，则不可能用社会性—因果性模式来解释这些社会现象的变化"（门格尔，2007年，第138页）。在此，笔者要问，门格尔怎么能独断地认为只有他自己对国家的解读（非意图的结果）才是对的呢？而且他还武断地认为，"上述研究方法之毫无价值是显而易见的"。他给出的方法选择是，"只能用具体的社会科学的各种取向"（门格尔，2007年，第138页），即精确的、经验的——现实的两种，但精确的必须是原子式的，而后者则又必须是历史的、整体的。在笔者看来，这也是斯密、穆勒无法为其例外论的政策干预提供辩护的缺陷。他关于货币和商业周期的因果机制没有顾及国家行为的存在。古典经济学或奥地利学派的问题是忽略了宏观经济学，从而影响了其理论体系的完整性。

实际上，财政经济是经济综合体的说法存在逻辑悖论。门格尔认为，"政府旨在保护他们自己的需要（公共财政）的活动无疑是一种独立的经济体。"他的意思是，"财政经济一向只是个别经济体之综合体中的一员而已，这个综合体之整体经常被说成是国民经济，但其实它本身从来不是国民经济"（门格尔，2007年，第187页）。这种观点从个体论的角度看，当然没错，但这并不意味着从整体视角研究就必然有问题。门格尔是否认识到国家财政同微观意义上的经济主体的不同，令人存疑。另外，他没有宏观经济的概念，更没有总量

---

① 门格尔（2007年，第138页注释1）认为，"亚里士多德并不认可这种胡说八道"。

分析的概念。受门格尔影响的哈耶克也怀疑宏观分析的有效性。克里斯坦森（门格尔，2007年，第262页）就认为，哈耶克对凯恩斯的《通论》最不满的地方在《通论》整本书所采用的整体研究思路和总量分析（Hayek，1978）。对此，我们只能认为，门格尔的确没有认识到宏观经济学的存在。

尽管门格尔"经济政策和财政科学是名副其实的政治科学"的观点是正确的，但他反对把古典学派的政治经济学称为社会经济学（Social Economy）却是错误的。他反对的理由在于，老一辈德国学者喜欢用政治经济学指称有关国家经济的科学（Science of State Economy），在这种情况下，"我们该用什么来指称'理论经济学'"（门格尔，2007年，第200页）。门格尔的精密取向研究类似于斯密或古典理论，这样的理论经济学太过单一。尽管他没有否认财政等国家干预行为的经验取向研究（使用历史的方法），但又将这种经验取向的理论研究与应用的经济政策或财政科学区别开来，令人困惑。如果门格尔将上述的"社会经济学"指称为现在的微观经济学，而把"国家经济学"指称为宏观经济学，应该就很容易解决困扰。在他那个时代未能认识到宏观经济学的存在很正常，但对于自己不能把握的东西，门格尔断然否定其可能性，这绝非是一种客观的态度！

综上所述，笔者认为，历史学派的优势在于能事无巨细地考察所有影响经济的因素，并推动了整体研究，特别是通过美国制度学派和凯恩斯主义促进了宏观经济学的发展。当然对于历史学派来说，建构理论或运用演绎分析的方法来解释现象或问题并没有什么紧迫性，这一点或许与他们的实用主义倾向以及研究方法有关[①]。

尽管他们并不反对理论，也认识到理论研究的重要性，但他们在理论方面没有建树是公认的。究其原因，在笔者看来，主要在于他们没有隔离意识。历史学派明显不愿意为了在经济分析中隔离基本的因果因素而进行抽象，就如Schumpeter（1994：812 quoted in Milonakis and Fine，2009：111）针对施穆勒所说，"关于社会的有序或无序，没有任何东西能真正处在施穆勒经济学的研究之外"。也就是说，历史学派除了没有基于他们的整体主义方法论来进行精确的研究或理论构建，还犯了没有隔离的错误。他们既没有将经济与社会等社

[①] 这也有点像目前中国的情况，无论是官方机构的学者，还是大学的教授（当然中国的大学主要是国立的，因此为官方出谋划策既是学校追求的目标，也是教授们主要的追求目标）均以所提建议获得官方认可为荣，纯学术的追求似乎未形成主流。

会科学分开研究，也没有将学术与政策或理论和应用分开。关于 Milonakis 和 Fine（2009：117）所讨论的理论经济学与政策议题的分离（Detachment）参见胡明（2016 年）。

例如，与英国古典经济学力图将经济现象从整个社会现象中剥离出来单独加以考察的做法不同，李斯特十分注重文化和精神的因素在经济发展中的作用，因而赋予经济伦理比英国古典经济学更为重要的意义和地位。在李斯特（1997 年 b，第 50 页）看来，"最大的演进中，究竟是物质力量超过精神力量的作用还是后者的影响超过前者，究竟是社会力量支配着个人力量还是后者影响了前者，这些都是不容易肯定的。但是这一点是可以肯定的：两者之间存在着互为因果的关系，是互相起着作用与反作用的，结果这一组力量有了增长时即足以促使那一组跟着增长，有一组力量有了削弱时，另一组也难免不被波及。"例如在他的生产力理论中，作为财富原因的生产力，既包括"物质资本"形成的生产力，也包括"精神资本"形成的生产力。他不仅强调了后者的重要性，也如前所述驳斥了斯密和萨伊把不直接生产物质财富的精神劳作排斥在生产力之外，并称之为非生产性劳动的主张。在李斯特（1997 年 b，第 98 页）看来，"如果没有内政上的自由、适当的公共制度与法律、国家行政与对外政策，尤其是国家的团结和权力这些方面的支持，就绝不会有任何重大的成就。"

在历史学派看来，"只能从与国家之社会和政治发展过程不可分离的关系中来理解经济现象"（Dietzel，1864，52，转引自门格尔，2007 年，第 58 页）。他们"将那种在研究活动中把经济因素给予独立处理、将其与国家和国民生活的整个环境分离开来的做法，视为非历史的、不现实的"，"科学一旦从这种观点来处理实际生活的整个事实，就必然会导致错误的研究结果"（Kies，1853，29；109 转引自门格尔，2007 年，第 58 页）。尽管斯密与德国历史学派的经济学者都知道，"自利当然并不是影响人类生活现象的唯一因素"，但"斯密从来没有将经济史学与经济理论混为一谈"（门格尔，2007 年，第 72 页）。后来的奥地利学派的传人，如庞巴维克和维塞尔（怀特，2007 年，第 307-308 页）、米塞斯和熊彼特（胡明，2016 年）等都继承了这种做法，至今隔离法已成主流理论经济学的标准做法。

在笔者看来，历史学派的问题是：首先，如果将所有的现象一并结合起来进行研究，那么就没有"经济现象"了。从这个意义上说，无论是微观经济还是宏观经济，都必须遵照穆勒方法所确定的研究原则，从定义和逻辑上，将经济现象同其他社会现象分开处理，即从人类的某种单一性向（Propensity）或者按照门格尔（2007年，第58页注释3）所说的人的经济性倾向（旨在满足对于财货之需求的倾向，与人的非经济的心理驱动倾向相区分）来研究。从这个意义上说，包括宏观经济学在内的经济学是被建构的。也可以说，历史学派的"胡子眉毛一起抓"的全面研究对理论经济学来说是没有意义的。其次，在应用领域，将理论分析中分门别类处理的各种问题结合起来考虑才是必要的。这也可以说，历史学派没有进行过认真的经济理论研究。

当然，这里还存在一个真正的重要问题是，能建构基于国家的经济学理论吗？在笔者看来，要回答这一问题，需要进行方法论的讨论，特别是关于整体论与个体论的方法论讨论。整体和个体是相对的，整体也可以被视作个体，这样，门格尔的精确取向就可以从整体类的个体角度进行研究，就如同他将财政经济视为一个经济体一样。尽管他按照个人主义方法论的标准将财政经济的决策者视为经济主体，但在笔者看来，这种"改头换面的"个人主义并没有太多的真实意义。如果能够讨论清楚这一点，那么就可以利用集体行动构建理论。熊彼特就认为，激励集团起来行动的动机方面的"知识不加利用是愚蠢的"（1991年，第35页）。

第三节 关于方法论的争论

通常学术界讨论的"方法论之争"主要局限于历史学派的归纳法和奥地利学派的演绎法。当然基于本书的研究，这种争议不仅限于此，还应该包括方法论的整体论和个体论之争。

一、关于归纳法与演绎法之争

柏拉图论证了共相的存在——唯有通过抽象推理才能理解的各种理想的、纯粹的形式。而亚里士多德认为，具体的事实才是根本，必须经过归纳才能从这些事实中推导出一般原理。这两种不同态度依旧困扰着现代经济学（巴克豪斯，2007年，第20页）。

对于历史归纳法，罗雪尔在其《历史方法的国民经济学讲义大纲》序言中将其概括为：①首先记述各国的经济发展史，解决"如何才能更好地增进国家富强这个问题"，"这样的记述同有关国民经济生活的其他科学，特别是同法知识、政治史以及文化史紧密地结合起来，才能做到"；②研究"过去个文化阶段"，其中的"任何一种情况，都是现代一切未发达国家的最好老师"；③比较各国的经济发展史，"如果新的国民经济表现出一种同过去的国民经济相类似的倾向，我们在认识这种倾向时就可以从这种类比关系中得到极为宝贵的启示"；④要了解制度变迁的过程，因为"经济学的任务在于指出：为何以及如何逐渐发生'从合理的变为不合理的''从幸福的变为有害的'"，只有这样才能把握制度变迁的规律。上述分析说明，罗雪尔的历史方法，强调个体独特性、相对性以及对人类现象的整体联系，突出理论的相对性和比较方法的应用。其目的是试图建立一个无所不包的经济学，通过对各个国家发展历程的比较，找出其类似性，从而归结为一种发展规律，"历史方法的最高目的"是"以科学的形式将人类所获得的政治成果留给后代"（罗雪尔，1981年，第12页）。而施穆勒则将历史主义的方法论归纳为"历史归纳法""历史生理法"和"历史统计法"三类。他将罗雪尔归类为历史生理法的代表，而他代表了更为科学的历史统计法，通过全面收集和记录历史和统计资料，找寻所有影响一国经济发展的因素。从这个意义上说，历史的方法包括归纳法和统计方法。历史学派在研究中寻求的是查明事实，而不是做出解释。历史学派的长处是找出正确的问题，而不是对问题做出正确的解释。正因为如此，他们正确地捍卫了经验和统计分析，却又错误地批判了古典学派的理论分析。Hutchison（1988：377）曾惋惜道，如果苏格兰的历史方法被英国古典学者继承，就不会有历史主义的批评。他认为，苏格兰学派（包含斯密）的历史方法被古典所拒绝，而罗雪尔著作所表达的德国历史学派的方法，不仅复活了政治经济学中的历史方法，也影响了1860年和1870年的莱斯利等英国学者，以及后来的美国制度主义者。相反，罗宾斯（2008年，第282页）却认为，"所有的古典经济学家都忽略了历史和经济史当然是错误的，甚至对李嘉图这样看也不对"[①]。

[①] Coleman（1987：23）和Schumpeter（1994：472）都认为李嘉图没有使用历史的方法（Milonakis and Fine，2009：21）。

当然，对于奥地利学派来说，虽然没有否定归纳法的作用，但还是或多或少地轻视了这种方法。"对于归纳法，亚里士多德就不承认归纳具有严格的科学性，即使培根大大完善了的归纳方法，也只能够略事提高一下所获知规律的绝对性的程度而已，却永远无法提供绝对的保障"（门格尔，2007年，第38页）。对于门格尔来说，实在的研究取向和精确的研究取向都可以"研究现象世界的一切领域"和"该现象趋于复杂的过程中的各个阶段"，但门格尔又将这两种方法割裂开来。例如，门格尔（2007年，第51页）批判了孔德和穆勒"这样杰出的思想家"将社会科学的经验规律与人性的普遍规律结合了起来的做法。在门格尔看来，"精确研究方法永远为真，经验研究方法允许例外"（门格尔，2007年，第55页）。在笔者看来，门格尔将两者并列化了，而不是相互融合或结合起来，至少在应用经济学领域是不妥当的。另外，门格尔认为，不能用经验研究法获得精确规律，也不能用精确标准衡量经验成果（门格尔，2007年，第208页及注释1）。在笔者看来，门格尔对穆勒观点的解读可能存在误解。实际上，穆勒主张的理论的经验检验并非是验证理论的正确性，而是考察理论的可用性（或是否适用）。另外，庞巴维克和维塞尔强调了理论的经验属性和门格尔不同。维塞尔认为，主观价值理论所关注的绝对是经验事实，尽管看起来它是演绎性的。庞巴维克也不承认奥地利学派的抽象演绎方法是无视经验的（怀特，2007年，第308-309页）。

需要指出的是，关于归纳和演绎之争，不仅发生在德国，而且也发生在英国。普遍认为，李嘉图的极端抽象方法掀起了一场"方法论革命"（Hutchison，1978：26），"使得经济学理论能够独立于其他社会科学来发展"（Deane，1978：84）。"伴随着穆勒（1836）的论文，政治经济学首次成为事实上的社会科学，集中关注具体的经济情形中人类行为的后果"，最终促成了边际革命的出现（Maas，2014：18）。李嘉图方法的反对者最杰出的人物是马尔萨斯。马尔萨斯认为，李嘉图主义者的基本恶习是他们"轻率地试图简化和总结"，而且"不愿意用经验去检验他们的理论"。在马尔萨斯看来，许多现象是多种原因导致的结果，只有很少的现象是由单一原因造成的（Milonakis and Fine，2009：22-23）。Milonakis 和 Fine（2009：23）认为，穆勒和马克思在方法论争论中站在了李嘉图一边，而凯恩斯则倾向于马尔萨斯的方法。在消费需求方面，凯恩斯视马尔萨斯为他的著作最重要的前辈之一。另外，对李嘉图抽象的公理方法的攻击者还包括 Richard Jones 和 William Whewell（Milonakis and Fine，2009：24）。

对于方法论之争，布鲁斯·考德维尔就认为，双方立场都未得到准确的描述。施穆勒并没有彻底拒绝理论，门格尔也没有排斥经验主义。门格尔1894年说道："这两个学派的真正区别，并不像经验主义立场和理性主义立场或归纳方法和演绎方法那么大。双方都承认，对真实现象及其规律的研究必须以经验为基础。"施穆勒1897年也说，"归纳和演绎对于科学都是必要的，正如左腿和右腿对于走路都是必要的一样"（考德维尔，2007年，第91页注释）。实际上，奥地利学派的研究传统已不再是"二战"后的主流（考德维尔，2007年，第5页）。对于德国历史学派思想研究的复兴，Peukert（2001）有全面的综述（考德维尔，2007年，第15、39页）。随着经济社会的发展，经济学家必须不断熟悉不断变化的历史与环境。历史归纳法已经被普遍接受而成为抽象演绎法的补充。所以对这一争议无须更多地讨论。

二、关于整体论和个体论的讨论

如果说方法论之争的核心是归纳法和演绎法之争已被证明是没有意义的，那么在此我们将聚焦于方法论之争的另一个核心——整体论和个体论之争。

怀特认为，门格尔提出的"方法论个人主义"的理论与"方法论整体主义"理论相对立的，这种整体主义理论认为，理论只需要停留在社会群体或经济总量的层面上而不用管其与个人行为间的联系（门格尔，2007年，第316页）。Blaug（1980，1992：250）将方法论整体主义定义为用集体解释社会现象，即主张社会和经济理论必须以不可细分的个人团体的行为为基础。按照这种观点，历史学派的国家经济学或政治经济学坚持国家和民族主义就是整体方法或社会有机论①。关于整体论反对个人主义或原子论的讨论参见本章第二节。下面我们重点了解一下经济学主流的个人主义方法论对整体论的攻击。

本书前文提到了门格尔是个亚里士多德主义者。史密斯（2007年，第256

---

① 方法论整体主义的术语为史末资所创，但方法论整体主义的起源至少可追溯到柏拉图和《圣经》时代。而个人主义的方法论的最早使用仅仅可追溯到17世纪晚期和18世纪欧洲的启蒙运动（霍奇逊，2012年，第14-15页）。与整体论相伴随的是有机论。根据有机论的观点，要想了解社会，就必须考虑集合实体，诸如"无产阶级"和"国家"，而在政治行动中，这些实体被赋予了一种优于组成它们的每一个个体的组合能力。所谓的方法论个人主义与此相反，认为任何社会现象只应当以个人行为为开始进行分析（容卡格利亚，2009年，第28页）。

页）认为,"设想一种亚里士多德主义意义上的个人主义并不是完全不恰当的,这一点可以从亚里士多德本人的研究中看出,他曾从精神活动的角度研究知识和科学,从个体的人的角度研究国家和权力"①。按照这种方法论个人主义,史密斯认为,奥地利学派不承认"社会整体"或"社会机体"的存在,"因而信奉一种本体论上的个人主义,这不仅意味着随之而来的方法论的个人主义,据此,所有关于民族、阶级、企业等的谈论,从原则上说都可以被社会理论家化约至个体层面进行讨论"。另外,韦伯也拒绝接受历史学派的将国民经济同一个有生命的有机体相比的观点,在其去世前不久的一封信中,他说:"如果我成为一名社会学家……那么我的主要目的是驱除仍逗留在我们当中的集体主义观念的魔鬼。换句话说,社会学本身只有通过研究一个或更多独立个体的行动才能继续下去,故而必须严格采取个人主义方法"(转引自霍奇逊,2008年,第136页)。与历史学派的社会有机论不同,韦伯把集体主义看成是"个体独特行动的单纯合成和组织模式,因为正是这些独立的个体实施着主观性的、可以理解的行动"。同时他还认为,"没有一种诸如集体人格之类的东西,可以为社会学中的目的而'采取行动'。相反,当社会学中提到'国家''民族''公司''家庭''军队'或者类似的集体时,指的是个体所进行的或者有可能进行的一类特定的社会行动"(霍奇逊,2008年,136页)。

(一) 个体论的缺陷

如果说方法论个人主义是奥地利学派和新古典学派共享的核心方法论理念的话,那么两者的不同则在于奥地利学派信奉的主观主义。霍维茨认为,主观主义的根本论点在于,"社会科学的解释必须从解释我们所研究之行为主体的主观心理状态开始。……驱动个体采取行为的,乃是他们的主观认知,而不是……客观现实"。之所以采取彻底的主观主义立场,在霍维茨看来,在于奥地利学派的创始者门格尔的主观主义经济价值论。门格尔认为,"就其性质而言,价值完全是主观的……物品的价值总是针对具体的经济人的,这种价值也只能由这些个体来决定"(霍维茨,2007年,第267-269页)②。

---

① 在笔者看来,这当然不意味着个人主义就是唯一正确的方法论,也不因此就意味着其他方法论或本质论就一定是错误的。至少更多的观点认为,亚里士多德是个整体论者。

② 在霍维茨看来,布坎南和大多数奥地利学派经济学者一样,将所有的成本都视为主观的机会成本,而新古典主义虽也承认机会成本的概念,但却实际上将该成本客观化为已损失之收入(霍维茨,2007年,第269页)。

对于方法论个人主义，最早提出该术语的熊彼特（Schumpeter，1909：213-232）认为，强调纯理论方法的个人主义特点在分析市场和价格决定的问题时是有用的，毕竟只有个人才能感觉到需要，几乎每个现代作家，如穆勒、帕累托等都从需要和满足开始并将效用作为分析基础，自然把个人作为一个独立的单位或机构来考虑（波兰德，2008年，第31-33页）。Arrow（1994：1-9）认为，今天的新古典经济学将其研究纲领牢固地建立在方法论个人主义基础之上。至于为何如此，除了 Schumpeter（1909）的常识论[①]外，还有哈耶克的信息简单性的观点（Hoover，2001：chap. 3）和意识形态的问题（Weisskopf，1979：869-884）等。另外波兰德（2008年，第32页）认为，新古典经济学的社会—哲学基础受18世纪反权威理性主义的主导，从而把个人决策者置于社会和宇宙的中心。对个人主义的否定相当于对思想自由的否定。出于思想和政治的原因，即为避免拥护权威主义和建立在整体主义基础上的共产主义等意识形态，就必须支持个人主义[②]。对此，笔者（胡明，2014b）也从科学还原论和经验主义两个方面讨论了这种方法论个人主义的要求，此不赘述。

在笔者看来，个人主义方法论的缺陷主要体现在以下两个方面：首先，个体论无法研究与群体有关的问题；其次，经验论并非必然和方法论个人主义相联系（胡明，2014b）。"至今无人倡导过完全用个体去对社会现象做出有意义的解释"（霍奇逊，2012年，第18页注释）。所以，方法论个人主义是一个流行的咒语，它从未被切实地执行，解释也从未简化还原到孤立的个体，其倡导者也没有完成自己的使命（霍奇逊，2012年，第23页）。对于还原问题，Arrow（1994）就指出，"为什么在竞争模型中像价格这样的变量是一个不可简化的社会概念。每个个体都是被动地接受价格，但现行的价格是集体选择的产物。所以经济学家构建的均衡模型，并不是所谓的坚定的方法论上的个人主义产物。他们在不知不觉中使用了社会类别的方法"（转引自巴苏，2014年，第232-233页）。门格尔（2007年，第189页）就批评斯密及其学派没有把复杂的国民经济现象还原为个体活动，相反，却从虚构的国民经济的角度来对这些

[①] 但熊彼特从来都没有认为社会科学的所有解释都必须或只能通过个体来说明。相反，他认为这是经济学从给定的理性个体出发的作用（霍奇逊，2012年，第17页注释3）。

[②] 当然，波兰德（2008年，第45页）还认为，如果没有解决归纳问题或约定主义的伪归纳问题的需要，似乎新古典的个人主义纲领就没有了对还原论的方法论个人主义的需要。当然也就没有了不计代价地压制方法论整体主义的意识形态动机。

现象进行理论解释。针对斯密因为经营者不会尽心管理好他人的钱财而否定企业的公司化模式，罗宾斯（1997年，第47页）就认为，"这个看法显得相当可笑"。而罗宾斯（1997年，第10页）在解读斯密的"自然的自由制度"时，也包含着生产组织的自由，这与个人主义不完全吻合（这实际上是整体论）。在麦迪逊看来，"尽管哈耶克使用方法论的个人主义来指称他自己的立场，但这种立场却根本不是个人主义的"，因为他"从来没有试图用原子论式的、事先给定的、自足的个体来解释社会整体"。哈耶克"有时对于使用个人主义一词多少有些抱憾"，这个词"一直遭到太多的滥用和误解"。麦迪逊认为，哈耶克眼中的"人从本质上是社会性的。……他真正地从社会的而非个人的角度来理解'社会的'，从对于社会来说逻辑上正确的角度来理解'社会的'——在这方面，他与新古典主义经济学的'还原论'的原子论和马克思的'集体主义'（马克思其实也是从个人主义的角度思考社会的，唯一的区别在于，在他看来，社会是一个庞大的个体，一个巨人鲁滨逊）形成尖锐的对立"（2007年，第293页）[①]。

实际上，当今的宏观经济现象的还原性研究，例如消费并非还原到个人而是家庭。一般来说，普遍承认家庭才是效用的主体，特别是对于大宗或耐用消费品来说。每个社会的主流价值观都存有保护家庭的观念，即使坚持个人自由的学者也会承认家庭是最重要的。杰文斯（1984年，第85页）就认为，"表示大总体的行为之经济法则，绝不会精密地表示任一个人的行为"，但"平均的法则不会因此便无用处"。

（二）整体论的缺陷

从逻辑角度讲，国家超越家庭和个人。这一观念柏拉图和亚里士多德都有阐述，他们可以说是关于国家的有机学说的创始人，两人都强调了社会有机论观点中固有的独裁主义（容卡格利亚，2009年，第28页）。例如，就柏拉图（1986年，第230页）的实在论来看，哲学家"永远酷爱那种能让他们看到永

[①] 在麦迪逊看来，哈耶克一方面坚持认为，"归根结底只有个人才能做事情，因为'社会'并不是一个'活动主体'"，但是，另一方面，他又坚持认为，"个人确实只有在恰当的制度（社会）框架之上下文中，才有能力做事情"（2007年，第294页）。按照研究哈耶克的权威专家考德维尔的观点，哈耶克也时常自相矛盾，他"同时为方法论个人主义和群体选择唱赞歌，而这两种立场往往形同冰炭"（考德维尔，2007年，第6页）。哈耶克觉得，他的许多对手都想披上科学的外衣，其实却是王冠的篡夺者（考德维尔，2007年，第12页；第305页）。门格尔把原子论和有机体论相对照，后者既不属于历史学派的，今天也鲜有信徒（考德维尔，2007年，第84页）。

恒的不受产生与灭亡过程影响的实体的知识"。"因为除了研究实在和不可见者外我想不出任何别的学习能使灵魂的视力向上"（柏拉图，1986年，第294页）。具体到城邦，柏拉图的目的"完全不是分析而是一种理想城邦的超经验的想象，或者可以说是一种作为艺术创作的城邦"（熊彼特，1991年，第89页）①。当然，这种观点很大程度上与国家的属性有关。"一个国家本质上是存在于它国民的内心和思想中的；如果国民在内心不承认国家的存在，那么任何逻辑上的推导都不可能使国家存在"（斯特雷耶，2011年，第2页）。尽管如此，国家依然是真实存在的，任何人也不能否认这一点。国家既是自然的结果，又是干预个人自然结果的选项。至少亚里士多德也是这样认为的。罗宾斯认为，古典主义经济学中，"具有强制手段的国家的存在，是社会自由的带有根本性的前提条件"（罗宾斯，1997年，第11页）。

实际上，个人主义方法论的上述缺陷正好可以通过借鉴历史学派的整体有机论加以补充和解决。例如，亚里士多德就反对个人主义，"由于亚里士多德认为以集体为指向的行动是人性的组成和完善，他使我们不再将政治行为理解成随机变化的倾向、外生决定的政治身份、个人不同的效用计算方法导致的结果"（阿尔克，2006年，第1128页）。实际上斯密、穆勒也承认集合体（一般概念）的分析性使用的合法性，而这一合法性也并不意味着作为真实实体的集合体优于（即政治上先于）个体（容卡格利亚，2009年，第29-30页）。李嘉图、马克思也使用过整体主义分析（Milonakis and Fine，2009：14）。熊彼特（1992年，第53-54页注释）认为，"如果全体主义者满足于鼓吹对经济现实和经济理论作'整体论的'经济玄学或哲学的解释，那是不会有人反对的"。从学术层面看，法人是运用整体论观念进行的抽象和拟制。Dworkin（1986：170）就认为，"在一个共享的或者集体责任的情况里，可以令这个组织或者共同体人格化"（转引自巴苏，2014年，第234页）②。

---

① 对此，米塞斯就认为，"普遍主义、集体主义和整体主义社会哲学及其所有变种的基本问题是：凭借何种符号我才可以识别真法、上帝信徒的语言以及那个正统之权威。因为这些先知谁都自诩受到神的派遣，传播各种福音"。他将这种"他律的道德法则及其哲学结论"称为"概念实在论"（米塞斯，2013年，第163-164页）。

② 巴苏（2014年，第234-235页）又认为，这种观点实际上"是毫无意义的，最好抵制它们"。如果按照旧制度主义的解释，将制度作为选择单位并解释社会现象的因果关系，被视为是一种整体主义的话，虽然颠覆了个人主义的简化论或还原论，但仍被霍奇逊视为是一种还原论（霍奇逊，2012年，第241页），并加以反对集体主义的方法论。

当然，整体论思想也存在缺陷。首先，整体论的思想通常会贬低人的主体性，如"一个自我没什么重要性"，组织中个人的一切皆视为组织的派生物，或如艾尔斯的"不存在像个人这样的事物"（霍奇逊，2012年，第345页）。其次，整体论并不能解释组织何以成功或失败，也不能解释法人内部成员之间的冲突。"除非组织内部的单个成员们行动起来，否则组织将一事无成"。而"一旦组织的单个成员们按照无法预计的方式行为，则组织难免处境堪忧"（汤普森，2007年，第117页）。

综上所述，无论从本体论的角度，还是从经验论的视角，两种方法并没有对错之分，都不能解释所有的经济现象，但皆有存在的必要①。因此双方的争议根源在于两种方法论的相互排斥，又不能在同一学科中相互接纳。

实际上，整体论和个体论（还原论）并非必然对立或替代的，而是相互补充的。两种方法都不过是学术研究所必需的方法论判断（Blaug，1980，1992；胡明、方敏，2011）。如果主流经济学能将国家引入，建构基于国家经济的整体论理论，将会有效地弥补片面坚持方法论个人主义所带来的偏差与不足②。作为方法论判断，个体主义和整体主义并非必然排斥，只是研究的视角和层次不同，两者并无孰优孰劣之分，其共同之处远比已得到承认的多，并在某些关键方面也有着相似的结论（霍奇逊，2012年，第28-29页）。斯密的理性经济人不是现代新古典经济学中单向思维的和自我效用最大化者，相反，经济行为主体被视为更大社会背景的一部分。这导致了斯密方法论涉及个体主义和整体主义/集体主义推理模式（Milonakis and Fine，2009：17）。李嘉图与马克思的整体论优先关注社会整体或总量，反对个体，但又没有排除在个体层面上所进行的分析（Rutherford，1994：27-37；Milonakis and Fine，2009：13）。古典学者将社会视为一个带有自主神灵的自行存在的实体，独立于其个体的成员，其经济是这一广大实体的一部分。事实上，经济关系同社会关系无法分开，这种

---

① 霍奇逊教授认为，如果社会现象应由个人主义解释，且认为个人行为又被社会所决定，两条路径都存在因果关系，那么就不能将之描述为方法论个体主义或方法论集体主义（霍奇逊，2012年，第19页）。既然个体和制度都不能作为合理的终极解释因素，因此不论何种意义上的方法论个体主义，包括方法论整体主义，都应当被抛弃（霍奇逊，2012年，第20页）。当然这种观点走得太远，且不说两种方法都是认识复杂社会现象的工具，更为关键的是，他所运用的演化方法论也并非能解释所有的"事实"。

② Sober（1981）和 Kincaid（1997，1998）就认为方法论个体主义的有效性和无效性完全是个经验主义的问题（转引自霍奇逊，2012年，第18页注释）。

分析集中在诸如社会阶级的集体经济行为体。大部分古典经济学家受到过某种程度的哲学训练或其本身就是哲学家并非偶然（Milonakis and Fine，2009：14）。更多讨论参见胡明（2014b）。

实际上，两种方法的争议仅是观察视角和分析层次的差异，最好通过维克塞尔（2017年，第16页）所说的"劳动分工"来解决。新古典经济学家通过抽象演绎的方法分析效用和价格，而历史学者通过历史和伦理的方法处理制度演化和国家经济的发展问题，具体内容参见 Milonakis and Fine（2009：113）。

三、关于实在论和唯名论的争论

方法论之争背后的真正问题不仅是方法论的，而且还涉及（甚至主要是）认识论的和本质性的东西。按照 Bostaph（1978：14-15），从认识论的角度看，门格尔和施穆勒的不同远比他们自己认识到的要大。简单地将他们的争论视为涉及演绎和归纳之争，就如经常被认为的那样，是没有抓住争论的要点（Milonakis and Fine，2009：112）。就像门格尔在1894年致罗雪尔的悼词中所言："在奥地利学派和某些德国历史经济学者之间已经产生的分歧绝不是哪种方法是这一词汇的正确意义……这种分歧的真正基础至今仍未完全弥合两个学派之间存在着更为重要的东西：它涉及对研究客观性的不同理解，以及经济科学必须要解决的一系列的研究任务。"（Hutchison，1973b：35）因此，不是方法，而是某种更重要的东西，才是方法论之争的核心（Milonakis and Fine，2009：113）。

这里更重要的东西是什么呢？一些视"全体主义和个人主义说成是对社会过程的两种根本不同的看法"的作家就将"经院学者的唯实论和唯名论同全体主义和个人主义联系在了一起"（熊彼特，1991年，第134页）。在唯名论和唯实论（波普的实在论）的对立中，Popper（1944-1945：26-37）站在了唯名论一边，并将之与方法论个人主义与社会有机论之间的争论联系了起来。在Popper（1986：28-29）看来，"'方法论的唯名论者（或本质主义）（Nominalists）坚持认为，科学的任务仅仅是描述事物是如何运作的'，而方法论的实在论（Essentialism）则涉及'一种思想学说……（它）由亚里士多德创立，他教育说，为了解释事物，科学研究必须深入事物的本质'"（转引自Milonakis and Fine，2009：112）。按照这种观点，Bostaph 反倒认为，施穆勒站在了唯名论一边，而门格尔持有的是亚里士多德学派的立场。"对于作为一名唯名论者的施穆勒来说，'想要获取（特殊现象）的本质可以通过对实体的所有属性进行总结，而不是对其一个核心的和限定的属性的理解'"（Bostaph，1978：10）。"这涉及一个大卫·休谟的描述性的因果机制，即'这种因果关系的解释（被视为）是相继不绝的简单不变'，而不是'连接那些事件任何内在的或必然的联系'"（Bostaph，1978：10），因为经验背景经常是不同的，所以，寻求普遍使用的概念和绝对的原理就必然是失败的（Bostaph，1978：11）。另外，门格尔的亚里士多德学派的实在论则认为，所有的现象均有某种本质的属性以构成他们的天性的起因或基础，通过抽象和隔离的方法，在那些现象的个别要素之间探寻因果关系（Bostaph，1978：11-12 quoted in Milonakis and Fine，2009：112）。

容卡格利亚（2009 年，第 28 页注释 34）认为，波普尔"似乎完全忽略了阿伯拉尔的观点，而将唯名论者和唯实论者之间的争论视为清晰的对立"。Pribram（1983：8）就强调指出，亚里士多德概念体系中具有实体存在的整体的政治共同体没有被经院哲学家全盘接受，他们，特别是阿伯拉尔采取了一种较为缓和的有机学说①。这表明，"在借助自由主义对集权统治的反对下，人们在面对 12 世纪广为接受的方法论个人主义和社会有机论之间的清晰二分法时，仍可能采取中间立场。在某些方面……这些都预示了苏格兰启蒙运动倡导者尤其是亚当·斯密所采取的立场"（容卡格利亚，2009 年，第 28 页）。

另外，熊彼特（1991 年，第 134 页注释）也指出，"全体主义学说……实际上是 K 普里布拉姆提出来的，他还把全体主义与经院哲学的唯实论联系在了一起，把个人主义与经院哲学的唯名论联系在了一起。"但是，"全体主义和个人主义与经院哲学的唯实论和唯名论毫不相干"。因为在熊彼特看来，"全体主义与个人主义相对，指的是，诸如社会、民族、教会这样的'社会集体'在概念上先于其个别成员；前者是社会科学应该研究的真正有关的实体；后者只不过是前者的产物；因而分析应该从集体着手而不是从个人行为着手。由此看来，如果我们愿意把这种集体称作社会学上的共相，那么确实可以说这种学说使共相和个别处于相互对立的地位"（熊彼特，1991 年，第 134-135 页）。"但经院哲学的唯实论是在完全不同的意义上使共相和个别相对立的"，经院

---

① 更多关于阿伯拉尔关于唯名论与唯实论的观点（容卡格利亚，2009 年，第 29 页）。

哲学的唯实论是指社会的理念在逻辑上先于任何经验上的个别社会，而不是先于个别人；经院哲学的意义人的理念是共相，它在逻辑上先于经验上的个人。"很明显，这意味着，在经院哲学的这两个共相之间，或者在任何经验上的社会（全体主义学说意义上的共相）和构成该社会的经验上的个人之间没有任何关系"（熊彼特，1991年，第135页）。

在笔者看来，普里巴拉姆的"个人主义乃是哲学唯名论所导致的一个必然结果"（哈耶克，2003年，第45页注释6）的论断是错误的。熊彼特指出了个人和国家并不对立，他们不是共相和个别的关系，而是不同类型的概念。只有社会与个别社会、人和个别人才是对立的。"过去争论的宝贵财富仍有助于我们了解当今流行的方法论立场——方法论个人主义——的局限性。经院哲学作家和阿伯拉尔确实在这两个极端之间指出了一条中间道路：他们承认社区（或更一般地说，社会实体）的重要性，因为个体具有社会性；同时，他们也承认集合体（一般概念）的分析性使用的合法性，而这一合法性也并不意味着作为真实实体的集合体优于（即政治上先于）个体。""斯密、约翰·穆勒和梅纳德·凯恩斯也采取了这样的中间道路"（容卡格利亚，2009年，第29-30页）这一点对我们理解理论分析方法和价值选择具有重要意义。

首先，国家是个整体意义上的个体（法人），不能随意"揭开法人的面纱"。不能根据不可观察的标准来定义国家这个经验实在，不仅物理学，而且经济学都存在大量的在某种绝对意义上不可观察的事物，例如经济学中的偏好、劳动价值、家庭生产函数。但由于这些术语在现实中已经拥有了确切的含义，因而被广泛地使用（豪斯曼，2007年，第14页）。虽然现实中国家不能用肉眼看见，但同样是可明确定义的。这也是门格尔使用真正"国民经济"一词的含义。这意味着我们可以从国家作为经济行为体的假设出发，进行精确取向的理论构建，而非只能进行实用取向的历史研究。从这个意义上说，Individualism正确的译法应该是"个体主义"而不是"个人主义"，因为国家也是一个个体，一个不能还原到组成它的个人的个体。将法人组织作为行为主体并用之解释某些社会现象，仍是一种还原论（霍奇逊，2012年，第241页）。即使门格尔将一国经济视为个别现象，国家经济也是具有共相属性。

其次，国家在"概念上先于"具体的某个国家，则逻辑分析上是可以从国家概念着手，而不必一定要从某个具体的国家着手，更无须关注或者优先关注组成国家的个人。国家和个人这两个术语并非共相和个别的关系。门格尔从还原论的角度要求将国家经济的研究还原到个人并不具有学术上的必然性。因此需要注意的应该是不能赋予熊彼特所说的"共相"和"个别"以双重含义。这就是为什么许多经济学者并不排斥整体论的原因。在大部分欧洲早期的国家中，国王不仅是一个受到限制的统治者，也在某种程度上是一个拥有其自身经济利益的私人个体。很难区分这种统治者的公共和私人的作用（Magnusson，2009：37）。

最后，从国家视角着手研究问题，与这种分析是否"具有逻辑性毫不相关"（熊彼特，1991年，第136页）。这也是许多学者持有经济民族主义立场的原因。作为整体论的国家概念，无论从科学的还原论（本体论）视角，还是经验论视角，在方法论上并非不能成立，也可以作为科学研究的起点。有意思的是，奥地利学派的经济学者认为："将国家、社会、经济等视为'社会有机体'的支持者认为，需要进行研究的是整个社会有机体，因此要采取集体主义而非原子论的方法，并辩解称，集体主义取向也是在模仿自然科学采用的方法"（考德维尔，2007年，第84页）。虽然整体性组织的存在凸显了人类社会的复杂化和多元化，但整体性的观念本身也可为解释这种复杂的社会现象和指导社会实践提供更为简捷和有效的方法论基础。在这一点上，同样作为社会科学的社会学和政治学均有将组织、国家等整体主义观念作为研究起点的经典学术案例。参见汤普森（2007）、华尔兹（2003）和基欧汉（2006）。

米塞斯（2013年，第166页）认为，"普遍主义和集体主义必然是一种神权政治制度。……当代社会主义、经济计划和社会控制的鼓吹者使用的'社会''国家'，都象征着神。"在笔者看来，这种观点有失偏颇，不仅太过绝对（忽视了语境），而且断章取义（以偏概全）。且不说现实中普遍存在"现实主义国家观"，就连熊彼特也认为，"如果全体主义者满足于鼓吹对经济现实和经济理论作'整体论的'经济玄学或哲学的解释，那是不会有人反对的；事实上，我会真正赞同他们的经济玄学，虽然我可能根据形态心理学来解释它"（熊彼特，1992年，第53-54页注释）。桑巴特认为，个人加入了组织，可以保持温暖并像有皮的水果一样受到保护（米塞斯，2001年，第39页）。在笔者看来，国家保护人民是基本的事实，站在国家层面研究这种保护以及如何保护与研究者的动机并不一定相关。"除非他故意让他的目的来歪曲他的事实或推理过程，我们就不能因为不赞成他的目的而拒绝接受他的成果或否认其科学性"（熊彼特，1991年，第27页），尽管"过高地估计自己的研究方式，低估别人爱好的方式,这也不过是人类的天性"(熊彼特,1991年,第39页注释1)。

Milonakis和Fine(2009:115)认为,方法论之争及其结果的重要性是它的参与者对既定秩序的总体政治立场。施穆勒的政策立场明显倾向于国家干预和社会改革,而门格尔则由于自己很少涉及政策议题而产生了较多的争议①。尽管这种看法有些道理,但笔者还是认为,本书关于历史学派的理论与方法的讨论是成立的,而不仅是廉价的政治论战。"我们不相信从事政治论战的廉价方法——不幸得很,在经济学界也太普遍了——也就是不相信通过攻击或吹捧某项主张的赞助者的动机,或通过攻击或吹捧这种主张似乎拥护或反对的有关势力,而可以论证一种主张"(熊彼特,1991年,第27页)。

第四节 关于政治经济学的再讨论

在笔者看来,门格尔(2007年,第77页)指责历史学派最直接的错误根源是"混淆了历史的视角和理论的视角"的观点是正确的,国民经济需要进行理论研究,尽管经济史研究也不可或缺。另外,在门格尔看来,"历史学总是从集体的角度来描述人的现象的——相对于它所承担的具体任务来说,这样做是正当的,这也是唯一广泛使用的方法——而不需将社会现象还原为人的生活中的单个现象"(门格尔,2007年,第77页注释1)。单就这一表述而言,没有什么错误。毕竟历史研究的是事实,而在具体的事实中,具有多面向视角,而这些视角是有机联系的,具有整体属性。然而,门格尔眼中的国民经济无法进行整体论(只能进行个体论)意义上的精确取向的理论研究却是值得商榷的。由于时代的局限,他没有认知到宏观经济学(研究国民经济)与微观经济学(研究个人组成的"社会"经济)的区别,而且,门格尔指责历史学派经济学犯了"机械地将专门用于历史性研究的视角运用到理论研究中"的错误(门格尔,2007年,第77页注释1)就值得推敲了。为什么经济理论

---

① 有人认为他是一个"毫不妥协的自由放任的带头人",而其他人则认为他更像是一位社会民主人士,同情弱势群体,并以牺牲贵族利益为代价。并以其他的证据暗示,与传统的认知相反,门格尔是一个政府干预的鼓吹者。

就只能从个人的单一视角进行研究呢？他鼓吹的经验—实在的研究取向并非现代意义上的理论（由假设演绎法所构建的理论体系）研究。他不应该排除从国家（权力当局）视角（不仅是财政科学）建构理论的可能性。当然，如何基于历史学派所挖掘的国家干预的事实构建政治经济学理论依然是有待讨论的问题，尽管他们对原子论理论体系的攻击是错误的。

问题的根本在于，门格尔与历史学派在关于国民经济的真正性质的最终根源认识的不同，或者是两者在"国民经济与组成它的单个经济现象关系"认识上的不同。对于历史学派的经济学说，恩格斯的评价不高（《马克思恩格斯全集》第十三卷，人民出版社1962年版，第524页）。对李斯特作为一个理论家，马克思和恩格斯的评价也不高，但也认为他是当时德国最杰出的经济学家（阿尼金，2007年，第282页），也都肯定地指出，李斯特在同古典学派争论中所作出的实际结论具有一定的进步意义（《马克思恩格斯全集》第四卷，人民出版社1958年版，第459页）①。但马歇尔却给予了李斯特很高的评价。"李斯特的卓越天才和爱国热忱推翻了李嘉图的英国这样的工业国所确立的命题可以原封不动地搬到德国这样的农业国中的假设。""美国的工业家们把李斯特当作自己的代言人"（马歇尔，1965年，第411-412页）。同样，马歇尔也给予了历史学派的高度评价。"对他们和他们的国外同行在研究和解释经济习惯和经济制度的历史方面所进行的工作作出过高的估价，也许是困难的。它是我们时代最大的成就之一，是我们真实财富中的一项新的宝贵财富。它几乎比任何其他东西都能扩大我们的眼界，提高我们对自己的认识，帮助我们理解人类社会伦理生活和它所体现的那种神圣原则的演进。""他们把自己的注意集中在历史地探讨科学上，集中在把科学应用在德国社会政治生活条件特别是德国官僚政治的经济义务上。""德国思想也促进了对社会主义和国家职能的研究。""在有关社会改良的各种问题上，英德两国有许多值得互相学习"（马歇尔，1965年，第413页）。对于历史学派，维克塞尔（2017年，第28页）既给予了批判又给予了赞扬，"所谓的国民经济学历史学派已经习惯于将科学中的所有抽象推理贬低为毫无用处。……如果这个学派是前后一致的，他们应该去避免超出了纯粹的机械式记录以外的所有结论和所有思想。幸运的是，它

---

① 格林菲尔德（2004年，第7-8页）认为，马克思将注意力转向经济学的直接原因似乎是李斯特的《政治经济学的国民体系》，而后者又源于对斯密《国富论》的误读（国富论又是马克思的重要参照点）。

没有将其论点继续推延至逻辑结论，相反通过许多非常有价值的研究丰富了国民经济学，这将使其跻身于科学的瑰宝，虽然它没有也不可能构成其全部；虽然如同理论研究一样，它也无法宣称达到了近似有效以上的程度。"

  由于后见之明和相对的智识优势，边际主义者随后赢得了方法论之争的决定性胜利。虽然他们推动了微观经济学的发展，但却以牺牲宏观经济学的发展为代价。前文曾讨论过新古典经济学忽视了宏观经济学。尽管马歇尔高度评价了历史学派，但马歇尔的确没有扩展历史学派的学术。其中的原因可能在于"马歇尔的主要灵感是来自李嘉图和穆勒，当然从背景上说，还有亚当·斯密"（罗宾斯，2008 年，第 345 页），"自 18 世纪以来的经济思想史，实际上就是亚当·斯密—李嘉图—约翰·斯图亚特·穆勒—马歇尔的理论演变史"（罗宾斯，2008 年，第 343 页）。马歇尔的经济学原理从未超出微观经济学的范围，尽管他曾将不能纳入他的经济学原理著作的其他经济问题放在另外的著作中。受限于此，Milonakis 和 Fine（2009：130-131，注释 11）就认为："马歇尔转向宏观的失败并不意味着缺少意愿或努力，而是缺少成功。"不同于 Jevons（1957：ⅹⅳ-ⅹⅴ）论述的对政治经济学的态度，马歇尔对政治的排除是有意将该学科从政党的政治性考虑中分离开来，"它从未被当作是缩小学科范围或将它人为地分为一门'艺术'和一门'科学'的工具"（Groenewegen, 1995: 761 quoted in Milonakis and Fine, 2009: 131）。Milonakis 和 Fine（2009: 131），在笔者看来，宏观经济学被排除是因为政治性因素被排除，一旦从国家层面讨论问题，宏观问题自然而然就会出现。而新古典经济学主要从市场层面讨论社会政策，那么主流经济学被称为社会经济学也就自然而然了。但宏观经济学被忽视却是明显的事实，与之相伴的统计、货币等方面分析也就被同时贬低了。

  对"运用统计方法度量社会现象，进行计算、归类与总结"的方法，韦伯认为，仅数字并不能解释行动者所赋予的主观意义，因此无法理解行动本身。对于社会学会不时使用具有经验—统计性质的"平均"类型，韦伯认为，事物的"平均"特征并无实质内容。许多学者错误地相信，"类特征与从一历史起点看来是重要的特征必定是同一的"。类特征组合起来，可以形成对事物的组成成分的简单的描述性分析，这样一种貌似不偏不倚的态度无助于提出问题和认识事物的本质（何容，2009 年，第 24-25 页）。宏观经济学仅仅包含人为的构造，除了个人选择作为它们非常间接的基础，就它们自身而言没有因果解释力。确实，在各种宏观经济学的集合体之间存在统计关联，但是与人类行动者（经济学中唯一的因果主体）的目的毫不相干，在形成传递因果的链条环节中它们毫无作用（Block，1980：407 转引自汉茨，2009 年，第 47 页）。对于宏观总量分析，罗宾斯认为："总量变动的概念并无确切的内容。我们如果愿意，可以赋予某些指数以常规数值，并可以把生产的变化界定为这种指数的变化；对于某些目的来说，采用这种方法是可取的。但这种方法却没有分析上的正当理由，不是从我们有关经济货物的概念中产生的。在这种意义上就影响生产的原因所做的那种概括，永远取得不了规律的地位。因为，规律必须与明确的概念和关系相关联，而生产总量的变化不是一种明确的概念。""货币理论虽然从许多方面看可说是经济理论最发达的一个分支，可它却仍然采用我们认为可疑的那种假概念，如价格水平、购买力平价的变化等。正是在这方面，货币理论中的难题尚未得到解决。货币理论最近得到的改进，就是力图完全消除对这些虚假概念的依赖"（罗宾斯，2000 年，第 57-58 页及注释 2）。罗宾斯（2000 年，第 94-95 页）还重点批判了米契尔的宏观数量分析。

在主观主义者的眼中，统计总量的函数关系没有研究行为主体，也就无法揭示数量变化的因果机制。霍维茨认为，在主观主义者的眼中，"凯恩斯主义和货币主义模型——它们试图在统计的总量之间推导出函数关系——没有考虑到两个层面上主体的重要性。首先，总量本身对于个体的主观决策模式可能是没有价值的。个人的买卖决策并不是根据消费价格指数或总投资做出的（当然，有些财务决策是这样做出的）。因为，这些总量之间的关系纯粹是统计性的，很难用具体的人的选择来解释。其次，将宏观经济看成是一组总量关系，遮蔽了构成该经济体的更基本的个人行为。举例来说，货币主义模型假设，在货币供应量的增加与价格水平之间存在某种直接的关系，这种模型正确地指出了通货膨胀总是一种货币现象。然而就此止步，却会忽视传导过程及其对于个别价格之影响。从主观主义的立场看，更有意思的问题是货币供应量的变化是如何影响个体决策的。……主观主义者感兴趣的是这些个人的反应，因而会强调通货膨胀对相对价格的影响，并考察这些价格变动是如何导致可以辨认的行为模式。主流经济学的方法则仅仅关注总量，而对主体不给予认真研究，因而就忽视了这一切"（霍维茨，2007 年，第 272-273 页）。其实，对于货币数量理论，从高能货币的本质变化引起价格水平的波动的意义上讲，是经济学中被最好地证实的经验性假设之一，但从有关这个脆弱的理论的强有力的解释——长期均衡中的货币的"中性"（这是因为绝对价格随着货币供应成比例的变动）——被所有可获得的证据不可抵抗地驳斥了（布劳格，2000年，第170页）。

以上陈述可以充分说明，早期的新古典经济学对宏观问题的忽视与冷漠。这也预示着米歇尔所说的，宏观经济学是有非主流经济学发展的。就历史学派而言，它对美国经济学产生了很大的影响，制度学派就是德国历史学派在美国的变种（胡企林，中译本序言，第1页，载李斯特，1997年b）。随着制度学派和凯恩斯经济学的发展所导致的宏观经济学、国民经济核算、统计分析和计量经济学的发展，历史的、统计的和归纳的方法越来越多地受到重视。美国制度学派开创的国民经济核算是现代宏观经济学的开始①。

实际上将国民经济看作一个整体单位，并从整体把握国民经济体系中的商品、劳务和资金流向，已有相当长的时期。从孟克列钦最早提出政治经济学开始，这种思路就已出现。在孟克列钦看来，繁荣的经济是国家强大的前提条件，可以同世界其他国家成功地竞争（Magnusson，2009：26）。在16世纪和17世纪，建立国民经济的战略非常常见，只不过一些国家比其他国家更成功而已（Magnusson，2009：30）。无论是绝对主义的王权国家还是民主国家（光荣革命后的英国）追求国家权力并采取重商主义的经济政策都是基本的事实。尽管法国的重农学派和斯密的古典经济学基于自然法或功利主义的个人主义原则反对这种研究，但从斯图亚特到李斯特乃至历史学派，国民经济就已成为单独的学科，关注国民财富和国民经济的整体运行。在历史学派的施穆勒、坎宁安的眼中，为达到国家自给自足和权力扩张的需要的目标，重商主义是一种适当的手段，体现了一种工具理性。就这种目标而言，布劳格（2009年，第4页）认为，"即使在现在也被认为在他们那个时代或对他们那个时代来说是合理的。这种说法逐渐被经济史学家广泛接受"。

对于国民经济的研究，统计工作的进步起到了关键的作用。例如，17世纪中后期的威廉·配第、格里高利·金、达维南特等对英国的国民收入的核算工作。但真正对宏观经济学起到推动作用的是20世纪开始的对国民收入核算的开创性工作，特别是美国的NBER（国家经济研究局，初期主要由联邦基金

---

① 马歇尔（1965年，第411页）就曾认为，"有迹象表明，美国在经济思想上正在取得它在经济事务上已经取得的那种领导地位。"

第七章　19世纪政治经济学的传承：国家经济学及其争议

和部分私营企业资助）。早期的NBER的经济学家认为，"总体宏观经济现象具有本体和经验的合法性"（霍奇逊，2012年，第309页）。NBER的观点和实践影响并推动了凯恩斯经济学的发展，尽管凯恩斯国民经济循环等思想也可以追溯到配第、布阿吉尔贝尔、坎梯隆和魁奈这一传统[①]。后期的凯恩斯也成了重商主义者的信徒（凯恩斯，1999年，第349页）。《通论》第23章赞美了重商主义并指出了其科学之处[②]，并称"大多数国家的多数政治家和现实主义者仍然相信那个古老的学说（重商主义）；甚至在相反意见发源地的英国，也有约为一半的政治家和现实主义者仍然相信它"（凯恩斯，1999年，第344-345页）[③]。

当然，对于凯恩斯是否是一个重商主义者的观点存在争议。某些后来的批评家根据凯恩斯对"重商主义"的解读认为，"重商主义者"的观点和凯恩斯的观点确实非常不同，而在《通论》中被引用的赫克歇尔对此并不认同。赫克歇尔认为，"凯恩斯对各种经济关系的解读在许多方面和重商主义者的观点非常相似"（1955，Vol. II：340）。Hutchison也依据《通论》中观点加以佐证这种观点（Hutchison，1988：154-155）。凯恩斯在回复关于"赞美低能儿"的指责[④]时所坚称的是适当的，"我希望的是公正地对待在近百年来被古典学者视为是低能儿的思想流派，而且，最重要的是说明，我并非真正是一个伟大的创新者，除了作为古典学派的反对者之外，而是有许多重要的前辈，而且我正回归一个具有常识判断力的长久传统"（1973，Vol. XIII，552；转引自Hutchison，1988：155）。另外，Hutchison（1988：154 尾注16）曾引用Jacob Viner（1964：256）的一个关于凯恩斯的"预测"，即"从十七世纪开始，就存在一个几乎持续不断的流派认为，失业和贸易停滞是购买力不能同生产力的扩张保持同步的结果，凯恩斯高兴地发现，重商主义的文献充满了这种观点"。哈奇森还认为，货币主义对于1929年及其以后的大萧条的解释与"重

[①]　凯恩斯的研究方法是整体论的和有机的视角，这两者均不同于新古典经济学的个人主义论调，反而同某些古典传统的（在我们的古典意义上）作家和历史学派及制度主义有更多的一致（Milonakis and Fine，2009：273）。

[②]　Magnusson（1994：46）认为，凯恩斯的目标是充分就业，但他并没有深入研究重商主义的文献。

[③]　真正对宏观经济学起到推动作用的是20世纪开始的对国民收入核算的开创性工作，特别是美国的NBER（国家经济研究局，初期主要由联邦基金和部分私营企业资助）。NBER的观点和实践影响并推动了凯恩斯经济学的发展（霍奇逊，2012年，第308-311页）。

[④]　凯恩斯最热心的弟子Harrod（1951：460）强烈反对凯恩斯《通论》的倒数第二章为"一种美化低能儿的有偏见的举动"（转引自Hutchison，1988：149尾注8）。

商主义者"的观点也有相似之处。

另外，凯恩斯从来没有使用过宏观经济学术语①，却使用过政治经济学。在1933年出版的《通向繁荣的手段》的小册子中，凯恩斯指出了当时世界经济的困境不是由物质破坏造成的，医治这些疾病的良方是"经济理论与政府统治艺术的混合……也就是政治经济学的方法"（斯基德尔斯基，2006年，第547页）。可见凯恩斯称为"政治经济学"是关于政府统治艺术，这和本书前述部分罗宾斯的政治经济学定义相符合。此外，1933年4月17日凯恩斯在爱尔兰的"芬利讲座"中的"自给自足的国民经济"的演讲，显示了他从斯密的立场一下子转到了德国民族主义学者李斯特的立场，或者说，同纳粹德国的经济总管沙赫特博士的观点相近。凯恩斯实际上一直用两种思路在思考——即国际主义和民族主义——但他从来没有把这两者结合起来考虑（斯基德尔斯基，2006年，第551页）。《自给自足的国民经济》指出，1920年和1930年的大灾难导致各种各样的社会实验开始成为时尚，而所有这些实验，不管它们来自何种政治背景，都是围绕着如何极大地增加政府作用和限制工商业自由而展开设计的。在这种情况下，凯恩斯经济学（或宏观经济学）是否可以称为是政治经济学吗？考虑到新古典主义者取缔了政治经济学，而他们又在宏观经济学领域"无所作为"，这是否意味着早期的政治经济学和后来的宏观经济学存在某种内在的联系呢？鉴于问题的复杂性与重要性以及本书的篇幅所限，在此就不做进一步的讨论了。

---

① 宏观经济术语最早由挪威人拉格纳·弗里希于1933年提出，但到1946年以后才逐渐流行开来。

第八章 国家干预的经验证据与理论争议

需要重点说明的是,经济学抛弃"政治"以及宏观经济学被忽视或缓慢发展,甚至发展到现在的宏观经济学危机(或2008年以来宏观经济学所遭遇的挑战),在很大程度上与经济学忽视了国家有关。关于古典学者的国家观,熊彼特曾经阐述到,古典经济学者对国家在经济事务中的作用采取的立场"只不过是工商阶级的哲学、观念形态和偏好,这个阶级由于在经济上能够自立,因而除了法律保护和低税以外,无所求于国家"。熊彼特还认为,古典学者对国家(政府、议会、官僚政治)的性质以及国家的正常职能和效率所做的假设"相当好地再现了当时这些经济学家的国家的实际情况"。几乎所有的古典学者都相信,"自由放任是管理一国经济事务的通例,而被意味深长地称作国家'干预'的那种东西则是例外。"然而,"在公共行政机关能够做什么和'应当'做什么上,不同国家的经济学家之间则存在极为不同的意见。……这种意见不同的主要原因,不是在于经济原理的不同,而是在于各个国家的实际情况有所不同"。熊彼特又认为,"自然事情并不完全是这样,其所以不是,原因之一便是:不同的历史发展在不同的国家造成了不同的关于国家和官僚机构的政治学说,这导致经济学家们把他们的被本国状况所决定的意见'绝对化'起来,即把这些意见推崇为永恒的真理"(熊彼特,1992年,第262-263页及注释)。"如果'古典作家'的分析在所讨论的这方面是正确的,因为这种分析关于国家作用的假设是现实的,虽则是受时代限制的,那么,对于任何其他时代它必定是不正确的,因为这些假设是受时代限制的,虽则是现实的"(熊彼特,1992年,第264-265页)。

从上述婉转的言语可以发现,熊彼特对国家的不确定心态。其实,这里隐含着一个非常重要的学术问题,即"经济学中的国家悖论"。自斯密以来,古典和新古典经济学就将国家视为一种外生而非内生的经济组织。斯密将社会制度视为人类个体行为的结果而非人类意图或设计的实现（格雷，2005年，第37页），这也是杰文斯或马歇尔将政治经济学改为经济学的核心理由，也是韦伯认为新古典经济学国家无涉或无须关注国家的依据。这种反国家的心态使国家成为经济学中的"黑箱"（North, 1978）。诺斯认为，国家权力是低效率产权体制的制造者。国家强制力量在历史上的大部分时期对经济成长有害无益（North, 1981, Chp. 3；诺斯，2008年，第18-19页）。他也认同公共选择学派的观点，即将国家刻画得像黑手党组织，或他们的术语"利维坦"——一架再分配财富与收入的机器（诺斯，2008年，第193页）。然而诺斯的国家观似乎又是矛盾的。如果市场不完全（高交易成本）使私人回报率太低，就应该通过公共投资来完成（2008年，第110页）。诺斯（2008年，第149页）认为，政治体系界定并实施着经济市场的产权，故而，政治市场的特征才是理解市场不完美问题的关键。他认为，税制结构、管制、司法判决、成文法等正式约束型塑了厂商、工会以及其他组织的政策，从而决定了特定层面上的经济绩效（诺斯，2008年，第152页）。政治不仅界定并实施着型塑一个经济体系基本激励结构的产权，而且在当今世界，政府在国民经济总值中的份额，以及政府无处不在的、时刻在变的管制，都是影响经济绩效的最关键因素（诺斯，2008年，第154页）。当然诺斯也认为，这一演化过程，国家是一个主角。特别是国家政策对资本市场的演化产生了极大的影响。然而，"只有当国家能信守承诺，不随意没收财产，不利用其强制性权力来增加交换中的不确定性时，也才有可能建立起一个更有效率的资本市场"（诺斯，2008年，第177-178页）。另外，新制度学派的代表人物科斯（2008年，第67页）也希望经济学家分析"为何政府经营能作为其他经济组织的替代方式而存在"的问题。这种对待国家的矛盾态度，我们称为"古典的国家悖论"。

对于新制度经济学的国家理论，爱泼斯坦（2011年，第9页）认为，诺斯和新制度经济学将国家视为更容易进行寻租活动从而成为掠夺型的国家（使私人产权不安全）不是事实，他们没有考虑到在前现代发展时期的国家根本无法和现代联邦制国家相比，其问题反倒是国家在执行统一和克服分歧方面的无能而需要国家集权。在笔者看来，否定国家在经济发展中的作用，并不符合历史事实。接下来，我们将重点通过18~19世纪的基本历史事实进行简要地说明。之所以选择这一时间段，不仅在于现代经济学的发展主要集中于这一时期，而且在于现代经济的发展（工业革命）也主要集中于这一时期。

第八章 国家干预的经验证据与理论争议

第一节 国家干预是近代经济革命的决定性变量

爱泼斯坦认为，国家主权制度是近代经济革命的决定性制度变量。他认为，中世纪后期封建式的多元化政治结构及其所导致的泛滥的特许垄断权导致的寻租和协调困境增加了市场的交易成本。相反，18世纪前的英国是欧洲各国中政府最有效率的国家，其效率不在于英国有更多的个人自由，而是英国有统一的中央集权。因此他认为，强有力的中央集权政府（尽管不必然是专制的）是经济效率必要的前提。19世纪之前的欧洲市场扩张和经济崛起的主要动力是近代国家的形成（爱泼斯坦，2011年，第3页）。爱泼斯坦认为，市场机制是一个以合作为基础的公共产品，不是免费的，合作的实现需要强制，而就像现代联邦制国家的中央集权式的机关在克服封建式的政治分权带来的市场失败方面发挥了重要的协调作用。他对1300~1750年前现代增长的研究表明，国家掠夺的证据要么是否定的，要么是非结论性的。大多数早期现代国家从它们过去的中世纪政体中继承下来的遗产增加了谈判、执行和课税的成本，是寻租行为和高交易成本的主要原因。因此，对国家权力的限制而非对国家权力的滥用阻碍了竞争性市场的兴起（爱泼斯坦，2011年，第11页）。很明显，爱泼斯坦的观点接近于李斯特。例如，早期意大利虽"煊赫一时"，但后来的落后主要在于它"独独缺少一件东西……它所缺少的是国家统一以及由此而产生的力量"。它的许多城市和统治势力一直相互冲突，造成了巨大的危害性（李斯特，1997年b，第11页）。

随后荷兰的成功也一样如此。正如沃勒斯坦对荷兰取得成功的解读："我们如果不直接考察国家所起的作用，就不能完满地阐明荷兰称霸的历史。""历史上较早的时候，阿姆斯特丹当然奉行的是一条强有力的保护主义线路，而这条路线17世纪在城镇范围内还没有完全消失。……国家的作用不仅清楚地表现在保护政策方面，它也为私人企业的成功创造了条件。尼德兰一成立自治政府，捕鱼业便成为该政府最为关注的行业。为控制质量，奥兰治的威廉……创立了一个控制鲱鱼工业的社团组织。更为重要的是，建立了荷兰东印度公司，该公司是针对殖民地商品的自由的世界市场的无政府状态和确保海外倾销而做出的重要反应。……它们的重要意义的关键在于国家在贸易和经济中的干预，……公司的成立几乎可以被称为特许状推进的国有化，这是一种努力将以前的国际贸易联合在一个国家垄断下的模式"。"我们可以坚信，国家是荷兰资产阶级用来巩固他们一开始就在生产领域内赢得并继而将其扩大到商业和金融业的经济霸权的必要工具"（沃勒斯坦，1998年，第二卷，第63-64页，第68页）。事实上，15世纪后半期采取的贸易保护主义的航运政策是阿姆斯特丹后来获得领先地位的因素之一。正如克莱因教授指出的，在一定程度上，政府的政策在经济发展中的影响从来就不是中性的（格莱曼，2002年，257页）。

一、18世纪英国的崛起：国家干预不是例外

人们一直误解为英国是自然而然成为工业强国的，例如科利将英国的发展模式称为"自然发展"模式（2007年，第10页）。实际上，这种观点并不正确。荷兰没有发展出与英格兰同等水平的保护商业利益的保护主义政策，不是他们不愿意，而更可能的原因在于因为国家的弱小和不同利益集团的冲突，荷兰不像英格兰，不是一个统一的国家经济体（Magnusson，2009：23）。其实这种观点早在李斯特时代就已提出。李斯特（1997年b，第28页）认为："有人说英国人所以能获得现在的商业优势和力量，并不是由于它的商业政策，与这个政策并没有关系，这种说法在我们看来是本世纪流行的最显著的谬论之一。"在李斯特看来，"国家的一般政策与政治经济之间存在着密切关系，就这一点而言，英国历史所提供的证据也是非常确凿的。英国工业的勃然兴起以及由此发生的人口增加现象，显然使咸鱼与煤的需要激增，由此又大大促进了专用于渔业与沿海贸易的商船业务的发展。渔业与沿海贸易两者以前都操于荷兰人之手。这时英国人受到了关税提高与津贴制的鼓励，他们就用自己的力量来经营渔业，同时通过航海条例，不但使英国海员掌握了海上运煤业务，而且掌握了本国的全部海运业务。英国商船事业由此获得了发展以后，它的海军力量也有了相应的增长，从而使它有力量与荷兰舰队相对抗。航海条例实施以后不久，英荷之间爆发了海战，使荷兰人与英吉利海峡对岸各国的贸易差不多完全陷于停顿，他们在北海与波罗的海的船只几乎全部为英国的私掠船所歼灭"

(李斯特，1997 年 b，第 41-42 页)①。

1648 年荷兰脱离西班牙而获得独立，1651 年，荷兰是强大的国家，但到 1689 年，英国和法国都比荷兰强大，英法则在实力上平分秋色。但到 18 世纪时，英国比法国更强大。当然，最终政治和经济标准是相互联系的，因为生产效益能够加强国家力量，而且国家力量的加强通过市场以外的手段进一步增强了效益（沃勒斯坦，1998 年，第二卷，第 128-129 页）。通过重商主义和殖民主义英国人获得的不仅是贵金属，而且是可通过合理运用发挥生产要素作用的货币或资本。这种财富"为欧洲和英国提供了净增的货币供应量，从而大大方便了信贷，增加了内需，并从各种积极响应这一机遇的环节上刺激了工业的发展。……不仅为工商企业创造了新的活动空间，促进了农业和制造业的进一步专业化，更实现了资本的大规模集中和特定工业部门生产规模的扩大。……（欧洲从中获取的是）对工业生产不断增长的需求压力，以及由此导向工业革命的直接后果"（兰德斯，2007 年，第 36 页）。英法两国 17 世纪重商主义政策的最后结果是在生产方面，甚至更大程度上在商业方面消除了荷兰的优势。荷兰工资成本增加了，技术优势消失了（沃勒斯坦，1998 年，第二卷，第 360 页）。

里普森认为，英国的航海法、谷物法和工业保护是其重商主义的三大支柱（沃勒斯坦，1998 年，第二卷，第 107-108 页）。在农业方面，18 世纪上半叶粮价最低时英国成为欧洲主要的谷物出口国的最主要的原因在于，英国政府为鼓励粮食出口而在 1688 年颁布的《谷物补贴法》为农业发展创造了条件。这样，英国凭借投资于世界粮食市场，占领了荷兰粮食市场。后来随着谷物生产的过剩和农业的衰落，1750 年以后，随着世界经济的好转，英国为了工业的发展，进一步降低了其在世界粮食生产者的作用。农业的发展不仅为英国的工业发展提供了动力，且英国政府率先实行了今天被称为"进口替代"的政策（1675 年对印度进口的棉布征收关税）。英国政府依靠它在 1650 年至 1750 年（特别是在 1689 年以后）积极推行重商主义措施以扩大其在世界冶金和纺织

---

① 当然，李斯特（1997 年 b，第 49-50 页）还认为："英国的力量以及它生产力这样的突飞猛进，并非完全是出于它的商业限制政策、航海条例和商业条约之赐，在很大程度上也是由于它在科学上、技术上的胜利"。"同时也必须承认，英国的巨大生产力与巨大财富，并非单单是国家力量与个人的利得心的结果。人民爱好自由与公正的先天禀赋，人民的活动力和他们的宗教、道德品质这些方面，都是有关系的。国家的政体制度，政府与权要人物的智慧和力量，也是有关系的。不仅如此，地理的环境、国家的气运，甚至侥幸因素，在其间也未尝没有关系。"

业的份额（沃勒斯坦，1998年，第二卷，第346-350页）。

英国的工业保护最初主要集中于纺织业。1701年议会通过了第一部《印花布法案》，禁止印花棉布的进口，推动了英国印花工业的发展；1721年通过了第二部《印花布法案》，禁止陈列或消费印花布，这反过来刺激了以进口原棉为基础的棉纺工业，它最终成为工业革命的起源。可见，英国议会实行的是"严格的国家主义经济政策"（卡梅伦和尼尔，2012年，第161页）。从这个意义上说，英国早期的成功很大程度上依赖于重商主义的政策解决了早期工业化所需投资的资本，并促发了生产率的提高与创新（沃勒斯坦，1998年，第二卷，第96页）。

就航海法与造船工业而言，1651年克伦威尔颁布的《航海法案》要求英国的所有贸易只能使用英国船只，其目的就是削弱荷兰的贩运、转口贸易和渔业的垄断权，后来又多次修改。这一法律不仅促进了英国的贸易收益，也推动了英国造船业的发展。Magnusson（2009：23-24）就认为，不考察更为强大的英国海军和它的战舰的作用，就不可能理解为什么英国成为赢家，而阿姆斯特丹最终却被逐出了地中海贸易。同样波罗的海和北海也是如此。英国1651年的《航海法案》可能是决定性的。

当然，上述重商主义政策的推行依赖于一个高效运作的行政和财政机构，而英国恰恰在这方面取得了领先地位。由于诺曼征服（1066年），英国的历代国王已经建构起一套摆脱了地方排他主义的系统化的中央行政机关。按那个时代的标准来看，英国的财政部门官员已相当专业，并且国王征税的权力被相当有效地确定下来（施瓦茨，2008年，第31页）。另外，与西班牙和法国不同，英国主要通过在生产环节征收税负获取收入，而不是取自对他人财富的寄生性搜刮。所以，只有英国拥有支撑其在全球范围内活动的持久稳定的财政根基（施瓦茨，2008年，第34页）。17世纪末期的世界经济处在全面停滞的时期，沃勒斯坦（1998年，第二卷，第341页）认为，在经济停滞时期，重商主义是一个只有非常强大的国家才能成功运用的武器。与英格兰不同的是，法国的行政机构从没有全面地控制国家。英国之所以日益强大，英国企业家之所以能继续征服经济世界，并不是因为英国比法国更民主，而是因为从某种角度来看民主较少（沃勒斯坦，1998年，第二卷，第363-365页及相关注释）。

按照熊彼特的观点，重商主义从"实践论点"的角度看，无疑赢得了胜利，"考虑到当时的环境和机会，重商主义政策是在同样条件下达到从理性上讲可以辩护的目的的适当手段"，虽然没有达到他们所认为的那种程度。也就是说,"在一定程度上,重商主义政策可以为自己进行合理的辩护"。因为一项政策是否明智与价值体系有关,而价值体系本身不仅与国家的情况有关,而且与面对这种情况的人(与其阶级结构和利益集团等事情)有关(熊彼特,1991年,第503页)。当然熊彼特紧接着又说,从实践论点可为重商主义政策做辩护,并不能证明重商主义的拥护者,特别是德国的拥护者所设想的重商主义学说就能被证明是正确的。即使重商主义的某一命题能够被证明是正确的还不够,因为"许多近代的命题表面上与很多证明其不能成立的那些早期命题非常相似",还需要从理论论点的角度对重商主义进行诠释(熊彼特,1991年,第504页)。"诚然,重商主义学说是一种变化的、无定性的、缺乏一致的理论,这是因为它除了引导着政策之外,更反映着政策的实时变化,每个国家为操控其经济所采取的办法,必须是环境条件所保证的、知识(或无知)状况所决定的、方法手段上所允许的措施。简言之,重商主义乃是披着'原则'外衣的实用主义"(兰德斯,2007年,第31-32页)。

在笔者看来,经济发展是多因素多重相互作用的结果。当经济学从某一单一要素深入分析经济增长的内在逻辑之时,却忽略了要素广度问题。当我们把社会学关于人际关系、劳动纪律等因素纳入考察视角时,我们没有理由认为这是不合时宜的。重要的是,当我们通过考察重商主义时代国家对经济发展发挥着至关重要的作用时,我们没有理由不分析其在经济中的作用。甚至当我们将其视为"一个理性的经济主体"或门格尔的"经济性国家"时,我们便可遗憾地看到,经济学对国家分析的忽视已到了何种地步。

二、19世纪工业革命:欧洲国家在经济发展中的作用

Magnusson 认为,历史叙述不承认国家和公共权力机构在现代资本主义市场经济建立过程中的作用是一种缺陷,其实国家干预在欧洲19世纪的工业革命中也起到了非常重要的作用。尽管过去的许多规章制度消失了,但又出台了新的制度和规则——特别是为了让国家变得更加强大和现代而将支持经济增长和产业转型作为手段(Magnusson,2009,前言)。当然,在19世纪,随着经济去管制化和全能专制国家的废止,传统的重商主义教条不再能被辩护了,但欧洲各国产业革命的形式和速度并非在较低程度上依赖于政治家的"看得见的手",毕竟产业力量是军事及政治力量的脊梁骨,国家依然被找了回来

(Magnusson, 2009: 24-25)。

在 Magnusson 看来,18 世纪和 19 世纪开始出现现代的民族国家,以取代被缪尔达尔所称的现代早期阶段欧洲"软的"国家。"当它开启各种形式的治理时,各种不同类型的地方当局发挥着重要的作用"。这已成为学术界的共识。这种以前没有出现过的更加强有力的国家"拥有各种管制和干预的手段——包括在经济领域"。而且,它是一个寻求通过服务公共利益的理念而建构其统治合法性的国家。它不服务于特殊的利益集团,它的官僚系统是称职的,且首先是诚实的。当然,就像任何一种理想类型一样,在真实世界中很难找到它的存在。实际上,"软的"国家被"领土"国家逐步替代毫无疑问地暗示了拥有调控和管制能力的更强有力的国家的建立。无论是在政治学中还是在经济学中,国家都变成了一个逐步变强的行为主体。这是在 18 世纪期间(1688 年以后)英国的中央政府实施更强有力参与经济的能力不断增加——通过有效征税的方式,持续地扩张着公共债务。这是在此基础上英国可以建立其庞大的海军舰队,从而成功地打败法国和荷兰,成为一个强大的帝国。因此,这个财政—军事国家是 18 世纪和 19 世纪英国全球能力中至关重要的因素。从长远看——如同许多人主张的——这就是最终确保英国成为经济领域的赢家和发展出一个强大的工业经济的头号国家的原因(Magnusson, 2009: 9-10)。

在 Magnusson(2009: 5)看来,这种国家与当时的工业革命有着密切的关系。"十九世纪许多统治者准备使用他们的资金、权力和影响力来投资于工业革命。致力于建立更多的工业已变成'国家利益问题'。"当然,仍有许多学者,包括外行和意识形态理论家认为,"十九世纪是一个国家去管制和引入自由放任作为政治经济学的主导原则的世纪",国家是工业革命的缺席者[①]。Magnusson 认为,斯密没有认识到机器是超越一个劳动分工原则简单扩展的东西,因而也没有认识到产业革命的影响。反倒是斯密同时代的斯图亚特认识到了机器在提高生产率因而可为更多人口提供物品上的贡献。尽管 19 世纪早期的大多数政治经济学者认识到了机器的积极作用和对经济增长的促进作用,但禁止机器出口禁令直到 1841 年才取消。当时欧洲各国在英国的间谍就是为了窃取技术(Magnusson, 2009: 6-8)。

---

① 去管制的论点同统计数据非常不符,实际上存在瓦格纳定律(Wagner Law),即长期的经济增长导致公共支出占 GDP 的比重上升(Magnusson, 2009: 16)。

另外，艾伦（2012年，第7页）也对自由主义学派从法律制度与产权观念的变化解释工业革命提出了批评，自由主义更青睐这样一种"小政府"，即"由议会负责监督行政机构的施政行为、保障私有权不受侵犯、确立一套充满灵活性的法律体系。在自由派看来①，工业革命的起源可以一直向前追溯到1688年发生的光荣革命，这次革命使议会至上的基本原则得以确立，同时也对皇室昔日享有的诸多特权加以有效约束，并承诺保障私有权不受侵犯。据说上述一系列法制改革有助于营造一种刺激投资活动转趋活跃的良好氛围，于是工业革命遂应运而生"。艾伦（2012年，第7-8页）指出了这种解释的缺陷：

首先，Clark（1996）、Epstein（2000）、Quinn（2001）、Goldstone（2003）等对银行业发展史和利率波动史进行的研究并不能证实该领域在1688年后出现过任何结构性的巨变，因此投资环境大为改善一说至少不能从金融层面加以佐证。其次，至于私有权的安全性，无论在法国也罢，在英国也罢，甚至如果中国可以列为比较对象的话也算在内，其实都差不多（Bogart，2005a；2005b；Hoffman Postel-Vinay and Rosenthal，2000；Pomeranz，2000）。另外，Rosenthal（1990）、Innes（1992，1998）、Hoppit、Innes 和 Styles（1994）等认为，法国恰恰是因为私有权观念牢不可破而深受其害，例如普罗旺斯地区如果能早日修建一套灌溉工程的话将会受益无穷，但是这样的一套造福民生的工程却迟迟不能动工；在英国，如果私人不同意国家征用他们的私有圈地，或者不同意建设中的运河、隧道等工程穿越他们的私有圈地，英国议会为保障工程顺利推进可以依照相关私有权法案剥夺私人对特定圈地的所有权；而在法国，类似的法律制度却并不存在。Hoppit（1996：126）认为，一直等到法国大革命胜利以后，地方自治权遭废除，权力完全由国民议会集中行使，酝酿已久的各种工程才得以陆续兴建。相比之下，英国已抢在法国之前率先完成了这样一种集权的过程，光荣革命本身意味着，"1688年前，中央集权仅属特例，偶尔为之，但此后将成为常态，随便行使。"此举最终导致英国的税率高于海峡对岸的欧洲大陆地区（艾伦，2012年，第8页）。

Magnusson（2009：11）对后建构主义者的经济政策与治理历史的学术文献，例如 Rosenberg 和 Birdsell（1986：145）提出的19世纪上半叶逐步出现的一种从

---

① 具体内容参见 North 和 Weingast（1989）；De Long 和 Schleifer（1993）；LaPorta（1998）；Acemoglu、Johnson 和 Robinson（2005）；Greif（2006）及 Menard 和 Shirley（2005）。

17世纪和18世纪的欧洲的独裁的专制国家向着自由化趋势演进的判断提出了批评。Magnusson认为，这是对19世纪真正所发生的情况给出了一个带有极端偏见的解释。"是的，大部分西欧国家当时是废除了许多旧的管制框架，但这不是去管制而是再管制，不是最小国家的建立，而是：首先国家继续在经济领域发挥积极作用，而且逐步变得更加有力和有效的玩家。通过去除了'软'国家许多特征，它才能够增加其权威和权力基础。守夜人的国家经常被描述成知道其干预会扰乱市场的自由竞争因而自愿选择不干预经济的国家。当新古典意识形态理论家在寻求最小国家的历史解释时，他们总是提到19世纪（直到1880年）这个不受管制的自由国家。当然他们中的大多数也同意，国家的这种理想类型在实际的历史中从来没有真正出现过。但是许多人依然认为，工业革命时代存在着一种建立这样一个最小国家的清晰的发展倾向。"Magnusson（2009）对此表示怀疑。他认为，这是新管制取代旧管制，不同的社会利益集团推动着变革，旧的精英集团如军队、官僚体系甚至贵族依然在位且较以前变得更强势。辉格派的历史叙事强调了斯密和古典政治经济学在经济和政治领域的影响，并从英国扩散至其他欧洲国家。特别是在英国，1820年更加自由的关税体系的出现，1846年废除谷物法和之后废除航海法也经常被视为是应用斯密主义（自由）思想的直接结果。然而这种论断已经受到来自经济史学家Boyd Hilton（1972）的猛烈批判。对1820年、1830年、1840年英国经济政策的制定来说，比自由主义思想更重要的是更加世俗和平凡的议题，如爱尔兰的谷物短缺、糟糕的国家预算和国际贸易条件（经济萧条的危险）。可能的事实是，没有Richard Cobden和曼彻斯特学派的鼓动，谷物法的废除将会是不可想象的。另一方面，1849年废除航海法时的争论似乎一直采用的是一种实用主义的态度，而主要的经济学原理只起到了微小的作用。另外，欧洲大陆国家在19世纪中叶之前废止基尔特和其他限制，或减少国际贸易的关税等，是否斯密主义观点发挥了作用也是值得怀疑的。尽管斯密在19世纪早期就已被英国之外的许多人熟知，但他却经常不被视为是极端的自由贸易者和自由放任的理论家，他后来可能才变成这样。在瑞典和德语国家，斯密更多的是因为他对重农学派的批判和他支持工业（而不是商业或农业利益）而不是他的自由贸易和管制的观点闻名。当时的德语国家、斯堪的纳维亚和俄罗斯等流行的是官房学传统的产物。Dennis O'Brien（1975：32）说道："仔细研究《国富论》显示，斯密对政府的观点并不像第一眼似乎显示的那样负面。"古典政治经济学在许多方面比一度被认为的更偏爱国家干预和社会改革。例如，Robert Torrens 和 Nassau Senior 也灵活对待重商主义者的观点。"总体看，十九世纪早期的经济学者在对待政府的问题上采取的是一种相当实用主义的立场"（Magnusson，2009：12-14）。

在笔者看来，Magnusson 就理论对政策的影响力的判断基本上是正确的，因为没有哪位政府决策者会依据理论来制定政策。但就自由化趋势来看，在 19 世纪中期的英国无疑是真实的。生活在当时的李斯特就认为，"拿破仑时代过去以后，英国竞争势力，原来其活动只限于走私买卖的，这时在欧洲和美洲却又站稳了脚步。这时我们第一次听到了英国人反对保护政策、拥护亚当·斯密的自由贸易原则的论调，这些讲究实际的岛民以前是把这一原则看成不可实行的幻想的"（李斯特，1997 年 b，第 70 页）①。但到 1885 年，李斯特著作的英译者劳埃德又认为，亚当·斯密的自由贸易政策已由英国实行了将近 40 年，尽管"还没有博得任何其他文明国家的好感"。劳埃德认为，李斯特提出的原理"所以在今天还值得加以考虑，其间具有特别有力的两个理由。首先，我们很有理由可以相信，这些论点直接促成了世界上两个大国德国和美国的商业政策；其次，这些论点对保护制度原则提供了确定的科学基础，虽然在英语殖民地奉行着这个原则，在英国有不少事业经营者和商业经济学者信守着这个原则，但迄今为止，英国作家对于这一原则的阐述还只是局部的，不够完整的"（载李斯特，1997 年 b，英译者序：第 1-2 页）。"在英国有些人对李斯特论断的一部分或全部是准备接受的，这些人在我们国家或者还不在少数"（李斯特，1997 年 b，英译者序：第 2-3 页）。如果说劳埃德的感受真确的话，那么 19 世纪后半叶的情况则不能证明 Magnusson 的观点错误。下面我们简要考察 19 世纪德国和美国的情况。

就民族（国家）主义与德国的特殊发展道路而言，总体上是重商主义模式。李斯特的《政治经济学的国民体系》被普鲁士德国崛起时的重要功臣俾斯麦当成阅读书籍并赞成其中的很多观点（格林菲尔德，2004 年，第 283 页），很容易让人想到第二帝国在 19 世纪后期所采取的关税保护措施有着李

---

① 李斯特（1997 年 b，第 69-70 页）对拿破仑"这位伟大的天才"给予了很高的评价，认为他"清楚地说明了他同时代经济学家所没有看到或者没有明白表达的一个事实，即一个能够把自己的工业与农业力量结合在一起的国家，比较一个单纯的农业国家，在完善程度上，在富力上，不知要超过多少倍。拿破仑树立了并促进了法国的工业教育，提高了国家的信用，采用了许多新发明与改进的操作方法，改善了国内交通运输设备……"

斯特学说影响的痕迹。更为明显的例证是，李斯特的工业体系论述和推动对德国后来乃至现在制造业的发达有明显的关联和举足轻重的影响。由此人们对德国人将李斯特视为其民族英雄也就不再惊奇了。从罗雪尔的教科书长期作为普鲁士官员的培训教材也可以看出历史学派的思维观念对政策制定和执行者的影响，而理性化的普鲁士官员一直被视为是德国现代化的主要推动力量。或许具有讽刺意味的是，人类现代文明标志的现代社会保障体系诞生于俾斯麦主导的专制的第二帝国，这是新历史学派主导的社会政策学会的主张和建议。很明显民族（国家）主义的保守政策倾向所倡导的"自上而下"的现代化之发展道路，造就了德国崛起的特殊道路（Sonderweg）①。

德国的国家主义大体上与其现代化同步发展，相互推动。国家在德国特殊的经济崛起道路的作用可解释为：首先，国家提供秩序，即阻止掠夺和恐惧，这是一种善行，反映了德国历史观中国家的道德化身。没有国家提供的这种秩序，经济的起步和稳定发展就无从谈起，即使到当今社会，这种秩序依然要靠国家来维持。其次，国家在工业化过程中扮演着重要的角色。经济发展初期，面对强势的外国商品的竞争，国内资本匮乏，竞争力低下，国家的对外保护与内部支持必不可少。工业发展需要经济自由，而要实现经济自由，必须要有适当的立法和行为，要依靠国家的力量才能进行（李斯特，1997年b，第143-152页）。同时国家关注弱势群体，提供教育和就业培训，建立社会保障体系，有助于培养国民的国家忠诚感，提高国家渗透社会并组织社会关系的能力，可使国家在出现国内社会矛盾时能和平地加以处理。没有国家能在缺乏国民的爱国心的前提下能保持持续的经济发展。这一点无论是发达国家崛起的历史经验还是当前中国的现实情况均可加以证实（胡明，2008）。

就美国的情况而言，非常熟悉美国的李斯特认为，"一切工业都垄断在祖国的手里，这一点就是美国革命主要原因之一"（李斯特，1997年b，第88页）。"亚当·斯密和萨伊会断言，美国'就像波兰一样'，注定是应当经营农业的……但是他们的理论与事实并不符合，他俩所提出的有力证据的正确性与

---

① 特指德国崛起在历史结构和历史进程、历史环境和历史经验等方面都区别于一般所谓的"西方式"道路。该理论在德国史学界引过长期的争论。尽管早期对"特殊道路"的评价是积极的，但"二战"后它却成了解释"德国灾祸"的理由，其中的主要原因是德国没有建立起西方式的议会民主和内阁政治，而采取了以非议会制为特征的君主立宪制度，保留了强有力的中央集权式的传统（徐健，2005年，第5页）。

适应性不久就完全丧失，这一学派在事实演变之前感到懊丧，这是无法避免的，美国寻求国家幸福前途时所遵循的方向与绝对自由贸易原则恰恰相反，这个学派不得不眼睁睁地看着这个事实"（李斯特，1997年b，第91-92页）。汉密尔顿的贸易政策在19世纪20年代付诸实施，但此后的30年里关税问题始终是美国政治紧张的缘由。林肯时代的内战爆发开始提高关税，直至"一战"前，美国的工业品进口关税一直保持在40%~50%，是世界上关税最高的国家，但也是经济发展最快的国家（张夏准，2009）。贾根良（2011）认为，保护主义和内向型工业化道路是美国经济崛起的秘诀，美国学派为之提供了由"生产率立国、保护性关税、国内市场、利益和谐与国民银行"构成的一整套国民经济学说和政策方针。

三、20世纪东亚的崛起：发展型国家的理论与实践

从上述分析来看，重商主义的政策实用主义不仅在荷兰、英国，而且也在德国和美国的发展过程中体现了出来。古勒维奇认为，这些都是柯尔贝尔主义（Colbertism）的表现形式（它代表着17世纪法国国家引导市场增长的标准说法）。在古勒维奇的眼中，当代日本也是这种模式的典型体现，并为其他的亚洲国家和地区做出了榜样，尤其是东亚国家和地区（NICs）（古勒维奇，2009年，第10页）。Amsden（1989）对韩国以及Wade（1990）对中国台湾地区根据效率原则讨论了工业政策的经济合理化，是一个提升市场协调、降低交易成本、提高动态效能的有效途径（禹贞恩编，2008年，第31-32页）。欧树军、王绍光（2017）探讨了新加坡将行政效率"作为国家能力建设组成部分，讨论发展行政效率的目的及其与人民福祉之间的关系。同时，这种行政效率的发展还与政党合法性与执政能力挂钩"。他关心的是："具体的国家建设问题"。在欧树军、王绍光（2017）看来，新加坡在"独立自主"精神指导下进行的国家建设运动有点类似于中国从革命经验中总结出来的"独立自主，自力更生"原则。Chalmers Johnson将东亚发展置于"后发展"及革命民族主义的背景之下，将中国共产党的领导理解为一种民族主义的运动，是日本入侵东北、中国人生活剧烈重组的结果（禹贞恩，2008年，第8-9页）。

笔者认为，从上述德意志特殊发展道路的分析来看，适当利用民族主义有利于促进现代化的进程。普鲁士德国的经济生活按照民族国家的需要来塑造，

国家"自上而下"的现代化发展道路同20世纪60年代以来东亚各国和地区的发展道路有一定的亲缘性，都是国家强有力的干预主义的唯发展论模式或可发展国家理论[①]（胡明，2008）。同样这种模式与中国过去30年的发展具有一定的同类型特征。古勒维奇（2009年，第10页）就认为，现在中国正在形成一种柯尔贝尔式的版本，其"增长结果蔚为壮观"。"今日的中国接过了重商主义领导者的火炬……中国的经济奇迹很大程度上是由积极的政府创造的，政府扶持、激励并公开补贴国内外的工业企业"（罗德里克，2018年，第136页）。对此，笔者认为，当今对中国是否是重商主义国家并不重要，重要的是要在重商主义国家干预的事实基础上，构建国家干预的理论基础，才能准确判断中国经济增长的实质。中国经济近30年来的高速发展是国家主导下的经济发展过程，这不仅体现在国家自上而下发动了这场改革，而且也表现为国家主导了这一过程（虽然这也是一个渐进的市场化过程）。运用主流的新古典经济学似乎并不能有效解释这一发展历程。虽然按照这种理论的说法，中国30年来的经济增长无疑是市场逐渐发挥作用的结果，但实际上政府和国家在中国经济发展中扮演了非常重要的角色，甚至在可以预见的将来这种作用依然不会消失。相反历史学派认为，在经济发展的赶超阶段，特别是在工业化过程中，国家或政府应该发挥着重要作用。在这一点上，中国的确类似于德国的工业化模式，重商工业，发展商业，告别传统中国社会强调以农为本、工商为末的"强本抑末""重农抑商"的政策[②]。从这个意义上说，古勒维奇等的判断并没有什么错误。

第二节 关于国家干预的争议

对于上述历史中的国家干预，英国的古典及新古典经济学与重商主义、历

---

① 唯发展模式是指政府在市场经济的基本框架内通过强有力的管制和行政性指导，抑制消费和促进资本高积累（速水佑次郎，2003年，第261-262页）。可发展国家理论强调国家在引导经济发展方向方面必须起到核心作用，必须领导市场而不是跟着市场走（吉尔平，2003年，第348页）。

② 这种"强本抑末""重农抑商"的政策不仅在《国富论》中遭到斯密的嘲讽，也与司马迁《史记·货殖列传》中所说"夫用贫求富，农不如工，工不如商"的思想（却从未入中国传统社会的主流）不符（吴敬琏，2009年，第96页）。

史学派及20世纪80年代兴起的发展型国家理论给予了不同的回答,争论沿着自由主义和国家主义的观点走向两极分化。当然,在经济学界支持市场的观点一直占据主流地位。按照科利(2007年,第7-9页)的总结,主张自由主义观点的主要是一些负责发展政策的经济学家和实际操作者,如 Anne Krueger(1974)、Deepak Lal(1983)和 World Bank(1991)。而主张国家主义观点的主要是研究发展问题的跨学科学者,如 R. Wade(1990)、A. Amsden(1989)、P. Evans(1995)和 M. Woo-Cumings(1999)。

一、自由主义的反干预观点及争议

科利认为,支持市场的观点有两个核心主张:第一,主张经济开放。经济越开放越有竞争力就越能通过更有效地调配稀缺资源产生更高的生产增长率。第二,主张自由放任。国家对经济的干预必然引发市场扭曲,从而破坏经济增长。虽然前者更值得重视,但科利仍强调,需澄清国家干预对促进出口的重要性及出口与增长的因果顺序问题。他认为,大多数证据表明,后工业化开始于贸易保护,同时没有证据表明在发展中国家减少政府干预会加快工业化进程。正相反,有证据表明,以增加投资利润率为目的的国家干预与快速工业化有很强的联系。特别是东亚,关税、补贴、信贷控制、人工培训、技术推动以及官僚机构与私营部门的合作与监督。C. A. Johnson 谈到了日本政府部门的优先选择与官僚机构的素质。Evans 的嵌入自主性观点不仅指国家与商业集团的紧密合作,而且也指官僚精英拥有独立性,因此才能将腐败以及国家受控于私人利益的情况降到最低点(科利,2007年,第7-9页)。

当然,主流的新古典经济学也并非完全地反对干预,例如本书前文提到的新古典福利经济学就主张,为纠正市场失灵,国家干预有时是必要的。例如一百年以前,马歇尔就主张,市场失灵所产生的福利损失可以通过国家最大化全社会福利政策加以平衡(转引自 Magnusson,2009:17)。然而这种反市场失灵的干预逻辑受到了两种反对意见的批评,即一是交易成本的政治经济学。例如,Avinash Dixit(1996)就认为,使用市场失灵作为干预市场的指导原则并非是件容易的事。首先,很难确定什么是市场失灵,其次,事先计算公共干预经济的事后结果是有风险的。政治决策领域由于不确定、复杂性、信息问题、机会主义和资产专用性等会产生交易成本。给定这种约束条件下，政策措施的分析必然需要包括政策目标和政策结果之间的差异。这种差异的原因是由契约的不完善所构成。总体上政治契约比经济契约更不完善，这是因为在政治领域交易成本高。原因可能是许多政治契约的长期特征。契约不完善可产生一个给定规则运作方式的大的变化。而且这种含糊性可以被某些参与者操控以达到其自身的目的（Magnusson，2009：17）。在笔者看来，政策制定本来就需要收益成本分析，需要视市场手段和干预手段的具体实施的成本（包含交易成本）与其最终收益（包含各种外部性）而定。这不仅是韦伯，而且是科斯（见前述科斯批判庇古部分）的要求。故这种批判在笔者看来并不新鲜。

另一个反对观点是公共选择学派。这个"学派"更愿意主张，在很多情况下的"市场失灵"是一个国家干预的借口，被事实上用来达到另外更危险的目的。为赢得大选的政客为满足强势利益集团的利益而设定管制。自利的行为主体利用管制为"捕获"垄断利益。总体上国家被公共选择学派视为是自利和理性最大化的个人组成的集合体。寻租行为在管制秩序形成中是关键。利益集团间的竞争在选择特殊政策行动的过程中是至关重要的。这些情况在历史中都可能发生。对此，Magnusson（2009：18）认为，公共选择理论的最主要缺陷之一是利益集团经常被视为是拥有稳定偏好的行为主体，一个重要的基础性假设是在利益集团中的行为主体们知道并了解他们自身的利益（Krueger，1996：173）。社会学家和政治科学家则反对这种假设，而是主张为了解不同国家管制的兴起，利益集团偏好的形成与后来的变化是至关重要的利益。在笔者看来，用寻租现象来解释政府干预也不新鲜。早在斯密时代，他就将重商主义政策视为是"贪财的国会"被收买的结果。这种解释虽有真实的一面。但并非全部的事实，更何况忽视了决策者出于国家利益的考虑而采取的行动。就如格林菲尔德（2004年，第46页）所言，早期英国的对外贸易主要由汉萨同盟的商人主导，最后基于民族利益的考量而交由英国本土商人控制，如果这仅有助于英国商人利益的话，那么对英国女王和议会就没什么好处，用寻租理论无法解释这一点。很明显这符合英国国家的"客观"经济利益。

Magnusson（2009：18）认为，理性和抽象理论的问题是，它们仅能给我们提供一个一般的起点。通常历史事实太过复杂不能基于任何简单化的理论模式来解释。例如"市场失灵"可能意味着许多不同的东西，在一个时间段被认为是失灵的而在另一时间段却可能被视为是正常的市场行为。在笔者看来，不能基于抽象的理论而直接提出政策，否则就犯了"李嘉图恶习"式的错误。

二、国家主义的干预主张

当代主张国家干预经济的国家主义观点主要集中于发展型国家理论。发展型国家的概念，在禹贞恩（2008年，第5页）看来，可以追溯到德国学者和重商主义。他认为，重商主义是一种注重实效的适应形式，一种有关经济活动的理论，而不是经济要如何运行的理论。Perry Anderson 就认为，"准确地说，重商主义是一种政治国家一贯干预经济运行的理论，这一理论将繁荣与权力的利益结合起来了"（禹贞恩编，2008年，第5页）。

当然，对于发展型国家的标准，并没有一致意见。例如 Chalmers Johnson (1982) 建构了一个有关干预主义国家的韦伯式的理想类型，这种发展型国家既非社会主义类型（被描述为计划—非理性的国家，所有权和管理都掌握在国家手中）也非自由市场类型，而是一个完全不同的国家类型，即计划理性的资本主义发展型国家，兼有私人所有权和国家指导的属性（禹贞恩，2008年，第2页）。施耐德总结了四项"发展型国家"特征：第一，政治资本主义，利润和投资取决于国家做出的决策；第二，发展主义，国家干预促进工业化；第三，政治上排斥民间部门；第四，官僚制，亚洲的韦伯式官僚和拉美流动而虚弱的官僚制传统是两者的主要区别，而前三项基本相同（禹贞恩，2008年，第16页）。埃文斯认为，典型的发展型国家乃是一个触角伸入社会但又能保持其整体性的怪兽（禹贞恩，2008年，第18页）。罗瑞奥克斯认为，应将发展型国家视为一种道德抱负，是国家运用干预性权力引导投资的规范性或道德抱负的体现，这在某种程度上推进了民族经济的团结性想象（禹贞恩，2008年，第28页）。张夏准根据新制度经济学将发展型国家视为能够认真对待长期增长和结构变迁的目标，有能力根据在全球市场地位中保持竞争力的变化要求调节自身，并为教育基础设施和研发工作提供支持（禹贞恩，2008年，第31-32页)。而科利的发展型国家则以凝聚力政治为特点,拥有集权和目的明确的权威结构,因此往往能够深入社会内部。基于各种历史原因,这种国家倾向于将快速经济增长与国家安全等同起来,因此使前者成为国家的工作重点。同时国家与生产者或资本集团的紧密联盟必然导致国家对劳工的严密控制(科利,2007年,第12页)①。

基于以上观点,笔者认为,所谓的发展型国家总体上承继了重商主义或历史学派的国家经济学的特征。下面重点以科利(2007)的观点,简要阐述一下带有国家主义色彩或以国家为中心的发展型国家理论。

在科利(2007年,第6页,第7页注释1)看来,有些发展经济学家,如Hirschman(1981)和Krugman(1992,1993)指出了后开发地区的市场缺陷严重以至于需要国家干预和进口替代来推动发展,但他们在赋予国家福利最大化角色的同时却又没有很好地理解国家可能在什么时候扮演这个角色、怎样扮演这个角色。另外,经济增长理论认为更高的投资率导致更快的工业化速度没错,但没有解释为什么投资率会更高(2007年,第432页)。科利还认为,凝聚性资本主义国家的称谓能够更好地把握国家独立的政治特性,其在一些组织和阶级特征上与法西斯国家有相似之处②。其经济体系以发展某种形式的国家社会主义为目的,政府扮演积极的角色以控制经济,渴望成为某种公司式的国家(科利,2007年,第12-13页及注释)。科利以抽象的形式总结凝聚性资本主义国家的特征是:最高领导层将快速经济增长等同于国家安全,高度集权的公共权威可以深入社会,政治社会为国家所控制(虽然国家与资产阶级是亲密的同盟者),高度干预的国家拥有一个高素质的经济官僚机构等(科利,2007年,第14页)。

科利认为,后开发地区的有效力国家一般创立于工业化经济崛起之前。这是因为以支持投资者获取利润为主旨的国家干预已被证明是工业在后发展国家崛起和发展的先期条件。国家权威的模式,包括国家政治如何组织以及国家权力如何运用,对私营经济决策所需的经济环境起着决定性的作用。因此,国家

---

① 科利认为他的研究是国家主义文献的一部分而明显有别于新古典经济学,同时也因对国家在工业化中的促进作用和阻碍角色进行历史性和政治性分析而有别于现存的国家主义对发展的解释(科利,2007年,第9页)。

② 当然,科利希望寻找既能获得凝聚性国家的制度优势,又能避免沾染上常与之相伴的接近法西斯主义的特质(科利,2007年,第493页)。

权威模式对于理解工业化的不同速度和模式至关重要。国家权威的模式则体现出一种长期延续性（2007年，第2页）。

在国家类型与工业化模式方面，凝聚性资本主义国家对高速增长的单一追求与私人企业家对利润最大化的需求相重合，国家与私人联盟是镇压[①]与利润的结合，国家变成了类似政府主导的股份公司，目的是建立在国家名义的经济增长。通过精心设计、持续、全面实施的国家干预促进贸易与工业发展。利用资本、劳工、技术甚至帮助孕育企业家精神，如减免税、辅助性公共投资、银行信贷，甚至通过通货膨胀将资源从农业和城市劳工转移到私人工业家手中。镇压使私人投资者很容易获得便宜、"灵活"和有纪律的劳工，投资教育和研发促进技术进步或通过与外国企业协商带来技术转移（科利，2007年，第15页）。当然还有以提升国内需求为目的的关税与汇率政策。成功的凝聚性资本主义国家都是现实层面的——经常是无情的——资本家支持者，远胜于在意识形态层面对市场的纯粹支持，如朴正熙治理下的韩国和新状态时期和军政府时期的巴西均是如此（科利，2007年，第16页）。在这种国家，国家努力使整个社会的强制力量、组织力量、动员力量和经济力量汇聚一处共同推进经济变革。科利把工业化过程比喻成驾驶战车，国家和企业家就可以被看成是拉马车的两匹马，如果两者不但强壮且向同一方向奔驰，战车就会走得快。否则社会的权力资源就被浪费，战车不会平稳前进，也行不远。他将国家的意识形态、组织和将权力移植到社会结构之上的方法视为国家政治能力的更深层决定因素。意识形态帮助国家定义领导层的工作重点，这种工作重点反过来影响那些可能支持国家的人。至于国家政治组织模式，公共权力在上的权力集中层次以及向下的社会深入程度随国家的不同而不同。对于国家同利益集团的联系，可以形成严密或广泛的利益联盟，使其或多或少制度化。政治权力与经济权力相互增强，共同将社会快速推向国家定义的目标。这种联盟必须要加以管理，否则会是国家的注意力和资源从集中追求增长目标转向别处。故需要使政治反对力量降低到最低程度（科利，2007年，第24-26页）。

[①] 格申克隆也认为，"为了打破落后国家的停滞障碍，为了点燃人们的想象，为了使他们的能量服务于经济发展，需要比那些更好资源配置或甚至更低面包价格的承诺更硬的手段"（科利，2007年，第492页注释）。

三、总结性评论

如前所述，主流经济学领域没有严格意义上的国家研究①。同样，新制度经济学，除诺斯外（但诺斯对国家的心态是矛盾的），也是如此。他们通常以清晰界定产权来定位国家职能，总体上对国家干预给予了负面评价。这种观点就遭到史学界、社会学和政治学界的批判。"遍及全球的反国家心态就是（资本主义）危机的一个主要症状……只要有众多的国家存在，资本主义就需要强化国家结构，不是像虚夸不实之辞所说的那样，要削弱它"（沃勒斯坦，1998年，第一卷，中文版序言、第 1-2、173 页）。② 由于集体代理成本的存在，一个联合起来的垄断者（国家）在提供公共品方面较多个分权的垄断者更为有效，后者出现的"囚徒困境"以及共同受损的制度无人能打破的协调困境③，都需要一个中央权威的存在。因此他认为，克服分配冲突和解决反复出现的协调失灵的能力将成为决定公共绩效差异的最重要的因素。同时，他也将从封建制度向资本主义制度的转型和前现代的发展型国家理论（White，1988，转引自爱泼斯坦，2011 年，第 16 页）结合起来进行研究。卡岑斯坦认为，"对政治重要性的强调是新古典经济学家经常忘记的一个重点。资本主义市场其实是由政治构成的，离开了国家和政治就无法了解市场。"（Katzenstein，1990：172，转引自维斯、霍布森，2009 年，第 264 页）。当然还有社会学者坎贝尔和林德伯格（2009）等也谈到了国家对市场的重要作用④。

双方的争论很大程度上是关于经济政策的争论。这种争论其实意义不大，原因在于本书前文的讨论，即政策的选择很大程度上取决于政策效果的评估。如果政策干预能达到决策者的目标与意图，就是好政策。在这种情况下，本章

---

① 诺贝尔经济学奖得主阿瑟·刘易斯曾说道："对'增长引擎'的任何全面理解都离不开一个基础，即'一个有关政府的理论，其中政府既是问题之源又是解决问题之方'。"（转引自科利，2007 年，第 3-4 页）

② 爱泼斯坦认为，沃勒斯坦的欧洲早期崛起的国家在重商主义时代就能建构一个专业化分工的"世界体系"的观点值得商榷（爱泼斯坦，2011 年，第 5 页）。

③ Acemoglu、Zilibott（1997）也强调了协调失灵对于前现代增长的重要性，但却没有讨论怎样克服它们（爱泼斯坦，2011 年，第 13 页注释 1）。

④ 例如 Fligstein（1996）认为，现代资本主义与现代国家密切相关，市场的形成是国家形成的一部分（第 657 页）。另外，治理转型中国家角色的分析说明，市场的存在并不是自然和不可避免的，它也不是必然要早于其他的治理形式（如国家、文化和技术进步等）（坎贝尔和林德伯格，2009 年，第 322 页）。

第一节所讨论的历史事实本身就已经证明了政府干预的正当性,即为促进国家的经济增长、解决就业,权力当局必须要有所行动。

在此需要警惕的一种观点是,反对新古典自由放任政策的理由在于,新古典经济学的国家与市场二分法存在问题。这种观点认为,在新古典的世界里,先有社会或市场,其后才出现国王、统治者和国家。出于分析的目的,新古典学者基于自然法哲学或功利主义的理念,从市场交易主体的个人角度建构了一套市场能够自我维持均衡的理论。在这种框架下,权力当局出于不同的目的(主要是利己主义)干预市场,会扰乱市场,导致资源的最优配置受损。Magnusson(2009:18)怀疑这种方法在讨论持续的经济干预问题时是不是一个能产生良好效果的分析起点。他认为,实际上所有真实世界中的市场和政治经常是以复杂的方式混在一起,市场的起始和运作是被经常变化的特别的游戏规则掌控着。在此,笔者并不认同这种观点,原因在于,新古典不仅把市场(社会)与国家二分,而且还把理论与政策(事实与价值)二分。所以,不能将对政策的指责追溯到对理论的指责。应将新古典的分析性成果与其动机或政策主张分开。当然笔者赞同 Magnusson(2009:18)的以下观点,即18世纪和19世纪正是从一种管制的理想类型,如弱的、"去中心化"的碎片的国家,转向现代的和领土的国家,在这个转型过程中,干预手段和规则也不断变化,以一种特设的方式,不断地"干中学"试错。

当然,笔者也不能认同制度经济学者的市场和管制二分法已过时的说法。制度经济学者认为,几乎不存在"自由市场"这样的东西,市场是人为的建构。因为特殊的目的市场是被管控的。市场也是历史的构造物,是有路径依赖的,并且不同市场的调控程度不同。如铁路等半公共领域、美国白糖行业的长期管制传统等;尽管市场不能单独发挥作用,但政府干预也未必总是有效。其成功取决于国家想要做什么以及甚至更重要的,它是否能够正确地实施其政策(Magnusson,2009:15)。

在笔者看来,将市场与国家管制二分,出于分析的需要是正当的,与其真实的起源并不直接相关。相反,制度经济学者依赖于真实世界的分析(特别是历史分析),却并没有建立起一套严格的理论体系,尽管他们的研究是有意义的和实用的。这一点同样适用于发展型国家理论。他们的跨学科研究同样是实用性的。例如,科利(2007年,第493页)就认为,关于后开放地区的政策讨论应放弃国家与市场的二分法,因为两者共同促进。站在实用主义的制定政策角度看,这种要求是合理的,因为制定政策必须着眼于真实的世界,现实世界中国家和市场的确是相互促进的。但从理论建构的角度，则是不合理的，理论分析必须抽象，必须要简化。

当然，实用主义的发展型国家研究，正确地指出了需要政治经济学者认真关注的事实。例如，格林菲尔德（2004年，第30页）就认为，只有当经济成就、竞争力和繁荣被界定为正面的和重要的民族价值时，民族主义才能够积极地促进该环境中的经济增长。早期英格兰的经济民族主义专注于民族的共同利益，而英格兰个体民族成员的利益被视为从属性的（格林菲尔德，2004年，第32-33页）。斯密的思想充满着对民族理念的欣赏，民族主义赋予他灵感（格林菲尔德，2004年，第40页）。而被斯密批判的重商主义者托马斯·孟及其后来追随者在讨论经济问题时都是从可能给英格兰带来的利益出发，以求提高民族威望、加强政治和军事力量（格林菲尔德，2004年，第53页）。这种对国家利益的追求从来就没有消失过。美国奉行"党争止于大洋岸边"（Partisanship stops at the water's edge）的传统就是其永远的国家利益至上的体现①。欧树军、王绍光（2017）认为，"脱离了国家去想象一个理想社会，想象一种绝对的个人解放无疑是镜花水月。……在帝国史的框架下，国家仅有一个"（殷之光，2017年）。国家不仅存在，而且还是有生命力的。金德尔伯格认为，"国家的经济生命力要经历类似个人生死的周期"（2003年，第4-5页），"国家向个人一样，在效率、完美和财富、威望之间进行选择和替代"（2003年，第9页）。

因此，重要的不应该是国家该不该干预的问题，而是如何解释成功干预背后的理论构建问题。历史学派的悲剧在于，即使他们成功地影响了当时的经济政策，却由于"他们的努力没有产生一条名副其实的规律"（罗宾斯，2000年，第95页）而失败。本章分析的历史事实需要经济学界给出符合严谨的经济学方法论的理论解释。当然，现今中国经济的成功也离不开中国政府的有效推动，这更是要求经济学界的理论阐述。"我们不能够（一个决定论者或许认为他能够）推断未来；我们所能做的，经济学家在任何时候所能做的，乃是推测那些或多或少可能发生的事"（希克斯，1987年，第10页）。这是理论家的工作，但我们不能仅依靠新古典基于社会层面的市场经济理论，也需要基于国家层面的政治经济学理论。

---

① 美国人说的"I love my country, but I fear my government."表现出的爱国主义（民族主义）是明确的，担忧政府只是针对国内而言。

第九章 复兴政治经济学：回归前古典

因为斯密的错误，他将社会层面的研究等同于国家层面的研究，将社会经济学等同于政治经济学，一旦社会经济学被简化为经济学，政治经济学就变身为"四不像"的物种，人人皆可使用，但是用的方式和对象又不相同，造成了混乱。这完全是色诺芬（含柏拉图）式的错误，当亚里士多德在其政治学中反驳这种错误时，又为经济学与政治学之争埋下了伏笔。从柏拉图和亚里士多德的争议开始，特别是亚里士多德的一些模糊论述开始，就注定了。不仅亚里士多德经常将家庭（大地主）和城邦放在一起讨论，而且斯密和穆勒（2012年，第106页）也常常将政治经济学视为政治学的分支。从方法论的角度讲，古典学派和奥地利学派的个人视角，前古典及历史学派的国家主义视角，不同的理论与政策主张也就注定了。

而孟克列钦、斯图亚特继承的亚里士多德意义上的政治经济学从经济学中消失，而且只能流落到政治学中。尽管20世纪政治经济学在亚洲取得了成功，但不幸的是，历史学派的衰落和凋零，其思想更多地被政治学界吸收，以致造成了目前的困境，不能解释国家在经济学中的作用。这不仅对经济学造成了长远的伤害，而且也造成了跨学科的混乱，不仅经济学中依然存在各种政治经济学学说，而且在政治学领域，也存在不同的政治经济学流派。现在应该到了正本清源的时候了。

首先，经济学当然不能仅局限于新古典经济学（这并不是否定其科学性，而是提倡经济学的开放性），还必须包括熊彼特（1991年，第42页）所坚持的国家经济学（即德国语境中的政治经济学），因为没有一个理论体系能解释所有的经济现象。站在宏观经济学的角度看，萨伊（2014年，第8页）对重商主义者的批判是错误的，原因在于他没有认识到宏观问题与微观问题的不同。斯密加总后的储蓄与投资自动趋向均衡（又被称为萨伊定律），斯密在宏观领域的革命（即利益和货币的宏观经济的自我调节机制）（Hutchison，1988：375），却最终否定了宏观经济学，因为"所有商品的过剩是不可能的"（穆勒，2012年，第54页），所以古典或新古典观点导致了宏观问题被忽视。裂痕起因于重商主义不能被古典经济学家，尤其是不能被亚当·斯密所理解（马格努松，2001年，第112-113页）。

其次，政治经济学或国家经济学不能仅局限于从应用的角度讨论经济政策，如罗宾斯所说的或如新政治经济学家目前所做的，还要讨论其基本的理论基础或原理。古典经济学恰恰因为没能为这种干预政策建立起理论基础，他们只是建立了微观领域的不干预基础。

关于如何建立政治经济学的核心原理问题。如前所述，重商主义不过是经济发展中的国家干预主义的陈旧的历史名词，其实质是政治经济学，即运用政治手段干预经济，促进国家整体的经济发展，它也是当代宏观经济学的早期形式，即研究经济增长、通货膨胀、就业和国际收支的问题。但不同于当前实证的政治经济学，重商主义的政治经济学缺少一个公理化的封闭的逻辑体系，即笛卡尔/欧几里得（Cartesian/Euclidean）式的理论体系。对于重商主义，容卡格利亚（2009年，第38页）认为，"一般而言，是直接而现实的利益，而不是理论工作，占据着支配地位"。笔者认为，如果前古典的政治经济学就是历史学派的国家经济学，那么就要回到国家经济学，建立理论化的国家经济学体系。从这个意义上说，重建政治经济学理论体系，就是要在经济学中找回国家（胡明，2010年，2014年a）。

如果说国家经济是一个体系和整体，要研究它，有两种视角和方法。一是按照亚里士多德的分析方法，从构成整体的各个部分，比如家庭研究开始，自下而上进行建构，即现在的微观经济学。但这种方法至少会产生两个问题：一则权力当局不可能存在于体系之内，而只能是外生的、不变的，这自然也就否定了权力当局干预的可能；二则这种研究只能局限于有微观主体行为导致的经济现象，例如价格，个别的消费与生产等，但一旦涉及宏观层面的国家经济的增长，整体的价格上涨，货币的供给、失业等问题，这种研究就不再灵光了。正是在这种情况下，凯恩斯基于其对古典经济学的批判引入了政府干预，但凯恩斯的框架依然是古典式的，国家是外生的，他依然没有基于内生的国家来建立完整的国家干预理论。

二是按照历史学派的整体论构建理论（尽管他们没有成功）。实际上作为一个决策主体，国家（权力当局）本身就是国家经济体系的一员，它不仅为微观交易等提供秩序和基础（当然可以外生化），而且还要对宏观经济指标负责。基于此，找回国家，并从国家权力当局行为出发，构建基于国家作为一个内生的经济主体的理论体系是可能的。

第一节　回归前古典的必要性

这样做，至少有以下优点：

一、可以克服经济学的价值观单一性问题

个人主义的功利主义尽管是可取的，但不应该是经济学唯一的价值观。前文讨论的个人主义的功利主义存在内部的逻辑不一致性，这意味着前述 Robbins（1978）的功利主义的个体主义也就存在问题。另外，家庭（消费主体）、企业（生产主体）和国家（调控经济的主体）也并非总是可还原到个人。

其实，国家（权力当局）作为共同体，也有其基本的价值选择，也应该使国家的规范性选择进入规范经济学的研究视野，成为研究对象。一旦我们接受个人会受到国家政策等外在因素影响的事实，我们也就会接受国家（权力当局）等实体也存在自身利益的事实，进而会在国家选择时，进一步增加国家间的平等、国家尊严和国家荣誉等价值选项。

古典的个体论与重商主义的整体论，或者说个人主义、社会主义及国家主义都可以在西方 19 世纪的政治哲学中找到依据，三者在理论上并非必然冲突。引入实证法哲学（历史学派）的国家主义视角，恰好可以弥补自然法哲学[①]或功利主义的个体论所造成的整体性研究空缺。按照伊格尔斯（2006 年，第 7 页）对德国历史主义伦理观的解读，"没有任何个人、制度或历史行为能够通过外在于其产生环境的标准来加以判断，而是必须依据其自身的内在价值来加

---

① 在罗宾斯看来，自然法哲学涉及某些特殊组织的神圣不可侵犯，他们的伦理原则赋予了特定的组织或行为类型以绝对的价值。而在功利主义者看来，没有任何组织、任何权力体系是神圣不可侵犯的（Robbins，1978：178）。

以判断。因此不存在可以应用于各种不同的人类制度的理性的价值标准。……兰克指出在相互竞争的世界各国间取得最大程度的独立和力量是国家最重要的任务，由此国家将能够充分发展自己与生俱来的倾向。且国内事务都必须服从这一目的。"梅尼克宣称，国家理性学说的批评者忽视了"道德不仅有普遍的一面，而且还有个体的一面，而国家在权力方面的自我中心主义的表面上不道德可以从这一角度获得道德上的肯定。因为源自一个存在（Being）的最深层特性的东西不可能是不道德的。因此，当国家追求自己更高利益——通常用权力政治术语加以解释——时，它并不是有罪的，因为通过追求这些利益，它促进了更高的道德目的。洪堡和德罗伊森向我们断言，只有在强大的国家中，自由、法律和文化创造力才能获得保证。因此国家并不纯粹是权力，而是道德的制度化身。国际冲突从来就不只是争夺权力，而是在此之上的道德原则的冲突。战争的胜利通常意味着更高的道德力量的胜利，这一点上兰克是与黑格尔的观点相一致的。"其核心在于强调经济学的民族性，即经济学的相对性，主要表现在：一则是任何一项事物均与众不同，不存在普遍性；二则是一项事物的决定性成因在于其过去，事物可根据其过去或起源来理解。从过去到现在的变化不可逆。这意味着一种前后交替的传承发展。一切历史都是发展，因此，历史主义和民族主义便可自然而然地结合起来。① 总之，在历史学派的眼中，国家既是民族精神的神圣体现，更是一个民族得以存在、发展的权威性机构。实际上，这种经济思想，在19世纪70年代以后，就是德国经济学界的主流，并深深地影响了国家的经济政策和社会发展。更多关于德国历史学派代表人物的经济民族主义观念，参见胡明（2008）。民族主义和爱国主义对内都能促进民族一体化和内部团结，强调对自己国家和民族的认同与归属。实际上从前述穆勒和马歇尔的身上都能或多或少地感受到这种社会主义和民族主义的气息。

另外，国家作为一个共同体，其伦理学是以习惯性道德为基础的。唐文明、殷迈和靳海山（2006年，第752页）就认为，（自由主义的）普遍伦理原则忽视了一个人在家庭和友谊关系中对特定他人的承诺，也忽视了对团体的承诺，这就降低了这些责任的重要性，削弱了构成社团的核心制度；普遍伦理学

---

① 一定程度上，历史学派可归属于重商主义的派系。但历史学派反映出的特殊的德国历史观和国家学说特性，使两者不能简单地等同。

只是依赖理智判断，因而忽视了伦理反应中情感和情绪的重要性；普遍道德是傲慢自大的和非民主的，它假定理智上自足的原则优于千百人世代实践中的智慧。除非道德主体有发展良好的性格特征，否则普遍原则将是苍白无力的，而性格特征只能在家庭和地方团体的习惯性道德系统中得到发展。普遍原则是第二位的道德，它依赖于功能良好的习惯性道德。自由主义对个体如何选择自己生活的权利的关注，是以牺牲公共生活为代价的；即使在个人的私生活领域，自由主义也削弱着个体对他人的承诺，家庭破裂就是其直接后果；自由原则也无法区分，哪些活动是积极的，哪些则对社会建设和公共生活有害？也就是说，自由主义的语言和理想不能培育积极的社团价值，所以它不能当作调整社会关系的指导性哲学，应把道德任务转向推进公共利益与共同的善，用共同的"善的伦理学"取代"权利伦理学"。

　　主流经济学认为，无论一个集合体有多么统一，仍不能说它有自己的思想。从逻辑上必然要求排除整体主义的意识。这种说教不仅弱化了国家的作用，也弱化了国家本身，甚至导致对国家的研究从经济学中消失，从这个意义上说，波兰德的方法论个人主义的意识形态解释可能是正确的。说到意识形态，布坎南说，公开地允许价值取向进入经济学体系，会"将所有科学内容从这个学科中驱逐出去，使讨论变为只能制造噪音的争吵"（克拉克，2001年，第433页）。这种担心是没有必要的。只要坚持价值中立原则，从国家角度建构理论，和主张法西斯主义或"党国大公司"（吴敬琏先生的用语）价值判断是两回事。这里不涉及个人还是整体哪个重要的问题。这里的国家（权力当局）的选择只是个事实问题。故而不必对追求国家干预主义耿耿于怀，这仅是经济学家认识人类社会的一个视角、一个理想类型、一种方法论价值判断（如果保持价值中立的话，就不应该据此提出具有意识形态的政策主张）。这与传统和现代无关，与高尚和邪恶无关，只与学术研究是否方便与适当有关。它的选择只说明，使用这种方法或选择这种"价值"能更好地说明资本主义发展初期重商主义的基本事实和实质。还是熊彼特（1991年，第27页）的那句话，"除非他故意让他的目的来歪曲他的事实或推理过程，我们就不能因为不赞成他的目的而拒绝接受他的成果或否认其科学性"。

二、可以解决前述理论困境，填补理论缺口

古典经济学侧重实物分析，而不重视货币分析，不重视统计分析（参见萨伊的相关论述），而重商主义者很多是行政顾问官，他们自然更容易认识到失业和产业发展等宏观问题的重要性，也重视统计分析，重视国际收支。无论古典学者如何从理论上或逻辑上证明此类问题的荒谬性，但对他们来说，问题是实在的。如果按照现在宏观经济学的标准来看，反倒是重商主义的作家更清楚地看到了宏观或国家意义上的财富的本质。政府购买的劳务（公务员等公职人员的服务）也是创造财富的。"整个而言，科学从没有完成一个逻辑上前后一致的结构"（熊彼特，1991年，第26页）。因此，需要找回国家，建立国家或政治层面的经济学体系是构造完整经济学大厦的必要组成部分。熊彼特认为，"特别是一门包括政府行动以及政治生活的机制与流行哲学的适当分析在内的经济学"，即政治经济学（1991年，第43页）是有必要的。

三、可以解释主流经济学无法解释的事实

西方崛起或宏观经济的成功很大程度上依赖于国家干预和保护主义政策。17世纪柯尔贝尔体制的功绩，18~19世纪的西方崛起时的重商主义政策，不仅是事实，而且产生了巨大的功效。另外，不仅当前美国特朗普政府的经济政策需要解释，而且中国特色社会主义经济中政府作用也需要辩护。从这个意义上说，解读当今世界经济变局的钥匙依然需要在政治经济学的思想中寻找。

第二节 结论与待研究的问题

尽管熊彼特早就指出了某些德国作家所使用的"国家经济学"一词与后来的"国民经济学"一词或后来在德国流行的社会经济学（后两者都和英国古典政治经济学意义相同）是不同的（熊彼特，1992年，第243页注释2），但这一区分并未引起学术界的注意，以至于斯密不慎使用的政治经济学术语最

终被萨伊模糊与误用,进而导致后来政治经济学领域的混乱。造成混乱的主要原因,除了经济与政治的语义混淆外①,还在于研究的理念(国家视角还是社会视角)、目的(建言献策还是学术分析、实证分析还是规范分析)、方法(宏观分析还是微观分析、理论分析还是应用分析)等方面的混淆。按照罗宾斯的观点,古典的政策研究被称为政治经济学,但如果按照罗宾斯的观点将科学与政策分开,那么古典体系的科学理论部分则不能称为政治经济学,而只能说是社会经济学。从语义学、概念基础或概念体系看,从后来的学术演变看,前古典的政治经济学才是真正的政治经济学。

如果这种观点能够成立的话,那么还可以推理出以下推论:

推论1:规范的政治经济学讨论国家应该追求的目标。在规范的政治经济学中,必须要对政策所涉及的价值判断,如公平还是效率,公共利益还是公民个人利益优先,做出决定。

推论2:政治经济学可以是理论经济学的分支。不同于罗宾斯,笔者认为,政治经济学可以成为理论经济学的分支,毕竟熊彼特也认为,完整的经济学不仅要包括商业经济学,还要包括政府的经济学,如同现在的经济学一样,不仅包括微观经济学,还应该包括宏观经济学。

推论3:政治经济学理论只能是国家干预的原理。熊彼特指责凯恩斯犯了李嘉图恶习,所以他主张把理论和应用进行区隔②。政治经济学不仅在应用领域解释国家干预,而且要为各种各样的国家干预提供抽象的理论基础。毕竟国家干预是个事实问题,而非必然是价值判断问题。尽管在现实中权力"寻租"同经济活动很难区分,但不妨碍我们从理论上将两种活动区分开来(即重新对经济学划界)。由于主流经济学自边际革命以来自我限缩,与政治有关的经济问题主要由政治学者研究,大大限制了经济学的研究。经济学只有找回国家,重建基于国家或政治干预的事实的基本原理,经济学理论体系才能完善。经济政策的最佳辩护策略是结果论,依赖于市场机制和国家干预机制的后果来

---

① 在亚里士多德的著作中,经济和政治常交织在一起。政治经济学也常被斯密和穆勒视为政治学的分支。德文 National Economy 既被中译为"国家经济",更被常译为"国民经济"。中文的"经世济民"含有"管理国家"的政治含义。方维规(2008年,第142页)认为,经济学应译为"世务学"是绝佳之选,既含政治,又有谋生之义。对此,笔者倒是有个建议,不妨将 Social Economy 合成一个词 Socianomy,或将 Political Economy 合成为 Polinomy。

② 其实 J. M. 凯恩斯非常清楚他父亲 J. N. 凯恩斯关于抽象理论和应用理论的区别,所以这一论断还可商榷。

确定。当前流行的新政治经济学,无论政治学领域还是经济学领域都属应用学科。

推论4:当前流行的新政治经济学需要区分政治经济学和经济政治学。在现实中政治经济学也和其他政治现象密不可分。经济学领域的新政治经济学研究政治过程中的失败(如"寻租")对经济的影响,这不过是韦伯谈到的政治的经济效应,应该是应用性政治经济学。而目前政治学领域的新政治经济学是古典分析方法在政治领域的应用(阿尔特和阿利西纳,2006年,第921页),但其实质是分析政治过程和问题的政治学,即韦伯所说的政治制度对经济现象的制约问题(最终出台的政策可能走样,或被利益集团绑架,而偏离了为公共利益服务的宗旨),与本书的政治经济学所探讨的政策的经济效应不同。因此用经济学的方法研究政治学问题(政治学领域的政治经济学)应该被称为经济政治学(研究利益集团为了经济利益如何参与或影响权力决策的活动)。

当然本书仅是厘清政治经济学混乱本质的一种早期尝试,仍有以下问题有待研究:

一、国家经济学与社会经济学是否是宏微观二分法前奏

无论如何,重商主义和古典主义谈论的不是一回事,一个讨论的是宏观问题,一个讨论的是微观问题(尽管并非能严格地限定)。如果个体的经济行为是社会层面市场机制的原因,因而也造就了微观经济学的方法论个人主义,那么国家选择的经济行为就是宏观总量的原因,因而宏观经济学的研究也就应基于国家选择的整体主义方法论。重商主义的国家经济学讨论的是宏观问题(尽管并非严格限定),更多使用归纳法;而古典主义的社会经济学谈论的是微观问题,更多使用演绎法①。如果前古典的国家经济学与古典的社会经济学代表了当代宏微观二分法前奏,那么该如何将古典的演绎法应用到当前的宏观经济学中仍有待进一步探讨,让宏观经济学不仅使用归纳统计(I-S)方法,而且使用演绎律则(D-N)方法。

---

① 这种差异很好地体现在了杰文斯的著作中。他的政治经济学原理被认为涉及的是现在所称的微观经济学,但他在他的宏观经济学领域却是更加归纳的,例如在识别和解释主要的加总的宏观经济波动方面(Milonakis and Fine, 2009: 129-130)。

二、如何应用演绎律则模型找回国家

熊彼特（1991年，第555-556页）认为，"如果斯密及其后继者没有抛弃'重商主义'命题，而是精炼和发展它们，那么本来在1848年以前是可以提出一种远为正确、远为丰富的国际经济关系理论的——该理论也就不会被一派人所放弃，而被另一派人所轻视"[①]。问题是，如何构建一套前古典未能完成的理论体系呢？特别是如何在经济学中找回国家，并运用Dow（1996：10-13）所说的笛卡尔/欧几里得公理化的逻辑体系（Milonakis and Fine，2009：16），建构一套阐述这种被忽略的经济理论呢？笔者认为，穆勒传统的演绎法是一种可行的方向。穆勒将经济学定义为研究经济主体追求财富的行为及其后果。如果将国家视为一个经济体，那么国家（权力当局）追求财富的行为及其后果就是经济学的研究范畴，而国家追求其他动机、行为导致的后果就不再属于经济学了。"与财富有关的研究不会同人类所关心的任何其他研究工作混为一谈"（穆勒，1991年，第13-14页）。当斯密在其《道德情操论》中"把公共精神视为他的研究的一个关键论旨，而对于政治经济学而言，这具有划时代的性质"（门格尔，2007年，第71页）；当马歇尔强调利他动机和推崇德国行政体制时，就预示着他认可了韦伯所说的德国的理性官僚体制；当凯恩斯认可经济管理"应该成为现代政府管理科学的一部分"而不是"利益集团手中的操控工具"（斯基德尔斯基，2006年，第386-387页）[②]，理性的权力当局就应该成为政治经济学的合理假设。如果再加上韦伯倡导的价值中立原则，是否就能构建出客观中立的纯理论的政治经济学吗？政治经济学的研究对象是国家，其主要内容包括今天的宏观经济学，或至少与其有密切联系，尽管具体的关联仍有待深入研究。考虑到2008年的金融危机对宏观经济学的冲击，这种方法能为未来宏观经济学的发展提供思路吗？对此，笔者将在下一本关于宏观经济学的方法论的书中再做深入讨论。

[①] Hutchison（1988：373）认为，斯密之后的英国古典学者在方法和内容上进行了限缩，特别是Mill、Ricardo和Senior在更多演绎经济学的基础上减少或排斥了《国富论》中的丰富性。

[②] 怀疑论者最不高兴的是凯恩斯假设的那些经济管理者们都是无所不能、纯正廉洁的人。"那些身居国家最有名的机构中的人物尚且还缺乏实际的工作素质，而凯恩斯居然令人吃惊地相信人类能够把理论与实践完美地结合起来"（斯基德尔斯基，2006年，第386-387页）。

三、如何发展马克思的政治经济学

在罗宾斯（2008年，第263页）看来，边际革命以前的经济学领域，"马克思的大量论述被忽略了，也没有给予公平的对待"。罗宾斯认为，"马克思可能是他时代最好的经济思想史家……因为重要的是，马克思有一双远比古典经济思想史家……更好的眼睛……是马克思发现了配第的长处，是马克思发现了魁奈的发明，是马克思认识到了——古典经济学家也认识到了——斯密和李嘉图的重要贡献"（罗宾斯，2008年，第266-267页）。这已是经济思想史学界的共识。

考虑到马克思主义经济学通常被西方主流学术界视为英国古典政治经济学的一个分支（Hutchison，1988：381；Milonakis and Fine，2009：13）[①]，如果本书观点正确，那么如何看待和发展马克思主义的政治经济学仍是一个需要进一步研究的问题，毕竟马克思主义者从来没有放弃过政治经济学这个古老的术语，例如Dobb（1937：7）和Baran（1957：131）（格洛奈维根，1996年，第970页）。

[①] 关于马克思同古典的明显不同，参见Rutherford（1994：27-37）及Milonakis和Fine（2009：13-14）。

参考文献

[1] Amsden, A. H. Asia's Next Giant: South Korea and Late Industrialization [M]. New York: Oxford University Press, 1989.

[2] Arrow, K. J. Methodological Individualism and Social Knowledge [J]. American Economic Review, 1994 (84): 1-9.

[3] Aspromourgos, Tony. The Science of Wealth: Adam Smith and the Framing of Political Economy [M]. London: Routledge, 2009.

[4] Blaug, M. The Methodology of Economics, 2nd edn. [M]. Cambridge: Cambridge University Press, 1992.

[5] Caldas, J. C., Neves, V. The Meaning of Objectivity: What Can We Learn from Robbins and Myrdal, in Facts, Values and Objectivity in Economics, Edited by Jose Castro Caldas and Vitor Neves, London: Routledge.

[6] Christine Théré, Economic Publishing and Authors, 1566-1789, in Gilbert Faccarello, Edited, Studies in the History of French Political Economy: From Bodin to Walras [M]. London: Routledge, 1998.

[7] Coleman, D. C. Eli Heckscher and the Idea of Mercantilism [J]. Scandinavian Economic History Review, 1957: 5.

[8] Coleman, D. History and the Economic Past [M]. Oxford: Clarendon Press, 1987.

[9] Deane, P. The Evolution of Economic Ideas [M]. Cambridge: Cambridge University Press, 1978.

[10] Dimitris Milonakis, Ben Fine. From Political Economy to Economics: Method, The Social and the Historical in the Evolution of Economic Theory [M]. London: Routledge, 2009.

[11] Dow, S. The Methodology of Macroeconomic Thought: A Conceptual Analysis of Schools of Thought in Economics [M]. Cheltenham: Edward Elgar, 1996.

[12] Hayek, F A. Personal Recollections of Keynes and the "Keynesian Revolution", in New Studies in Philosophy, Politics, Economics and the History of Ideas [M]. Chicago: University of Chicago Press, 1978.

[13] Heckscher, E. F. Mercantilism [M]. London: George Allen & Unwin, 1935/1955.

[14] Hoover, K. D. The Methodology of Empirical Macroeconomics [M]. Cambridge: Cambridge University Press, 2001.

[15] Hutchison, T. On Revolutions and Progress in Economic Knowledge [M]. Cambridge: Cambridge University Press, 1978.

[16] Hutchison, Terence W. T. Review of an Inquiry into the Principles of Political Economy, by James Steuart, Edited by A S Skinner (1966 Reissue) [J]. Economic Journal, 1967: 645-647.

[17] Hutchison, T. W. Before Adam Smith: The Emergence of Political Economy 1662-1776 [M]. Oxford: Blackwell, 1988.

[18] Judges, A. V. The Idea of a Mercantile State [J]. Transactions of the Royal Historical Society, 1939, 21 (4): 41-69.

[19] King, J. E. The Origin of the Term "Political Economy" [J]. Journal of Modern History, 1948 (20): 230-231.

[20] Levine, David P. Normative Political Economy: Subjective Freedom, the Market, and the State [M]. London: Routledge, 2001.

[21] L. Robbins. The Theory of Economic Policy: In English Classical Political Economy [M]. London: Macmillan, 1978.

[22] Lucas, Robert E. Jr. Models of Business Cycles [M]. Oxford: Blackwell, 1987.

[23] Magnusson, Lars. Nation, State and the Industrial Revolution: The Visible Hand [M]. London: Routledge, 2009.

[24] Magnusson, Lars. Mercantilism: The Shaping of an Economic Language [M]. London: Routledge, 1994.

[25] Magnusson, Lars. The Tradition of Free Trade [M]. London: Rout-

ledge, 2004.

[26] Magnusson, Lars. Was Cameralism really the German version of mercantilism? in Economic Growth and the Origins of Modern Political Economy [M]. Edited by P. R. Rössner, London: Routledge, 2016.

[27] Montchrêtien, A. De 1615. Traicté de l'économie Politique [M]. Paris; Critical edn., ed. F. Billacois, Genéve: Droz 1999.

[28] North, D. C. Structure and Performance: The Task of EconomicHistory [J]. Journal of Economic Literature, 1978, 16 (Sept).

[29] North, Douglass. C. Structure and Change in EconomicHistory [M]. New York: W. W. Norton, 1981.

[30] Omori. Ikuo. The Scottish Triangle in the Shaping of Political Economy: David Hume, Sir James Steuart, and Adam Smith, in Tatsuya Sakamoto and Hideo Tanaka (edited) The Rise of Political Economy in the Scottish Enlightenment, London: Routledge, 2003.

[31] Roll, E. A History of Economic Thought, 2nd edn [M]. London: Faber and Faber, 1961.

[32] Ross, L. S. The Life of Adam Smith [M]. Oxford: Clarendon, 1995.

[33] Rössner: R. New Inroads into Well-known Territory? On the Virtues of re-discovering pre-classical Political Economy, in Economic Growth and the Origins of Modern Political Economy [M]. London: Routledge, 2016.

[34] Rutherford, M. Institutions In Economics: The Old and the New Institutionalism [M]. Cambridge: Cambridge University Press, 1994.

[35] Schmoller. The Mercantile System and Its Historical Significance [EB-OL], http://socserv.mcmaster.ca/econ/ugcm/3113/schmoller/index.html, 2019-5-30.

[36] Schumpeter, Joseph. On the Concept of Social Value [J]. Quarterly Journal of Economics, 1909 (23): 213-232.

[37] Shionoya, Yuichi. The Soul of the German Historical School [M]. New York, Springer, 2005.

[38] Shoji Tanaka, The Main Themes and Structure of Moral Philosophy and the Formation of Political Economy in Adam Smith, in Tatsuya Sakamoto and Hideo

Tanaka (Edited) The Rise of Political Economy in the Scottish Enlightenment [M]. London: Routledge, 2003.

[39] S. Mansoob Murshed (Edited). Issues in Positive Political Economy [M]. London: Routledge, 2002.

[40] Steuart, Sir James. An Inquiry into the Principles of Political Economy, 1st ed. London, 1767, in The Works, Political, Metaphysical, and Chronological, of the late Sir James Steuart of Coltness, Bart., London and New York: Augustus M. Kelley, 1967.

[41] Viner, Jacob. Studies in the Theory of International Trade [M]. New York: Harper and Brothers, 1937.

[42] Wade, R. Governing the Market: Economic Theory and the Role of Government in East Asian Industrialization [M]. Princeton: Princeton University Press, 1990.

[43] Weisskopf, W. The Method is the Ideology: From a Newtonian to a Heisenbergian Paradigm in Economics [J]. Journal of Economic Issues, 1979 (13): 869-884.

[44] Winch, D. Riches and Poverty: An Intellectual History of Political Economy in Britain, 1750-1834 [M]. Cambridge: Cambridge University Press, 1996.

[45] 阿玛蒂亚·森. 经济学与伦理学 [M]. 北京: 商务印书馆, 2000.

[46] 阿尼金. 改变历史的经济学家 [M]. 晏智杰译. 北京: 华夏出版社, 2007.

[47] 阿特金森. 政治经济学: 旧与新 [M] //罗伯特·古丁, 汉斯-迪特尔·克林格曼. 政治科学新手册. 北京: 生活·读书·新知三联书店, 2006.

[48] 阿图尔·科利. 国家引导的发展——全球边缘地区的政治权力与工业化 [M]. 朱天飚, 黄琪轩, 刘骥译. 长春: 吉林出版集团有限责任公司, 2007.

[49] 巴克豪斯. 西方经济学史 [M]. 海口: 海南出版社, 2007.

[50] 巴里·克拉克. 政治经济学: 比较的视角 (第二版) [M]. 王询译. 北京: 经济科学出版社, 2001.

[51] 巴利·史密斯. 亚里士多德主义、先验主义、本质主义 [M] //卡尔·门格尔. 经济学方法论. 北京: 新星出版社, 2007.

[52] 柏拉图. 理想国 [M]. 郭斌和, 张竹明译. 北京：商务印书馆, 1986.

[53] 保罗·A. 萨缪尔森. 经济分析基础 [M]. 费方域, 金菊平译. 北京：商务印书馆, 1991.

[54] 彼得·格罗奈维根. 政治经济学与经济学 [M] //约翰·伊特韦尔等. 新帕尔格雷夫经济学大词典. 北京：经济科学出版社, 1996.

[55] 彼得·古勒维奇. 艰难时世下的政治——五国应对世界经济危机的政策比较 [M]. 袁明旭, 朱天飚译. 长春：吉林出版集团有限责任公司, 2009.

[56] 波兰德. 经济学方法论基础——一种波普尔主义的视角 [M]. 长春：长春出版社, 2008.

[57] 布劳格. 经济理论的回顾 [M]. 北京：中国人民大学出版社, 2009.

[58] 布劳格. 为何我不是一个建构主义者 [M] //巴克豪斯. 经济学方法论的新趋势. 北京：经济科学出版社, 2000.

[59] 布鲁斯·考德维尔. 哈耶克评传 [M]. 北京：商务印书馆, 2007.

[60] 查尔斯·金德尔伯格. 世界经济霸权：1500-1990 [M]. 高祖贵译. 北京：商务印书馆, 2003.

[61] 大卫·兰德斯. 解除束缚的普罗米修斯——1750年迄今西欧的技术变革和工业发展 [M]. 谢怀筑译. 北京：华夏出版社, 2007.

[62] 丹尼尔·豪斯曼. 经济学的哲学 [M]. 上海：世纪出版集团上海人民出版社, 2007.

[63] 丹尼·罗德里克. 贸易的真相：如何构建理性的世界经济 [M]. 北京：中信出版集团, 2018.

[64] 道格拉斯·诺斯. 制度、制度变迁与经济绩效 [M]. 上海：格致出版社, 2008.

[65] 狄蒙德, 蒙代尔, 维尔切利. 七十年后再读凯恩斯通论 [M]. 北京：中国金融出版社, 2012.

[66] 方维规. "经济"译名钩沉及相关概念之厘正 [J]. 学术月刊, 2008 (6).

[67] 菲利普·迪恩. 政治算术 [M] //约翰·伊特韦尔等. 新帕尔格雷夫经济学大辞典. 北京：经济科学出版社, 1996.

[68] 弗里德利希·A. 哈耶克. 个人主义与经济秩序 [M]. 邓正来译. 北京：生活·读书·新知三联书店, 2003.

[69] G. B. 麦迪逊. 现象学与经济学 [M] //卡尔·门格尔. 经济学方法论. 北京：新星出版社，2007.

[70] G. M. 霍奇逊. 经济学是如何忘记历史的：社会科学中的历史特性问题 [M]. 北京：中国人民大学出版社，2008.

[71] G. M. 霍奇逊. 制度经济学的演化 [M]. 北京：北京大学出版社，2012.

[72] 格奥尔格·伊格尔斯. 德国的历史观 [M]. 南京：凤凰出版传媒集团，译林出版社，2006.

[73] 海沃德·R. 阿尔克. 政治科学方法论：旧与新 [M]. //罗伯特·古丁，汉斯-迪特尔·克林格曼. 政治科学新手册. 北京：生活·读书·新知三联书店，2006.

[74] 何容. 经济学与社会学 [M]. 上海：格致出版社，上海人民出版社，2009.

[75] 赫尔曼·M. 施瓦茨. 国家与市场——全球经济的兴起 [M]. 徐佳译. 南京：凤凰出版传媒集团，江苏人民出版社，2008.

[76] 胡明，方敏. 价值判断之争及启示 [J]. 江苏社会科学，2009（3）.

[77] 胡明，方敏. 经济学的实证与规范二分法崩溃了吗？[J]. 江苏社会科学，2011（5）.

[78] 胡明. 历史学派与德国特殊发展道路 [J]. 德国研究，2008（3）.

[79] 胡明. 中国银行业监管与国家的理性选择 [J]. 金融研究，2010（2）.

[80] 胡明 a. 现代企业的国家工具理论——基于 16 至 17 世纪西欧特许公司的实证研究 [J]. 中国政法大学学报，2014（2）.

[81] 胡明 b. 法人所有权争议的方法论根源 [J]. 政法论坛，2014，32（3）.

[82] 胡明. 经济学的实证方法与价值中立原则研究 [M]. 北京：经济管理出版社，2016.

[83] 胡明. 厘清后危机时代经济学的"实证"——基于方法论演变的比较分析 [J]. 经济研究，2015（5）.

[84] 霍尔，艾坎伯雷. 国家 [M]. 长春：吉林人民出版社，2007.

[85] J. M. 凯恩斯. 就业、利息和货币通论（重译本）[M]. 北京：商务印书馆，1999.

[86] J. M. 凯恩斯. 预言与劝说 [M]. 赵波, 包晓闻译. 南京: 江苏人民出版社, 1997.

[87] J. M. 凯恩斯. 就业、利息和货币通论 [M]. 徐毓枬译. 北京: 商务印书馆, 1999.

[88] J. N. 凯恩斯. 政治经济学的范围与方法 [M]. 北京: 华夏出版社, 2001.

[89] 季陶达. 资产阶级庸俗政治经济学选集 [M]. 北京: 商务印书馆, 1963.

[90] 贾根良. 美国学派: 推进美国经济崛起的国民经济学说 [J]. 中国社会科学, 2011 (4).

[91] K. N. 华尔兹. 国际政治理论 [M]. 信强译. 上海: 上海人民出版社, 2003.

[92] 卡尔·门格尔. 经济学方法论 [M]. 北京: 新星出版社, 2007.

[93] 坎贝尔, 霍林斯沃思, 林德伯格. 美国经济治理 [M]. 上海: 上海人民出版社, 2009.

[94] 考斯克·巴苏. 政治经济学序论: 经济学的社会与政治基础研究 [M]. 严小明译. 上海: 复旦大学出版社, 2014.

[95] 科斯. 产业组织: 研究的建议 [M] //威廉姆森. 交易成本经济学. 北京: 人民出版社, 2008.

[96] 科斯. 企业、市场与法律 [M]. 上海: 上海三联书店, 2009.

[97] 克劳斯·奥菲. 政治经济学: 社会学的视角 [M]. //罗伯特·古丁, 汉斯-迪特尔·克林格曼. 政治科学新手册. 北京: 生活·读书·新知三联书店, 2006.

[98] 克里斯托弗·格莱曼. 改变中的商业模式 [M] //J. M. 罗伯茨. 剑桥欧洲经济史（第五卷）. 北京: 经济科学出版社, 2002.

[99] 克努特·维克塞尔. 国民经济学讲义: 上卷 一般原理 [M]. 北京: 商务印书馆, 2017.

[100] L. 罗宾斯. 过去和现在的政治经济学——对经济政策中主要理论的考察 [M]. 北京: 商务印书馆, 1997.

[101] L. 罗宾斯. 经济科学的性质和意义 [M] //丹尼尔·豪斯曼. 经济学的哲学. 上海: 世纪出版集团, 上海人民出版社, 2007.

［102］L. 罗宾斯. 经济科学的性质和意义［M］. 北京：商务印书馆，2000.

［103］拉尔斯·马格努松. 重商主义经济学［M］. 上海：上海财经大学出版社，2001.

［104］劳伦斯·怀特. 奥地利学派经济学的方法论［M］//卡尔·门格尔. 经济学方法论. 北京：新星出版社，2007.

［105］李斯特a. 政治经济学的自然体系［M］. 北京：商务印书馆，1997.

［106］李斯特b. 政治经济学的国民体系［M］. 北京：商务印书馆，1997.

［107］李宗正. 政治经济学研究对象的历史演变［M］//巫宝三，陈振汉. 经济思想史论文集. 北京：北京大学出版社，1982.

［108］里亚·格林菲尔德. 资本主义精神——民族主义与经济增长［M］. 上海：上海人民出版社，2004.

［109］琳达·维斯，约翰·M. 霍布森. 国家与经济发展——一个比较及历史性的分析［M］. 黄兆辉，廖志强译. 长春：吉林出版集团有限责任公司，2009.

［110］龙多·卡梅伦，拉里尼尔. 世界经济简史［M］. 潘宁等译. 上海：上海译文出版社，2012.

［111］卢梭. 政治制度论［M］. 崇明等译. 北京：华夏出版社，2013.

［112］罗宾斯. 经济思想史：伦敦经济学院演讲录［M］. 杨玉生译. 北京：中国人民大学出版社，2008.

［113］罗伯特·基欧汉. 霸权之后——世界政治经济中的合作与纷争［M］. 苏长和，信强，何曜译. 上海：上海人民出版社，2006.

［114］罗伯特·吉尔平. 全球政治经济学［M］. 上海：上海人民出版社，2003.

［115］罗雪尔. 历史方法的国民经济学讲义大纲［M］. 北京：商务印书馆，1981.

［116］马克思，恩格斯. 马克思恩格斯全集：第13卷［M］. 北京：人民出版社，1962：524.

［117］马克思，恩格斯. 马克思恩格斯全集：第4卷［M］. 北京：人民出版社，1958：459.

［118］马克斯·韦伯. 社会科学方法论［M］. 北京：中央编译出版社，1998.

[119] 马歇尔. 经济学原理（上卷）[M]. 北京：商务印书馆，1964.

[120] 马歇尔. 经济学原理（下卷）[M]. 北京：商务印书馆，1965.

[121] 米塞斯. 货币、方法与市场过程[M]. 北京：新星出版社，2007.

[122] 米塞斯. 人的行动——关于经济学的论文[M]. 上海：上海人民出版社，2013.

[123] 德姆塞茨. 企业理论再考察[M]//威廉姆森，温特. 企业的性质. 北京：商务印书馆，2007.

[124] 南内尔·O. 基奥恩. 公共利益优先于私人利益：重商主义与国家理性[M]. //许章润，翟志勇. 国家理性与现代国家. 北京：清华大学出版社，2012.

[125] 欧树军，王绍光. 小邦大治：新加坡的国家基本制度建设[M]. 北京：社会科学文献出版社，2017.

[126] P. 布里德尔，蒙克莱蒂安，安东尼·德[C]//约翰·伊特韦尔等. 新帕尔格雷夫经济学大辞典. 北京：经济科学出版社，1996.

[127] 让·巴蒂斯特·萨伊. 政治经济学概论[M]. 北京：华夏出版社，2014.

[128] S. R. 爱泼斯坦. 自由与增长：1300-1750年欧洲国家与市场的兴起[M]. 宋丙涛译. 北京：商务印书馆，2011.

[129] 萨缪尔·博斯塔菲. 方法论大论战[M]//卡尔·门格尔. 经济学方法论. 北京：新星出版社，2007.

[130] 色诺芬. 经济论雅典的收入[M]. 张伯健，陆大年译. 北京：商务印书馆，1961.

[131] 斯蒂芬·霍维茨. 主观主义[M]//卡尔·门格尔. 经济学方法论. 北京：新星出版社，2007.

[132] 斯坦利·杰文斯. 政治经济学原理[M]. 北京：商务印书馆，1984.

[133] 速水佑次郎. 发展经济学[M]. 北京：社会科学文献出版社，2003.

[134] 泰勒·B. 古德斯皮德. 重新思考凯恩斯革命[M]. 李井奎译. 北京：商务印书馆，2018.

[135] 唐文明，殷迈，靳海山. 社会伦理学[M]//宋希仁. 西方伦理学思想史. 长沙：湖南教育出版社，2006.

[136] 瓦尔拉斯. 纯粹经济学要义[M]. 北京：商务印书馆，1989.

[137] 威尔逊. 贸易、社会和国家 [M] //J. M. 罗伯茨. 剑桥欧洲经济史（第四卷）. 北京：经济科学出版社，2002.

[138] 威廉·配第. 政治算术 [M]. 北京：商务印书馆，2014.

[139] 伟·桑巴特. 现代资本主义（第一卷）[M]. 李季译. 北京：商务印书馆，1958.

[140] 沃尔特·埃尔蒂斯. "詹姆斯·斯图尔特爵士" 词条 [C]. //新帕尔格雷夫经济学大辞典. 北京：经济科学出版社，1996.

[141] 熊彼特. 经济分析史（第1卷）[M]. 北京：商务印书馆，1991.

[142] 熊彼特. 经济分析史（第2卷）[M]. 北京：商务印书馆，1992.

[143] 熊彼特. 经济分析史（第3卷）[M]. 北京：商务印书馆，1994.

[144] 徐健. 近代普鲁士官僚制度研究 [M]. 北京：北京大学出版社，2005.

[145] 亚当·斯密. 国富论 [M]. 唐日松等译. 北京：华夏出版社，2005.

[146] 亚里士多德. 政治学 [M]. 张杨，胡树仁译. 长沙：湖南文艺出版社，2011.

[147] 伊安·罗斯. 亚当·斯密传 [M]. 杭州：浙江大学出版社，2013.

[148] 伊曼纽尔·沃勒斯坦. 现代世界体系（第1卷）[M]. 尤来演等译. 北京：高等教育出版社，1998.

[149] 伊曼纽尔·沃勒斯坦. 现代世界体系（第2卷）[M]. 尤来寅等译. 北京：高等教育出版社，1998.

[150] 殷之光.《小邦大治》书评 [J]. 比较政治学研究，2017（2）.

[151] 禹贞恩. 发展型国家 [M]. 曹海军译. 长春：吉林出版集团有限责任公司，2008.

[152] 约翰·格雷. 自由主义 [M]. 长春：吉林人民出版社，2005.

[153] 约翰·穆勒 a. 约翰·穆勒自传 [M]. 北京：华夏出版社，2007.

[154] 约翰·穆勒 b. 论政治经济学的若干未定问题 [M]. 北京：商务印书馆，2012.

[155] 约翰·穆勒. 政治经济学的定义及其方法 [M]. //丹尼尔·豪斯曼. 经济学的哲学. 上海：世纪出版集团，上海人民出版社，2007.

[156] 约翰·穆勒. 政治经济学原理及其在社会哲学上的若干应用 [M]. 北京：商务印书馆，1991.

[157] 约翰·希克斯. 经济史理论 [M]. 北京：商务印书馆，1987.

［158］詹姆斯·E. 阿尔特，阿尔伯特·阿利西纳. 政治经济学：综述［M］//罗伯特·古丁，汉斯–迪特尔·克林格曼. 政治科学新手册. 北京：三联书店，2006.

［159］詹姆斯·E. 布坎南. 自由、市场和国家：20世纪80年代的政治经济学［M］. 吴良健，桑伍，曾获译. 北京：北京经济学院出版社，1988.

［160］詹姆斯·穆勒. 政治经济学要义［M］. 北京：商务印书馆，2012.

［161］詹姆斯·汤普森. 行动中的组织——行政理论的社会科学基础［M］. 敬乂嘉译. 上海：上海人民出版社，2007.

［162］张夏准. 富国陷阱：发达国家为何踢开梯子？［M］. 北京：社会科学文献出版社，2009.

致　谢

　　感谢中国人民大学刘元春教授、王晋斌教授、周业安教授和郭杰教授，北京大学方敏教授，以及中国社会科学院工经所张世贤教授和笔者的好朋友朱戎、阎衍、曹芳萍、宋劲松、吴玉明、郑江淮等，和他们20多年的交流成就了这本书。需要特别指出的是，刘元春教授无论是在选题、文献以及部分结论的得出方面均给予了慷慨的指点；与方敏教授的交谈以及方敏教授阅读本书的核心内容及建议，让我受益匪浅；张世贤教授帮助我重新把握了主题，并修订了书名。当然书中的责任与他们无关。

　　同时感谢我工作的领导和同事，他们的宽容与工作分担，大大地方便了这本书的写作与出版。感谢我的学生，他们的追问不断地激励着我。

　　最重要的是，感谢我的家人与孩子，他们热心的付出与积极的鼓励不仅成就了这本书，也是我继续奋斗的不懈动力。